目次

まえがき

一年ぶりの「沖縄内なる民主主義」の出版である。実は、一年前に「沖縄内なる民主主義7」の原稿はつくってあったのだが、色々トラブルがあって出版することができなかった。

私は出版に関してはど素人である。出版会社に勤めたこともなければ出版社関係の知人もいない。「沖縄に内なる民主主義はあるか」の自費出版を県内の三出版社に断られた時、私の反骨精神に火がついて出版会社をつくり、「沖縄に内なる民主主義はあるか」を出版した。

出版会社をつくり、本をつくる方法が分かったので、評論と小説を掲載した「かみつく」を出版することにした。

「かみつく」は前半は江崎さんの「狼魔人日記」などのブログから政治関係の評論を掲載し、後半は私の小説を掲載する企画で始めた。しかし、私が予想していたのとは違い、ブログからの掲載はうまくいかなかった。「狼魔人日記」と「光と影」は協力してくれたが、他のブログの協力を得ることは困難であった。

「かみつく」はブログに掲載された政治評論を本にすることによってネットを見ない人にネットの意見を広めるのを目的にしていた。しかし、売り上げは悪かった。売り上げが悪いのでは本を出す意味がない。どうすれば売り上げを伸ばすことができるのか考えたが出版にど素人の私に分かるはずはなかった。

評論と小説をひとつの本にしているせいで売り上げが悪いのではないかと考え、政治評論と小説を別々の本にすることも考えた。しかし、そうしたからといって売り上げが伸びるとは限らない。

考えているうちに、どうせ売れないのなら評論もすべて自分で書いたほうがいいのではないかと思うようになった。そう決心して再び「沖縄内なる民主主義」を出版することにした。

「かみつく」を出版した時、二年間は「かみつく」の出版に集中し、三年目からは「かみつく」に掲載した小説や評論を単行本として出版する計画を立てていた。三年目が今年であった。だから、計画通り、「一九七一Mの死」「ジュゴンを食べた話」「翁長知事・県議会は撤回せよ謝罪せよ」「捻じ曲げられた辺野古の真実」を出版した。

現在は「かみつく」ではなく「沖縄内なる民主主義」である。四冊目の時に「かみつく」から「沖縄内なる民主主義」に変更した。最初の頃は沖縄の識者や政治家に噛みつこうという気持ちが強かった。だから「かみつく」にしたのだが、書く理由は噛みつくことではなく民主主義にこだわっているからだと気が付いた。だから、名前を「沖縄内なる民主主義」に変えた。

私の主張する民主主義は単純である。学校で習った議会制民主主義のことである。議会制民主主義＋三権分立が最高の社会であるし、これ以上の社会はないと思っている。三権分立は法治主義を徹底していくことによって成り立っている。

私は日本の政治、沖縄の政治を議会制民主主義＋三権分立の視点から見ている。あまり難しくは考えていないし、複雑にも考えていない。

普天間飛行場の辺野古移設については、私は辺野古になにがなんでも移設するべきだと考えているわけではない。もし、普天間飛行場の移転する場所がなければ固定化もやむをえないと思っている。

私がこだわっているのは辺野古移設は政治的には民主的に行われてきたのだから辺野古移設を阻止するべきではないということである。辺野古移設反対運動はやってもいいが実力で阻止するのは間違っている。議会制民主主義に反することである。なぜ私がこれほどまでに議会制民主主義＋三権分立にこだわっているか、それには理由がある。

私は「沖縄に内なる民主主義はあるか」の第一章「琉球処分はなにを処分したか」を書くために廃藩置県について調べた。その時、日本の近代化の始まりは四民平等と法治主義にあることを改めて認識した。

一八九一年（明治二十四年）、日本を訪問中のロシア皇太子・ニコライ（のちのニコライ二世）が、滋賀県大津市で警備中の巡査・津田三蔵に突然斬りかかられ負傷した。いわゆる大津事件である。この件で、時の内閣は対露関係の悪化をおそれ、大逆罪（皇族に対し危害を加える罪）の適用と、津田に対する死刑を求め、司法に圧力をかけた。しかし、大審院長の児島惟謙は、この事件に同罪を適用せず、法律の規定通り普通人に対する謀殺未遂罪を適用するよう、担当裁判官に指示した。かくして、津田を無期徒刑（無期懲役）

とする判決が下された。この一件によって、日本が立憲国家・法治国家として法治主義と司法権の独立を確立させたことを世に知らしめた。

「沖縄に内なる民主主義はあるか」

法治主義なしには日本の近代化はあり得なかったのである。明治政府が四民平等と法治主義の実現に尽力したことを証明するもうひとつの法律に私は出会った。

二年前に慰安婦が世界ではセックススレイブ＝性奴隷と呼ばれているのに私は驚いた。慰安婦が性奴隷であるはずはないと私は思った。なぜなら明治時代は市民平等の精神から始まったからである。

法治主義であった明治時代には売春に関する法律もあるだろうと予想して私は売春に関する法律を探した。法律はあった。ある裁判でイギリスの弁護士に日本にも奴隷が居る、それは遊郭の遊女だと指摘された明治政府は遊女の人権を守る法律を作った。それが「娼妓取締規則（明治三十三年十月）」である。

大陸の日本軍はこの法律に則って慰安所をつくった。明治政府が四民平等と法治主義に徹していたことを「娼妓取締規則」を知ってますます確信した。

明治時代の四民平等、法治主義から始まった日本は、戦後は普通選挙による議会制民主主義国家が発展していった。

戦後の日本は２０歳以上のすべての国民に選挙権が与えられ、国民に選ばれた議員によって法律が制定される議会制民主主義国家になった。国会で法律を制定し、法律は全国民が守るのを義務とする。戦後の日本は戦前よりもいっそう法治主義が徹底されていった。

沖縄県は戦後２７年間は米民政府の統治下にあり、日本の議会制民主主義国家の地方自治体となったのは１９７２年からである。

米民政府時代には沖縄県民は米軍に弾圧され悲惨な生活を強いられていたと思われている。しかし、米国は議会制民主主義国家である。米軍はシビリアンコントロールされた民主主義軍隊である。米軍は沖縄県民を弾圧しなかったし、搾取もしなかった。むしろ、経済援助をやり沖縄を豊かにしていった。戦後の沖縄は戦前に比べると比較にならないほどに豊かで自由であった。

米民政府時代のことを調べていくと沖縄の政治家や運動家のほうが民主主義や自治について知っていなかったことが分かってきた。戦前の沖縄は中央政府から知事が派遣され、知事を中心に政治は行われていた。沖縄には政治家は育っていなかったのである。だから、戦後、沖縄には議会制民主主義と三権分立を認識して実践できる政治家はいなかった。政治経済を発展させることができる政治家はいなかった。いなかったと言うのは極端な言い方であるが非常に少なかったことは確実である。実は前近代的な沖縄を民主化していったのは米民政府だった。

キャラウェイ高等弁務官は弁護士出身であるが、彼は「沖縄の自治権を強く欲する住民は、彼ら自身で政治を行う能力は無い」と言い、「政治とは実際的な問題を処理していくことであって空想的な計画を作ったり、圧力団体がスローガンを叫ぶことではないのである」と沖縄の政治を批判している。５３年前のことである。今も沖縄の政治はキャラウェイ高等弁務官が指摘した通りである。沖縄の政治は成長していない。半世紀前と同じである。

なぜ。沖縄の政治は「空想的な計画を作ったり、圧力団体がスローガンを叫ぶ」政治なのか。原因は米軍基地があることが強く影響していると思っていたが、それよりももっと深い原因があると考えるようになってきた。

私は沖縄二紙や政治家たちが議会制民主主義と三権分立への認識が不足していて、彼らの前近代的体質に沖縄の政治の矛盾があるのではないかと思うようになってきた。

事実を報せるのがマスコミの使命であるのに沖縄二紙は戦時中の大本営発表と同じくらいに嘘の報道をやっている。翁長知事は法治主義に徹底しなければならない立場にありながら違法行為をやった。

彼らは事実を報道することよりも、法治主義よりも自分たちの政治主張を優先させている。沖縄の報道も政治も前近代的であるのだ。

高校で習った議会制民主主義＋法治主義が沖縄の政治にはないのである。

高校の教科書以下の政治が沖縄の政治である。

事実の報道、法治主義が沖縄の深刻な問題である。

次に述べている「島くとぅば運動」も前近代的な運動である。

沖縄の狂ったお話　前近代的な島くとぅば運動

共通語である日本語を否定し、ウチナーンチュはウチナーロに戻るべきであるという運動がある。

学校でウチナーロを使ったら方言札を貼られたという屈辱的な体験への批判が高まり、琉球民族独立運動と関連しながら高まっていった。日本政府の共通語強制への反発から始まったこの運動は、県内の各地域の島くとぅぱを復活させようという考えに発展している。

那覇は那覇くとぅばを使い、首里は首里くとぅば、八重山は八重山くとぅば、宮古は宮古くとぅばを使うことをこの運動は主張している。ウチナーロ復興運動には沖縄の多くの識者が賛同し、新聞やラジオ・テレビも協力している。この前近代的な運動にはあきれてしまう。

ウチナーロ復興運動は日本語共通語使用に反対するだけでなく、共通語そのものの否定となっている。彼らは沖縄人=ウチナーンチュはウチナーロを話すべきであると主張し、共通語を大和口といい、拒否する態度を示している。滑稽なのはこの運動の意義を説明する時は彼らが否定している共通語を使っていることである。苦笑するしかない。

私が子供の頃は大人も子供もウチナーロを使っていた。ウチナーロを使っている私たちがよく話題にしたのが、ウチナーロはひとつではなく色々なウチナーロがあるということだった。その例として聞かされたのが、

「ポーぬさちからピーがいじてぃ、わんパナやまちゃん」

であった。ポー、ピー、パナは私が使っているウチナーロにはなかった。ポーはボー(棒)、ピーはヒー(火)、パナははな(鼻)のことである。棒の先から火が出て私の鼻を痛めたという意味である。鉄砲を鼻先で構えて引き金を引いた瞬間に鼻を痛めたという話だ。ポー、ピー、パナが入る言葉では意味が全然わからなかった。子供の頃に知ったことは沖縄県内であっても理解できないウチナーロがたくさんあることであった。だから、共通語の必要性を感じた。

最近八重山くとぅばをラジオで聞いたが全然わからなかった。宮古くとぅばが全然わからないことは若い時に知っていた。宮古や八重山の人と話す時はウチナーロにしろ日本語にしろ共通語が必要である。

日本語共通語の否定から始まったウチナーロ運動は、共通語について追及することはなく、それぞれの地域の島くとぅばを使おう運動をやっているが、それでは共通語はないから地域と地域の交流ができなくなり、それぞれが孤立した沖縄になる。地域と地域の意思疎通がなくなり分裂状態になる。大昔の交流のない時代に戻るのである。ウチナーロ運動は時代に逆行する運動である。バカげた運動である。

バカげた運動であるが、それぞれの地域の島くとぅぱを使おうという運動は続いている。皮肉なことに彼らの運動を説明し、運動を支えているのは日本語共通語である。彼らは彼らの思想を伝える時は日本語共通語を使わざるを得ない。

今の沖縄は全ての子供が日本語共通語を使っている。その原因は学校の共通語励行の効果でもなければ政治的な強制でもない。時代の流れである。その最大の原因は日本文化の浸透である。とくにテレビの影響が強い。

私は糸満で学習塾をしていたが、糸満は方言が根強く残っていた。小学生で糸満方言を使う生徒は多かった。ところが八十年代に入ると急激に方言を使う小学生が少なくなっていった。その原因はテレビのアニメ番組などの子供にとって面白いテレビ番組が増えていったからだ。話のできない時からテレビを見て、言葉が話せるようになると子供たちは自然に日本語を覚えていった。私が子供の頃はテレビはなかった。中学の頃でもテレビのある家庭は少なかった。あの時代は学校で共通語を使っても学校外ではウチナーロを使っていた。

沖縄でウチナーロが廃れ、日本語共通語が定着したのは歴史的に必然である。もし、ウチナーロを復興したいのなら、テレビ、インターネット、ラジオ、テレビによる本土からの情報を断ち切ることである。しかし、それは不可能である。ウチナーロは歌や芝居など文化として残すことはできても生活の場で復興するのは不可能である。それに共通語を否定するウチナーロ運動は沖縄をバラバラにする運動である。

なぜ、こんな当たり前のことを知らないのか不思議である。

琉球民族独立論、ウチナーロ復興運動のようなこれからの沖縄になんの役にもたたないバカげたことに真剣な顔をして打ち込んでいる連中がいる。前近代的な考えである。失敗するのは目に見えている。

一　沖縄県民は翁長知事に騙されている

翁長知事は辺野古移設推進派だった。しかし、選挙に勝つために・・・

知事選挙は翁長氏にとって実は不利な状況にあった。辺野古移設推進の安倍政権は県外移設を公約にしている沖縄県出身の国会議員に対して辺野古移設に反対し県外移設を主張するなら除籍すると忠告した。安倍政権の圧力に屈した国会議員は県外移設から辺野古移設容認に変わった。自民党県連も安倍政権の圧力に屈して県外移設から辺野古移設容認に変わった。県連会長は公約変更の責任をとって辞職した。

安倍政権の圧力に屈しないで県外移設を固辞して自民党内で孤立したのがその時那覇市長であった翁長知事であった。翁長知事が県外移設を固辞したのは自民党県連内で県外移設を推進してきた中心人物であったからだ。仲井真前知事の二回目の知事選の時、辺野古移設の公約から県外移設の公約に変えさせたのが翁長知事だった。

仲井真前知事は辺野古移設を推進していたから、選挙公約は辺野古移設にするのが自然の流れであったが、翁長知事は辺野古移設では選挙に負ける可能性がある。県外移設なら勝てるという考えがあり、仲井真前知事の選挙公約を変更させた。選挙に勝つために辺野古移設から県外移設に公約を変更したのが翁長知事だったのである。その頃の翁長知事は自民党県連のリーダー的存在であった。

元々は翁長知事は自民党員であり、辺野古移設推進のリーダーだった。その証拠が残っている。

翁長雄志県会議員の発言

ただいま議題となりました議員提出議案第2号普天間飛行場の早期県内移設に関する要請決議について、提出者を代表して提案理由を申し上げます。

普天間基地の返還は、大田前知事が、普天間基地が市街地のど真ん中にあり、人命への危険が最も高いとして橋本前総理に最優先で要請したものであります。

それを受けて、１９９６年(平成８年)４月１２日に橋本龍太郎首相は、モンデール駐日米国大使と首相官邸で会談をし、沖縄米軍基地の整理・統合・縮小問題についての協議を行い、普天間飛行場の５年から７年のうちの全面返還に合意をいたしました。

「沖縄の米軍基地問題で最大の懸案となっていた、普天間基地の返還がついに決定し、橋本首相は「目に見える形で解決できた。沖縄の人たちに喜んでもらえると信じている」と沖縄タイムスの４月１３日朝刊にコメントしております。

さらに大田昌秀知事も、「県民が最優先に求めていた普天間基地の全面返還が実現したのは政府が誠意をもって取り組んでくれた表れ、２１世紀に向けて明るい沖縄をつくる第一歩となりそうな気がする」、これもタイムスの平成８年４月１３日朝刊で語っております。

そして、条件付きの返還に際しましては、大田知事は、「無条件の解決が望ましいが、それでは返還は実現しない。より危険度の少ない関連で解決を図っていくことしかわれわれに道はない」と琉球新報４月１５日の朝刊でコメントをいたしております。

また、ＳＡＣＯの中間報告を受けての４月１５日の記者会見では、「基本的には日米両政府が県民の要請を受け入れる形で、特別委などを設置し、沖縄の基地問題に取り組んでくれた。危険度の高い普天間飛行場や県道１０４号線越え実弾砲撃演習の問題など、沖縄側の取り入れる形でやってもらったことは感謝したい」、「県が精魂を傾けてやってきた以外の方法はあるのか。県民の安全や暮らしを守るためにやってきた。そういうこと(移設条件付に応じられないということ)が通るような状況ではない。総合的に判断し、最大多数のものをもってやるしかない」と４月１５日の記者会見で語っております。

そして、ＳＡＣＯの最終報告を受けて、これもコメントでありますけれども、平成８年１２月２日、「これらの土地の返還が実現すれば、復帰後これまでに返還された土地面積を上回る在沖米軍施設面積の約２１％相当が返還され、また、県が提示した「基地返還アクションプログラムで第一期（２００１

年まで）に返還を求めている施設のほとんどが返還されることになり、評価するものであります」そして、１２月１０日の県議会の答弁では、県は、日米両政府に対し米軍基地の撤去をこれまで要請してきたが、県の対応としてオール・オア・ナッシングでは問題を解決することはできないと述べております。

ＳＡＣＯの中間報告、最終報告を踏まえての経緯は以上であります。

残念ながら、大田前知事は、その後オール・オア・ナッシングの姿勢に突然方針転換をし、これまで構築してきた政府との信頼関係の中で基地問題を解決し、あるいはまた経済の自立、経済基盤の強化というような意味でいわゆる閉塞状況に陥ったわけであります。

そこで昨年の知事選挙がございました。そこで稲嶺知事は、「基地問題は、国際社会や県民の安全保障、県土の有効利用、地主や雇用員の生活、環境保全、総合交通体系、跡地利用や経済振興策を検討した上で有機的かつ整合性のあるトータルプランの中で対応する」、「普天間基地のその危険性にかんがみ早期の返還を実現する。跡地の活用については、振興開発のモデル地区として沖縄経済の自立化に資するよう国家プロジェクトによる開発を進める」、「海上ヘリ基地案については責任をもって政府に見直しを求める。その代わり県民の財産となる新空港を陸上に建設させ、一定期間に限定して軍民共用とし、当該地域には臨空型の産業振興や特設の配慮をした振興開発をセットする」と。

このような公約を掲げまして、昨年この基地問題に関しましても、平和行政に関しましても県民に提示をし、当選をいたしたわけであります。

そして今日まで、経済振興については着々と実績を上げ、さらに来年の沖縄サミット開催という輝かしい快挙も成し遂げました。

基地問題に関しましても、当選以来組織的におきましても、また水面下におきましても全力を尽くして真摯に取り組んでいることを評価するものであります。

さらに今定例会においての知事答弁で、「普天間飛行場の移設については、現在国に提示するための絞り込み作業を進めており、最終的な段階ではありますが、移設後の跡地利用問題や移設先の振興策について、特段の配慮がなされる必要があると考えております。そうした中で、できるだけ早く決定できるよう全力を挙げて取り組んでまいります」と今定例会で力強く踏み込んでいる答弁がございます。

普天間飛行場移設について、解決に向けての作業が大詰めに来ていることがこれでうかがわれております。

よって、県議会においても普天間飛行場の返還について一日も早く実現すべく県議会の意思を示すものであります。

「平成１１年第６回沖縄県議会（定例議会）第６号１０月１４日」

１５年前の県議会時代の翁長知事の弁論である。普天間飛行場の返還を一日も早く実現するためには辺野古移設であり、辺野古の飛行場を軍民共用とし、当該地域には臨空型の産業振興開発をやっていくと述べている。それにＳＡＣＯ合意で在沖米軍施設面積の約２１％相当が返還されることも強調している。

しかし、辺野古移設に反対している現在は約２１％相当が返還されることは言わなくなった。むしろ嘉手納基地以南の返還は全米軍基地のＩ％に過ぎないと言って、日米政府の基地返還は微々たるものであると主張している。立場を変えれば話すことも変える。それが翁長知事である。

翁長知事が普天間飛行場の危険性回避を最優先にし、県内移設に賛成をしていたことは明らかである。ただ、注目しなければならないのは翁長知事は辺野古移設が沖縄の経済振興を促進するものであることを強調していることである。悪である米軍基地の建設だけでは県民は納得しない。県民の支持を得るためには経済効果があることを強調する必要があると考えていたのが翁長知事である。

現在の翁長知事は辺野古移設反対派である。賛成していた翁長知事がいつ辺野古移設に反対をするようになったか。それは２０１０年の県知事選の時である。その年は仲井真前知事の二期目の知事選であった。仲井真前知事は辺野古移設に賛成し、県議会で辺野古移設反対の野党と激しいバトルを繰り返していたが、知事選で選対委員長を依頼された翁長知事は県外移設を公約にしないと選挙に勝てないし、選対委員長を引き受けるわけにはいかないと言った。辺野古移設を容認していた仲井真前知事は最初は反発していたが選挙のプロである翁長知事の主張に折れて選挙公約を辺野古移設容認から県外移設に変えた。しかし、県外移設は小泉元首相と鳩山元首相がやろうとしたができなかった。県外移設は両首相が実現できなかったのだから不可能に近い。それなのに県外移設を選挙公約にしたのは選挙に勝つためであった。翁長知事はできないことをできるように吹聴して県民を騙したのである。

　民主党政権から自民党政権に代わり、安倍氏が首相になると辺野古移設を積極的に推進した。自民党県連は安倍政権の圧力に屈して辺野古移設容認に公約を変更したが当時の翁長知事は頑なに県外移設にこだわった。そして、２０１４年の県知事選挙に立候補した翁長知事は県外移設にこだわって自民党から離れて、閉鎖・撤去を公約にしている革新と連携して、県外移設ではなく革新と共通する辺野古移設反対を選挙公約にして当選した。

　当選した翁長知事はあらゆる方法で辺野古移設阻止することを公言し、埋め立て承認の取り消しをすると宣言した。翁長知事は辺野古埋め立て承認の取り消しはできない。できないことをできると宣言して県民を騙しているのである。辺野古埋め立て承認の取り消しができないことを知るためには辺野古移設が決まった歴史的流れを知る必要がある。

２００５年には、知事、久志三区、宜野座は辺野古移設に反対していた

１０月１３日　額賀福志郎自民党安保・基地再編合同調査会座長が小泉首相に「沿岸案」を提案。
１０月１５～１７日　米国務・国防省高官が県や県議会ら地元関係者に「普天間」の県内移設を条件に、嘉手納基地以南の基地を北部に集約する案を説明。
１０月２６日　日米審議官協議で辺野古沿岸案基本合意。
１０月３１日　稲嶺知事、北原防衛施設庁長官と会談、午後、沿岸部移設拒否を表明。
１１月１日　辺野古、豊原、久志３区の区長が北原防衛庁長官と会談、沿岸案拒否を伝える。
１１月７日　宜野座村議会、沿岸案反対を可決。
１２月１６日　県議会が沿岸案反対の意見書を全会一致で可決。
１　２月２１日　宜野湾市議会、沿岸案反対を賛成多数で決議。

　このように知事、久志三区、宜野座が辺野古移設に反対したのである。ただ、移設を決める権利は県知事などの首長にあるのであって議会に決定権はない。理由は移設問題は内容が複雑であり、政府との交渉は何度もやらなければならない。問題解決の交渉に全議員が加わることは不可能である。だから辺野古移設の交渉と決定は議会ではなく自治体の首長が行った。

２００６年に、辺野古区、名護市長が容認する

１月２２日　名護市長で沿岸案に反対し、修正案に柔軟姿勢を示す島袋吉和氏が初当選。
４月４日　島袋市長、額賀防衛庁長官との再協議で上京。１００メートル以内で沖合移動　辺野古沿岸案　政府が新微修正案。
名護と政府は4日の会談で、
（１）住民の安全を考慮。
（２）環境保全に考慮。
（３）実現可能性のある移設案を追求。
3点の基本方針を確認した。
４月７日　島袋名護市長が滑走路2本案（V字形案）で政府と合意。宜野座村も政府と基本合意書締結。

２００７年県内移設容認の仲井真氏が知事になる

１０月３０日　仲井真氏、「（移設先の）ベストは県外だが、県内移設もやむを得ない」とキャンプ・シュワブ沿岸部移設容認を示唆。
１１月１９日　仲井真氏、県内移設反対の糸数慶子氏を退け、知事に初当選。

２００９年衆院選で民主党が圧勝して事情が変わる

　普天間代替施設、政府案より沖へ９０ｍ…政府が譲歩方針。政府と仲井真知事は話し合い、最終的に合意する寸前であったが、衆院選で民主党が圧勝

して事情が変わった。

12月15日　鳩山首相が現行案以外の移設先検討を明言。「できるなら国外、最低でも県外」を宣言した。国外は無理であることを知った鳩山首相は県外移設を明言した。この時点で、県知事、名護市長、辺野古区長は辺野古に賛成であるのに政府が反対という奇妙な状況になった。

2010年に政府、県、名護市、辺野古区の四者の合意で辺野古移設決定する

4月20日　徳之島3町長が平野博文官房長官との会談を拒否、徳之島の強烈な反対運動に徳之島案はあっけなく頓挫した。鳩山首相は県外移設を諦める。

5月23日　鳩山首相が再来県し、名護市辺野古への移設を明言。

6月4日　鳩山氏が首相退陣、菅直人氏が首相に就任し、日米合意の踏襲を明言した。

2005年には辺野古、豊原、久志3区や宜野座も反対であったが、2006年には島袋名護市長が滑走路2本案（V字形案）で政府と合意し、辺野古、豊原、久志3区や宜野座も賛成した。翁長知事は沖縄県には自己決定権がないと主張しているが、その主張は嘘である。自己決定権があるから県、名護市、辺野古が移設反対している間は移設はできなかったし、自己決定権で辺野古移設に賛成したから政府は移設計画を進めることができたのである。日本は議会制民主主義国家である。沖縄県は日本の地方自治体であるから自治体としての自己決定権は持っている。だから、県、名護市、辺野古が辺野古移設に反対すれば県や名護市の自己決定権によって政府は辺野古移設をすることができなかった。県、名護市、辺野古が賛成したから辺野古移設が決まったのである。県、名護市、辺野古に自己決定権がある証拠である。

自己決定権は県、市町村にあるのが議会制民主主義である。2010年に県、名護市、辺野古の自己決定権によって辺野古移設は決まったのである。ところが2014年に県知事に当選した翁長知事は辺野古移設が決まった4年後に辺野古移設反対を主張して当選した。当選した翁長知事は沖縄には自己決定権があるから辺野古移設を取り消す権利があると主張した。取り消すことができないのは沖縄は差別され自己決定権がないからだと翁長知事は説明した。しかし、沖縄には地方自治体沖縄県としてすでに自己決定権はある。自己決定権についても翁長知事は県民を騙したのである。

4年も経ってから、4年前の県、名護市、辺野古の自己決定権を翁長知事はないがしろにしたのである。法治国家でそんなことが許されるはずがない。翁長知事は沖縄県の行政の長である。行政の長に求められるのは法の遵守である。ところが翁長知事は法を遵守しようとはしない。県知事としてやってはいけないことを翁長知事はやろうとしたのである。

政府が引き続き移設に向けた作業を進めるとの姿勢を示していることに稲嶺名護市長は「知事が取り消すと工事をする根拠がなくなる。(知事の権限を)無視することになる。法治国家に反するのではないか」と述べた。4年前の県、名護市、辺野古の自己決定権を押しつぶすことはできない。また、県土木建築課が埋め立て申請に瑕疵がないと判断し承認したのを、翁長知事が取り消す権利が法律的にあるはずがない。稲嶺名護市長の主張の方が法治国家に反することである。

菅義偉官房長官は、翁長知事が米軍普天間飛行場の移設先となる名護市辺野古沿岸部の埋め立て承認を取り消すことを明言したことに関し、「日本は法治国家なので、行政判断の継続性の観点から埋め立て工事を進めていきたい」と述べた。埋め立て工事の続行は合法行為である。知事が取り消すほうが違法行為であると菅官房長官は言ったのである。そして、防衛局は「取り消しは違法行為」だと県に通知したのである。

しかし、沖縄には菅官房長官のいう法治主義が通用しない。県が沖縄防衛局の言い分を聞く「聴聞」の実施を決めたのに対し、同局は聴聞に出席しない意向を表明し、陳述書を送付したことに対して琉球新報は、

「陳述書の提出で済ませたのは、新基地建設の不当性が露呈するのを避けたかったためであろう。しかも、陳述書は紙2枚という分量で、内容も『手続きに瑕疵はなく、承認取り消しは違法だ』と主張するにすぎない。これで聴聞手続きに応じたつもりならば、あまりにも県民を軽んずる行為だ」と述べている。琉球新報は、防衛局が聴聞に出席しないで陳述書を提出したのは新基地建設の不当性が露呈するのを避けたかったためであると決めつけ、「承認

取り消しは違法だ」と防衛局が通知したのを県民を軽んずる行為であるといい軽視している。国の機関である防衛局が取り消しを違法だと通知したのである。それは県を凍らせるほどの重いものであるのに琉球新報は理解していない。

政府は日本が「法治国家」であることを常に強調している。法治主義は議会制民主主義国家の根幹である。違法行為は国家の根幹を破るものであり許されない。承認取り消しは違法であると政府は通知した。翁長知事は違法行為をしようとしていると政府は警告したのである。ところが政府の警告を沖縄は理解できないのだ。翁長知事は違法行為を平気でやろうとしているのだ。

県知事が政府に違法行為をやるのは沖縄だけだろう。他府県ではあり得ないことである。沖縄の政治的不幸は、議会制民主主義、法治主義を理解していないところにある。そして、翁長知事の嘘がまかり通っていることである。

二種類の自己決定権

翁長知事は沖縄にあるべき自己決定権が日米政府に奪われたといって問題にしている。翁長知事は二種類の自己決定権をひとつの自己決定権であるようにみせて県民を騙している。

翁長知事は「戦争が終わったら、銃剣とブルドーザー。自己決定権も何もない。大きな権力の前で、今の基地が取られた」と述べているが、戦争に負けたのだから自己決定権を失ったのは当然である。翁長知事は「戦争が終わったら」と言っているが、それは正確な表現ではない。「沖縄は戦争に負けた」が正確な表現である。戦争に負けるということは自己決定権を失うことである。

アフガン戦争で米軍に負けたタリバンは政権を失った。イラクのフセインも米軍に負けて政権を失った。政権を失うということは自己決定権を失うということである。イラクはＩＳＩＳに侵略された。侵略された地域にはイラクの自己決定権はない。自己決定権はＩＳＩＳにある。ＩＳＩＳは罪のない人々をＩＳＩＳの自己決定権で処刑し、女性を奴隷にした。もし、沖縄戦で勝ったのが米軍ではなくＩＳＩＳであったら、ＩＳＩＳの自己決定権が沖縄に適用されて、イラクやシリヤのように罪のない人が処刑され、女性は奴隷にされていただろう。

日本が満州を植民地支配した時、沖縄から移民した農民には広々とした畑が用意されてあった。原住民の畑を日本軍が接収して沖縄の農民に与えたのだ。日本軍は原住民の自己決定権を武力で奪ったのである。南方に多くの沖縄県民が移住した。南方でも満州と同じように日本軍が現地の原住民の自己決定権を奪い、土地を奪い、土地を自由に開拓していった。日本軍の自己決定権の恩恵を受けたのが沖縄からの移民者だった。

戦争に勝つということは自己決定権を得ることであり、負けるということは自己決定権を失うことである。

沖縄は戦争に負けた。だから、自己決定権を失った。当然のことである。翁長知事は自己決定権がないことを不満に思っているがそれは戦争に負けることがどういうことであるかを理解していない。戦争への無知から出た不満である。

注目すべき点がある。日本軍は原住民の土地を奪って沖縄の移民に与えたが、米軍は米軍基地建設のために土地を接収したが、土地の私有権は奪っていない。土地は借りたのである。だから、土地使用料を払った。米国は議会制民主主義国家である。沖縄を占領しても沖縄の人々の人権を奪うことはしなかった。マラリアやシラミなどを撲滅し沖縄の人々の健康を守り、民主化や経済発展に努力したのが米政府にシビリアンコントロールされた米軍だったのである。

１９５２年に日本は独立国となる。そして、１９７２年に沖縄は日本の施政権下になる。沖縄の米軍基地の自己決定権は日本政府と米政府にある。日本政府が米軍基地を撤去したいなら、日米安保条約と日米地位協定を破棄し、米軍基地撤去を決定すればいい。日本政府が米軍基地撤去を決定すれば米国は米軍基地を撤去しなければならない。米国が拒否することはできない。実際にフィリピンとイラクは独立国としての自己決定権によって米軍基地を撤去することを決定して、米軍基地を撤去した。日本政府もイラクやフィリピンと同じように米軍基地を自己決定権によって撤去させることができる。米軍基地が沖縄に存在し続けるのは日本政府が米軍基地存続を望んでいるからである。

米軍を撤去させたイラクはＩＳＩＳに侵略されたし、フィリピンは中国に侵略された。日本政府が米軍基地を存続させているのはフィリピンのように中国に侵略されるのを防ぐためである。米軍を撤去させたイラクとフィリピンは侵略されるという愚かな選択をした。自分の愚かさを知ったイラクとフィリピンは米軍の価値を認め、再び米軍の駐留を認めた。日本政府が米軍基地の存続を認めたのは正しい選択であったのだ。

米国が日本から米軍を撤去させたいなら米国の自己決定権で撤去させることができる。日米安保や日米地位協定を破棄することもできる。しかし、沖縄県には米軍を撤去させる自己決定権はない。日米安保や日米地位協定を破棄する自己決定権も沖縄県にはない。日米政府に要求する権利はあるが決定する権利はない。それは国の自己決定権であるからだ。

国の自己決定権とは別に地方自治体の自己決定権がある。自治権である。普天間飛行場の辺野古移設は、辺野古に米軍の基地を新しく建設することである。建設に関しては県、名護市、辺野古区の自己決定権が適用される。政府が県、名護市、辺野古区の自己決定権を無視して勝手に建設することはできない。県が建設に反対している間は国は辺野古飛行場を建設することはできない。

県外移設ができない原因は自治体の自己決定権にある。沖縄だけでなく全国の都道府県そして市町村の自治体には普天間飛行場移設受け入れに対しては自己決定権がある。自己決定権によりすべての都道府県が普天間飛行場移設を拒否しているから県外移設はできないのである。全国の中で唯一辺野古だけは地元の辺野古が飛行場建設を容認し、島袋元市長の時にV字型滑走路を条件に建設に賛成し、仲井真前知事も賛成した。飛行場建設は行政の範疇であるから行政の長に決定権はある。議会にはない。

翁長知事は既存の米軍基地削減に県には自己決定権がないことを巧みに利用して「沖縄の自己選択権、人権、自由、平等を保障しない国が世界に自由や平等、民主主義を共有し、連帯できるのか。小さなものは翻弄してかまわないという国が、どうして世界に民主主義を言えるのか。日米安保体制の品格という意味でさびしいものがある」と沖縄の人権、自由、平等を国が保障していないことを主張し、その延長線上に辺野古飛行場移設を問題にして、辺野古移設に県の自己決定権がないと述べている。

「小さな沖縄が日米両政府の間で自己決定権のために闘うのは大変困難かもしれない。国連で私どもの状況を伝え、世界の人がこのことを一緒に考えてほしいと訴えた。政府は辺野古の工事を再開した。米国と日本の民主主義を皆さんの目で確認してほしい」

「民意で言えば、昨年の名護市長選は辺野古新基地建設反対の稲嶺さんが４千票差で勝ち、名護市議会も過半数は反対の議員だ。知事選は私が１０万票差で当選した。衆院選は沖縄全４区とも反対派が当選した。

それを受けて基地問題はある。知事選では宜野湾市でも私が３千票勝った。衆院選でも辺野古反対の候補者が６千票勝っている。

民意は、宜野湾に基地があるのは絶対許されないが、自ら差し出したこともない基地は日本国民全体で引き受けるべきである。県民全体でノーと言っている中で、普天間の固定化は避けるということだ」

翁長知事が主張している自己決定権とは国の防衛問題と関係する米軍基地削減の権利である。その権利を沖縄が持ち、沖縄に集中している米軍を本土に負担させるということである。地方自治体である沖縄県が米軍基地移設の決定権を持つことはできるはずがない。米軍基地削減の決定権がないことが沖縄に民主主義がないと翁長知事は主張しているが、翁長知事の主張は国は地方のいいなりになれという主張である。そんな民主主義はない。国全体に関する政治は中央政府がやり、地方は地方の政治をやる。そして、中央と地方のバランスを取りながら国全体の政治がなされていく。それが議会制民主主義国家である。

翁長知事は米軍基地の削減権がないことを、沖縄には自己決定権がない、だから、辺野古新基地建設反対の稲嶺氏が名護市長になり、県知事選では翁長氏が当選し、衆議院選では沖縄全４区で反対派が当選しても辺野古移設を止めることができない。沖縄には自己決定権がなく民意が反映されないと主張している。

翁長知事は県民を騙している。米軍基地の削減権は沖縄にはないが、辺野古移設に関しては沖縄に自己決定権がある。２０１０年に辺野古、名護市、県は自己決定権によってV字型飛行場にする条件で建設に賛成した。そして、民主党の菅首相が最終的に辺野古移設を決定した。県知事、名護市長、辺野古区長は辺野古飛行場建設を国と約束したのである。この約束は行政の継続の決まりによって次の首長は引き継がなければならない。翁長知事は法的には辺野古移設反対を選挙公約にしてはいけなかった。それだけではない。翁長知事は県外移設を主張し、革新は閉鎖撤去を主張していたから、翁長知事と革新が連携するということは普天間飛行場の解決を放棄することになる。翁長知事は革新と連携してはいけなかった。翁長知事のほうが政治家としてやってはいけないことをやったのである。

翁長知事は民意を理由にして辺野古飛行場建設に反対し、国が建設を続行しているのは県の自己決定権を無視していると主張しているが、土地所有者、辺野古区、島袋元名護市長、仲井真前知事の4者が賛成して国と辺野古移設を約束をした。その約束を翁長知事が破ることは法的に許されないことである。。県に自己決定権がないのではなく、翁長知事が自己決定権の乱用をしているのである。

辺野古移設反対を選挙公約にして県知事に当選したことを根拠に辺野古移設を阻止するなら、それは政治の問題であるから２０１０年に辺野古移設が決まったことに対して異議を申し立てなければならないだろう。しかし、翁長知事は政治的な異議をするのではなく、埋め立て申請の取り消しをすることにした。

埋め立て申請の取り消しは政治問題ではない。公有水面埋立法という法律に関する問題である。飛行場を建設するためには辺野古崎沿岸を埋め立てなければならない。埋め立てには公有水面埋立法を守らなければならない。防衛局は埋め立て計画書を作成して県に提出し、県は公有水面埋立法に違反していないかを審査した。違反している箇所があればそれを指摘して防衛局に申請書を戻した。防衛局は県に指摘された箇所を訂正して再び県に提出した。県は違反している箇所や疑問がある場合はなんども防衛局に戻した。違反や疑問がなくなったので申請を知事が承認したのである。

公有水面埋立法と基地建設は関係がない。埋め立てる目的が基地建設であろうと住宅建設であろうと、工場建設であろうと審査方法は同じである。法律の問題であるから法律に従ってすべては処理していく。翁長知事は知事が組織した私設の第三者委員会の瑕疵があるという報告を根拠に取り消しをしたが、公有水面埋立法という法律に申請を承認した県が承認を取り消す権利を認めているかが問題になるが、認めている法律はない。

翁長雄志知事は名護市辺野古の新基地建設の根拠となる辺野古沿岸の埋め立て承認を取り消しとする文書を、沖縄防衛局へ１３日に送付した。

翁長知事が埋め立て申請に瑕疵があるのを根拠にしているのは翁長知事が勝手に集めた第三者委員会が瑕疵があると報告したからである。第三者委員会は翁長知事の私的な諮問委員会である。私的な諮問委員会の報告を根拠に申請取り消しをすることができるはずがない。

防衛局は県の指定した聴聞期日には出席しないで前の日の２９日に回答に当たる「陳述書」を県に提出した。「陳述書」には政府の埋め立て承認までの手続きには瑕疵はなかったと主張した後に「取り消しは違法行為」であると警告している。この警告に対して「取り消しは合法行為である」と翁長知事は反論していないし、沖縄二紙も反論していない。反論しない限り「取り消しは違法行為である」ことを認めたことになる。

日本は法治主義であると常に主張している政府が「取り消しは違法行為」と通告したのは重い。政府が嘘をつくことはあり得ない。政府は本気で取り消しは違法行為であると考えている。

日弁連のお粗末な「承認取り消し法的に許容」声明

日本弁護士連合会（日弁連、村越進会長）は１３日、翁長雄志知事の埋め立て承認取り消しについて「知事による本件承認取り消しは法的に許容されるものだ」とする会長声明を発表した。その理由として「（前知事による）本件承認には法律的な瑕疵（かし）が存在し、瑕疵の程度も重大なことから、瑕疵のない法的状態を回復する必要性が高く、他方、国がいまだ本体工事に着手していない状況である」ことを挙げた。

声明は「辺野古崎・大浦湾はジュゴンや絶滅危惧種を含む多数の貴重な水生生物や渡り鳥の生息地として豊かな自然環境・生態系を保持してきた」と指摘。日弁連としても、ジュゴンの絶滅危機を回避するための有効で適切な保護措置を策定するよう求めてきたことを強調した。

これまでの日弁連の指摘も踏まえ「自然環境を厳正に保全すべき場所に当たり、埋め立ては国土利用上適正合理的とは言えず、自然環境の保全を図ることは不可能」と公有水面埋立法の要件を欠いているとあらためて指摘した。

声明をまとめた日弁連公害対策・環境保全委員会水部会の志摩恭臣部会長は「日弁連は2013年11月に埋め立てすべきでないという意見書を出した。今回の埋め立てで自然環境保全は不可能であるし、法的に瑕疵があるというのであれば承認取り消しは当然と考える」と話した。

ジュゴンは大浦湾に棲んでいない。ジュゴンが棲んでいるのはエサが豊富な嘉陽沖から国頭、そして羽地の海である。金武湾や他の沿岸にもやってくる。10年間で6頭が3頭に減った。辺野古埋め立てとジュゴン棲息は関係がない。そして、埋め立ては辺野古崎沿岸部であり、大浦湾の自然を破壊することはない。

大浦湾の北海岸にはカヌチャゴルフ場がある。辺野古飛行場より広い。大浦湾の自然保護を大事にしたいのならカヌチャゴルフ場も問題するべきであるが全然触れていない。

日弁連が反米軍主義の左翼であることが見え見えである。

いよいよ司法対決へ

翁長知事は「沖縄県民の人権や自由や平等、そういったものが、民主主義という意味でも大変この、認められるようなことがなかった」と述べている。翁長知事は過去だけでなく現在の沖縄でもそうだというのである。しかし、それはおかしい。沖縄には日本憲法と法律が適用されているのは事実である。法の適用は沖縄県は他の都道府県と同じである。米軍基地の被害や米兵の犯罪に対する国の対応も全国同じである。沖縄だけに米軍を優遇する特別な法律があるわけではない。もし、法律が沖縄県民の人権や自由や平等を守っていないということになると全国の都道府県が人権や自由や平等が守られていないということになる。しかし、翁長知事は沖縄だけは差別されているというのだから全国の都道府県は人権や自由や平等が守られていて沖縄だけが守られていないということになる。それでは翁長知事はなにを根拠に沖縄は人権や自由や平等が認められていないというのだろうか。

翁長知事は11年前の沖国大のヘリ基地事故が起こった前日にうるま市沖でヘリ事故が起こったことに、交通事故など日常的に起こる事故で人が死んだりするが、それとは違い、ヘリ事故は基地があるということ、政治的な歪みや制度的な形で起こり、それは交通事故とは違い耐えられないと述べている。米兵による婦女暴行や交通事故も基地被害であり耐えられないとも述べている。県民による婦女暴行や交通事故は耐えられて米兵の場合は耐えられないということは翁長知事は被害者ではなく加害者を問題にしている。被害者にとっては加害者が県民であろうと米兵であろうと同じである。被害者ではなく加害者を区別しているのは変である。

米軍基地は本土にもある。本土でも事故は起きるし米兵の犯罪はある。国の対応は沖縄と同じである。しかし、翁長知事は沖縄だけは差別され人権や自由や平等が認められていないというのである。全国同じ法の適用であるのに米軍被害に限って沖縄だけ差別されていると考えるのは間違っている。

翁長知事の沖縄差別論は全国に広がり、世界にも広がっている。翁長知事は今や時の人である。翁長知事が辺野古埋め立て申請承認を取り消したことが世界で報道された。

北米1000局以上で放送されている米独立報道テレビ番組「デモクラシー・ナウ！」が翁長雄志知事は埋め立て承認は瑕疵があると主張し、記者会見で取り消しを発表したと報じたという。翁長知事の承認取り消しが米国で放送されたのである。「デモクラシー・ナウ！」だけではない。米主要メディアは相次いで承認取り消しについて報じている。翁長知事は国内だけでなく外国のマスコミにも注視されている。日本でもっとも勇気のある知事だと米国の新聞が評価したこともある。これほどまでに有名になった沖縄県知事はいない。

翁長知事の話は一貫していてわかりやすい。県民に寄り添うことを常に心がけているのが県民の支持を高めているのだろう。県民の立場に立ち、政府と真っ向から論争し一歩もひかないどころかむしろ政府を圧倒する沖縄県の知事は初めてである。

県民の圧倒的な支持を得て知事になったのは当然と言えば当然かも知れない。県民に圧倒的に支持されている翁長知事は埋め立て承認の取り消しをやった。取り消しにキャンプシュワブの辺野古移設反対派は拍手喝采である。反対派にとって待ちに待った取り消しであった。今までの翁長知事は弁論の闘いであった。しかし、承認取り消しをした後からは法の闘いになっていく。

翁長知事の承認取り消しに対して沖縄防衛局は14日午前、翁長知事の通知は「違法」として、行政不服審査法に基づき、国土交通相へ取り消し無効の審査を請求し、裁決が出るまで取り消しの効力を止める執行停止の申立書を提出した。これでこれからの流れは決まったようなものである。

○翁長知事は執行停止への意見書を提出。
○審査請求への弁明書を提出。
○数カ月後、国土交通相は取り消しは違法と判断し却下。
○翁長知事は瑕疵があると訴訟。
○裁判。

裁判で決着をつけることになるのは確実である。辺野古沿岸の埋め立て承認取り消しをした後に翁長雄志知事は会見を開いた。翁長知事は、

「思い返してもなかなか沖縄の考え方、思い、今日までのいろんなこと、ご理解をいただけるようなものがなかったような感じがします」

と、政府が「沖縄の考え方（知事の考え方）」を理解してくれなかったことを嘆き、

「これから、裁判を意識してのことが始まっていくが、いろんな場面、場面で私どもの考え方を申し上げて、多くの国民や県民、ご理解をいただけるような、そういう努力をきょうから改めて出発していくという気持ちです」

と承認取り消しはいづれ裁判で争うことになると知事自身が認めている。これからも国民や県民に理解してくれる努力を続けていくと翁長知事は述べている。

記者に承認の取り消しにいたった理由はと問われた翁長知事は、

「県外移設を公約をして当選をされました(仲井真)知事が埋め立て承認をしてしまいました。それについて、私自身からするとそのこと自体が、容認できなかったわけです。法律的な瑕疵があるのではないか。それを客観的、中立的に判断をしていただいて、どのように判断をしていただけるか、ということで、第三者委員会で、環境面から3人、法律的な側面から3人の6人の委員の皆様方に、今年の1月26日ですか、お願いをしました。

そして7月16日に法律的な瑕疵があったということが報告されました。それを検証した結果、法律的な瑕疵があると県としても判断したわけでありまして、そういったことをベースにしながらですね、このような形で取り消しに至ったと思っています」

翁長知事の説明は筋が通っているし、難しい言葉も使わないのでわかりやすい。誰もが納得する説明である。しかし、説明には二つの法律的な間違いがある。

一つ目は、県外移設を公約にした仲井真知事が埋め立て承認をしたことを翁長知事が容認しなかったことである。埋め立て申請を審査するのは県の土木建築課であるが、審査は公有水面埋立法に則ってやる。県土木建築科は提出した埋め立て申請書に瑕疵がないかを審査した。沖縄防衛局に4度にわたり計260問の質問をした。防衛局はすべての質問に答えた。県土木建築課は質問するのがなくなったので審査の結果瑕疵なしと仲井真前知事に伝え前知事は承認したのである。これは公有水面埋立法という法律に違反しているかいないかを審査するものであり、法律の世界である。仲井真前知事が県外移設を公約にしていたとしても、防衛局が提出した埋め立て申請書の受け取りを拒否すれば違法行為になる。また、審査の結果瑕疵がないと判断すれば仲井真前知事は承認しなければならない。もし、承認しなければ政府は訴訟するだろう。裁判で政府が勝つのは当然である。県外移設を公約にしても県知事としては埋め立てを承認しなければならないのである。それが法治主義である。翁長知事は法治主義を理解していない。

二つ目は第三者委員会の報告を根拠に承認取り消しをしたことである。県外移設を公約にしていた仲井真前知事が埋め立て申請を承認したことを翁長知事は政治的に認めることができなかった。翁長知事は埋め立て申請に法律的な瑕疵があるのではないかと疑い、それを客観的、中立的に判断をさせるために、環境面から3人、法律的な側面から3人を集めて第三者委員会をつくった。そして、第三者委員会は瑕疵があると報告し、翁長知事は承認取り消しをした。翁長知事の行為はなんの問題もないように思えるが、政府は翁長知事の承認取り消しを違法だと言っている。政府のいう通り、翁長知事の承認取り消しは違法行為である。

埋め立て申請は埋め立てをやる前提で申請する。申請が承認されれば埋め立てを始める。当然のことである。埋め立てを承認した知事に埋め立てを取り消す権利はない。法律上は仲井真前知事と翁長知事は同じ県知事であり同

一人物である。同一人物が埋め立て申請を承認した後に取り消しをするのは矛盾している。承認したのを突然取り消されるのなら埋め立て工事は安心してできない。知事の権力で承認を取り消すことはできないし、埋め立て工事を止めることはできない。埋め立て申請の審査は1回だけである。2回も3回も審査することはできない。もし、何回も審査することができ瑕疵があるといって取り消しをすることができれば、完成寸前でも中止させることができる。それでは埋め立て工事はめちゃくちゃである。そんなことができるはずがない。

翁長知事は瑕疵があるから取り消したと主張しているが、瑕疵を見逃したのは県のほうであって国には瑕疵の責任はない。責任を取るのは県の土木建築課の職員であって国ではない。翁長知事は職員を処分することはできても埋め立て承認を取り消すことはできない。審査の結果瑕疵がないという結論に達したのに、後になって瑕疵があるというのは変である。瑕疵を見つけるためには詳しく調査しなければならないが、一度徹底的に調べたのを調べなおすこと自体が知事としてやってはいけないことである。行政はそうでなければ多くの業務をこなし先に進むことができない。

政府が取り消しは違法といったのは埋め立て申請書には瑕疵がないと主張したのではない。政府は承認取り消しの権限は知事にないと主張したのである。権限のない翁長知事が取り消しすることが違法だといったのである。

第三者委員会が瑕疵があると報告し、翁長知事が申請に瑕疵があると確信した時に承認を取り消す唯一の方法がひとつだけある。それは訴訟である。裁判で瑕疵があることを認めさせることができたら承認を取り消すことが可能である。

第三者委員会が指摘した瑕疵を裁判官が認めれば承認は取り消されるだろう。しかし、承認が取り消されたからといって辺野古飛行場建設を政府に断念させることはできない。防衛局は裁判官に指摘された瑕疵を訂正してから、新たな申請書を裁判所に提出して、裁判所が瑕疵のないことを認めれば埋め立て工事を再開できるのである。辺野古移設は2010年に政府、県、名護市、辺野古区の四者の自己決定権によって決まった。埋め立て申請は辺野古飛行場建設を前提にしたものであり、承認が取り消されたからといってそれが辺野古移設中止になるわけではない。翁長知事は裁判に勝っても辺野古飛行場建設を阻止することはできない。できるのは工事を一時中断させることだけである。

翁長知事は裁判に勝っても辺野古移設を阻止することはできないが、裁判に勝つ可能性は限りなくゼロに近い。

第三者委員会は三人が弁護士である。防衛局が申請したのは辺野古沿岸の埋め立て工事の許可をもらうためである。申請書を審査できるは土木工事に精通した専門家でなければならない。埋め立て工事が自然環境を破壊するか否かが大きなポイントになるが、申請書を読んで実際の工事をイメージすることができなければ正しい判断はできない。正しい判断ができなければ瑕疵につながる箇所を正確に見つけることはできない。弁護士が埋め立て申請の瑕疵を見つけるのは無理である。

三人は自然環境の専門家であるらしいが、埋め立て工事についてどれほどの専門知識があるかが問題である。埋め立て工事の専門の知識もない環境専門家なら瑕疵を見つける能力は低いだろう。

第三者委員会の6人は翁長知事が私的に集めた人たちである。彼らは翁長知事の望みをかなえるために集められた人たちであり瑕疵を見つけるのが目的である。彼らの客観的な信頼度はゼロである。彼らが見つけた瑕疵は政治的であり、裁判に通用するものではない。

翁長知事は

「私どもが正しいと思っていることを、どういう場所になるか分かりませんが、しっかりと主張をして法律的な意味でも政治的な意味でも、県民や国民の皆様方がご理解いただけるようなことを、しっかりと主張をしていきたいと思っています」

と会見で述べているが、県民や国民が翁長知事の主張を支持することはあっても、法律的にも政治的にも翁長知事の主張が通用することはない。

防衛局が意見聴取にも聴聞にも応じず陳述書を出すという対応について質問された翁長知事は、

「集中協議の頃から、ある意味で溝が埋まるようなものが全くないという状況でした。その1カ月間の集中協議の中でも私どもの方がいろんな思いを話をさせていただいたわけですが、議論がちょっとかみ合ったのは防衛大臣との抑止力の問題だけで、それ以外は閣僚側から意見や反論はありませんでした。

沖縄県民に寄り添って県民の心を大切にしながら、問題を解決していきたいというような気持ちが、集中協議の中にもなかったわけです。今回、取り消しの手続きの中で意見の聴取、聴聞の期日を設けてやったわけですが、応じてもらえなかった。まあ陳述書は出してもらいましたけど、聴聞には応じてもらえなかったということから考えますと、沖縄防衛局の姿勢というよりも、内閣の姿勢として沖縄県民に寄り添ってこの問題を解決していきたいというものが、大変薄いのではないかというような気持ちがあります。私どももあらためて、いろんな協議の中から意見を申し上げたいと思いますし、広く県民、国民、場合によってはアメリカの方にも、あるいは国際社会にも訴える中で、この問題を解決していければいいと思っています」

翁長知事の言う通りである。集中協議には安倍首相、菅義偉官房長官、岸田文雄外相、中谷元・防衛相、山口俊一沖縄担当相らが参加したが、閣僚たちが辺野古問題に詳しいはずはなく、紋切り型の発言しかしなかった。集中協議とは名だけで安倍内閣のお偉方が顔を見せ、翁長知事に面目を持たしただけの集中協議であった。翁長知事が必死に訴えたにも拘わらず、安倍内閣のお偉方は翁長知事の訴えに冷淡であるような印象を与えたのが集中協議であった。県民や国民は翁長知事に同情しただろう。

「沖縄防衛局の姿勢というよりも、内閣の姿勢として沖縄県民に寄り添ってこの問題を解決していきたいというものが、大変薄いのではないかというような気持ちがあります」

という翁長知事に大きく頷く県民は多いだろう。集中協議は翁長知事の必死さと内閣の冷淡さを感じさせた。私は集中協議での安倍内閣の対応に愕然とした。私はブログに「集中協議にはがっかりさせられる」を掲載した。

集中協議にはがっかりさせられる

中谷防衛相は稲嶺名護市長、翁長知事と辺野古移設について会談した。

稲嶺市長との会談は名護市のホテルで行われた。防衛相が名護市を訪問して市長と会談したのは民主党政権だった２０１１年以来、４年ぶりとなる。

稲嶺市長との会談で中谷防衛相は「民主党政権時代に県外移設も検討したが、結局、辺野古移設が唯一の手段であるということで、その後、自民党が政権に復帰した。改めて政府の考え方を説明させてほしい」と訴えた。中谷防衛相の訴えに稲嶺市長は「辺野古移設の一点だけは、県民の世論調査や選挙結果を見ても受け入れは困難だ」と述べた。

中谷防衛相の発言には新鮮味がない。だから、稲嶺市長も今までと同じ反論をすればいい。多くの県民は稲嶺市長の主張に納得するだろう。「改めて政府の考え方を説明させてほしい」といっても、今までの発言を繰り返すだけである。中谷防衛相がやらなければならないのは政府に反論している稲嶺市長の主張に反論することである。

今までと同じ説明を繰り返してはなんの効果もない。

稲嶺市長との会談では辺野古移設が唯一の手段である」と言ったから少しはましだが、翁長知事との会談はひどい。

記者　防衛相から辺野古移設への理解を求めたり、知事から改めて辺野古移設はできないと返したりするやりとりはあったか。

知事　大臣に対してはなかったが、菅官房長官から原点が違うということで、辺野古が唯一だと話をされていたが、それはもっと柔軟に考えなければダメですよという話はしたが、それはそのことを言うために言ったのではなく、他の話をする時にそれが出てきたということ。

中谷防衛相は翁長知事とは辺野古移設について話していない。在沖米海兵隊に抑止力はあるということについて話している。

沖縄タイムスの記事である。

在沖米海兵隊に抑止力はあるか？　翁長知事と中谷防衛相が議論

翁長雄志知事は１６日、県庁で中谷元・防衛相と会談した。在沖米海兵隊を「機動力、展開力、一体性から島しょ防衛、日本の安全保障上、不可欠」とする中谷氏の説明に対し、翁長知事は「弾道ミサイルが発達し、抑止力にならない。沖縄を領土としか見ていない」と返し、認識が異なる互いの主張を説明し合う形となった。
会談は約３０分。在沖米海兵隊の抑止力を疑問視する翁長知事の指摘を踏まえ、中谷氏が政府の見解を説明した。
翁長知事は会談後、抑止力の説明を受け「生の声で聞いた意味はあるが中身に変わりはなかった。県民への思いや歴史的なことへの認識はなく、日本の防衛のために沖縄が必要だと説明があった」と、これまでの繰り返しだったとの認識を示した。
中谷氏は会談後記者団に、「地理的にも沖縄の海兵隊の存在が地域の平和と安定のために機能していると説明した」と述べ、翁長知事が指摘する米ソ冷戦期と現在の安全保障環境の比較について「冷戦後、危険性が軽減されるのではない。力の空白をつくらず抑止力を維持する必要がある」と強調した。

「沖縄タイムス」

会談はたった３０分であった。それが集中協議と言えるだろうか。３０分では在沖米海兵隊の抑止力について話すのにも不足である。辺野古移設については全然話すことはできなかったであろう。中谷防衛相は沖縄の海兵隊に抑止力があると主張したが、翁長知事は「もう、こういう（海兵隊基地の）要塞的な固定的な抑止力は、弾道ミサイルが発達しているなかでは、抑止力にならないのではないか」と反論している。

政府の集中協議の目的は辺野古移設を翁長知事に認めてもらうことである。中谷防衛相の主張が正しくて、海兵隊に抑止力があるからといって、普天間飛行場を辺野古に移設する理由にはならない。

翁長知事は普天間飛行場の県外移設を要求している。そうであるならば翁長知事が主張するように海兵隊に抑止力がないからといって辺野古移設に反対する理由にはならない。二人とも辺野古移設とは関係のないことを主張している。

中谷防衛相と翁長知事の会談の目的は辺野古移設問題の解決である。米軍の抑止力について話し合わなければならない理由はない。それなのに中谷防衛相は抑止力について述べたのである。東京からわざわざ沖縄まで来て話すようなものではない。

県幹部は「冷却期間」を置き、柔軟さをみせることで「譲歩したが駄目だったというアリバイづくりに使われるのではないか」と危惧しているというが中谷防衛相の発言は県幹部の危惧通りだと言わざるをえない。

翁長知事は記者に
『辺野古が唯一の選択肢』という言葉は、これでもかこれでもかと繰り返し使われているが、両政府は県や県民に対してその根拠を詳しく説明したことがない」
と述べ、さらに、
「民主国家で大事なことは基地建設や部隊配備について、軍側の必要性だけで判断してはならないということである。そこに住んでいる人々は直接影響を受ける当事者であり、当事者や当該自治体の意向を無視した新基地建設はあってはならないことだ」
と民主主義を理由に辺野古の新基地建設を否定している。政府の矛盾を批判した上で辺野古建設を否定している翁長知事の方が正しいと思う県民は多いだろう。

海兵隊に抑止力があるから普天間飛行場の辺野古移設を正当化する中谷防衛相の考えは間違っている。そのような考えでは翁長知事を納得させるどころか反論されてしまうだけだ。

辺野古移設は海兵隊の抑止力とは関係がない。日米安保、地位協定とも関係がない。辺野古移設は普天間飛行場の騒音被害や墜落から宜野湾市民を救う生存権問題である。

米軍基地に反対だから辺野古移設に反対するのは根本的に間違った考えだ。米軍基地に反対であっても宜野湾市民の生存権を守るために辺野古移設に賛成するのが民主主義思想である。生存権を重んじる民主主義思想家であれば辺野古移設に賛成し、辺野古飛行場ができて普天間飛行場を移設してから辺野古飛行場撤去運動をするべきである。

辺野古飛行場ができれば新しい基地だから１００年も居座るというのは嘘である。普天間飛行場でも改修すれば１００年も居座ることはできる。基地を撤去するか否かは基地の耐用年数ではない。政治判断である。基地が新しいか古いかには関係ない。

沖縄に米軍基地がある原因は主に中国が共産党一党独裁国家であり周囲

国に侵略するからである。中国が１００％侵略しない国家であれば沖縄の米軍基地は必要がない。そうなれば沖縄の米軍基地は撤去するだろう。当然辺野古飛行場から米軍は撤退し民間飛行場になるのは間違いない。新辺野古飛行場ができれば１００年も居座るというのは嘘である。

普天間飛行場であっても辺野古飛行場であっても日米政府が１００年後も必要だと思えばあり続けるだろうし、１０年後に必要がないと判断すれば米軍基地は撤去する。それが真実だ。

辺野古移設は米軍基地の維持や強化とは関係がない。純粋に宜野湾市民の騒音被害や人命危機などの生存権を守るのが目的である。中谷防衛相が本気で翁長知事を説得するのなら宜野湾市民の生存権を守るために辺野古移設を承知してくれるよう頭を下げるべきである。

翁長知事が沖縄の米軍基地の過重負担を主張し、米軍には抑止力がないと主張しても、辺野古移設は基地問題ではなく宜野湾市民の生存権問題であることを主張し、翁長知事に理解を求めるべきである。残念ながら中谷防衛相には辺野古移設を生存権問題として訴える様子はない。沖縄の米軍基地の抑止力を説明して理解させることによって辺野古移設を容認させようとしている。中谷防衛相が辺野古移設の本質を理解していないのではないかと気になってしまう。

翁長知事の県外移設主張に関しては決定的な矛盾がある。翁長知事は県外移設を主張しているがオール沖縄がつくった建白書には県外移設の文言はない。建白書に書いてあるのは普天間飛行場の閉鎖・撤去である。それに県外移設を希望する県民はオール沖縄とは違う主張をしているのだ。翁長知事は県外移設を希望する県民は３３・４％であり、過半数にも満たない。県民総意とは程遠い。

国外移設・・・３７・２％
県外移設・・・３３・４％
閉鎖・撤去・・・１５・４％
辺野古移設・・１２・６％

３３・４％の賛同者しかいないのになぜ翁長知事は県外移設を主張するのか、その根拠を説明するように要求すれば翁長知事は応えきれないだろう。

それに翁長知事を支持している共産党などの革新は閉鎖・撤去を主張している。翁長知事の主張する県外移設ではない。建白書の実現を主張している島ぐるみ会議も閉鎖・撤去を主張していて翁長知事が主張している県外移設ではない。

革新政党、島ぐるみ会議は閉鎖撤去を主張しているのになぜ翁長知事だけは県外移設を主張するのか、革新政党、島ぐるみ会議との違いをどのように認識しているのかを追求すれば翁長知事を窮地に追い込むことができる。

しかし、中谷防衛相は翁長知事の矛盾を追及することはしないで海兵隊の抑止力を説明した。これでは翁長知事の主張を覆すことはできない。

菅官房長官は移設作業を約1カ月中断したことについては「約2カ月前から（安慶田光男）副知事と10回くらい会い、県の考えも聞いて発表した」と述べ、翁長知事と集中協議することについては「国と県がガチンコすることなく、冷却期間をおいて話し合うことはものすごく大事だ」と述べている。政府は集中協議でガチンコしない方針である。

安倍政権は、昔から自民党政治にある、ポイントをぼかした協議をして、うやむやな状態で解決するやり方を辺野古移設でもやろうとしているようだ。政府は辺野古移設をできるだけ穏やかに進めたい。革新が騒ぐのは仕方がないが保守の翁長知事が騒ぐのはあまりよくない。なんとか穏やかにしたいという考えなのだろう。

県外移設希望は３３・４％しかいないのに県民の総意は県外移設であると嘘をついていること。県外移設ではなく閉鎖・撤去を主張している革新と手を組んでいる矛盾。そんな沖縄の政治の矛盾は安倍政権には関心のないことなのだろう。

18日(火)の首相官邸で行った第2回集中協議には政府側は菅義偉官房長官、岸田文雄外相、中谷元防衛相、山口俊一沖縄担当相、杉田和博官房副長官とそうそうたるメンバーが参加した。お偉いさんを揃えることで政府の誠意を示したつもりであろうが、このようなやり方では辺野古移設問題を掘り下げることはできない。辺野古移設問題は外交問題とは関係ないし、国防問題、沖縄問題とも関係がない。辺野古移設問題は生存権問題である。

菅長官は、双方の歩み寄りの可能性について「難しい状況は変わらない」と述べたというが、当然のことである。


ピンチに立たされているのは政府ではない。翁長知事である。辺野古飛行場は確実に建設される。翁長知事が建設を止めることはできない。

埋め立てが始まり、辺野古建設を阻止することができないことを県民が認識できるようになった時、辺野古移設阻止を公約にした翁長知事は辞職に追い込まれる可能性が高い。知事の座から落ちれば革新は保守の翁長知事から去っていくだろう。自民党と縁を切った翁長知事は政治生命が絶たれる可能性が高い。今の翁長知事は政治生命の分岐点に立っているといっても過言ではない。そのことを一番知っているのは翁長知事自身である。


菅官房長官は2カ月前から安慶田光男副知事と１０回くらい会ったと述べている。そして、県の考えも聞いた上で1カ月間ボーリング調査を中止し5回の集中協議を決定したことを述べている。

なぜ１０回も会ったのか。裏取引のために会ったとしか考えられない。翁長知事としては8年間は知事の座に留まりたいはずである。しかし、今の状態では4年間さえ持たない。もしかすると来年には知事の座から落ちてしまう。翁長知事は延命に必死であろう。


2回目の集中協議で、仲井真前知事時代に取り上げられた普天間飛行場の5年閉鎖を翁長知事が要求した。菅官房長官は、普天間の閉鎖に全力で取り組む方針を示す一方、「地元の協力がなければ難しい」と伝えて辺野古移設に理解を翁長知事に求めた。

革新は辺野古飛行場建設を阻止することができないことが確実になっても辺野古移設反対運動を続けるだろう。しかし、翁長知事は反対運動を続けるわけにはいかない。翁長知事を支持している保守は阻止することができないことが分かれば移設反対運動から離れていくからだ。

翁長知事が生き残るには辺野古建設を容認するしかない。容認すれば革新は翁長知事を非難し離れていく。そうなれば自民党県連に合流するしかない。合流はできるか。合流するためにはどうすればいいか。県民が納得できるように辺野古移設を認めるにはどうすればいいか。辺野古移設を認める時期はいつにするか。

集中協議の裏のテーマがこういうものであるような気がする。


「集中協議にはがっかりさせられる」

ブログでは翁長知事が自民党県連に復帰する可能性があることを書いたが、翁長知事は政治家としてやってはいけないことをやった。沖縄の政治をとことん腐敗させた。翁長知事が自民党回帰をすると、沖縄の政治は腐敗したままになる。

宜野湾市民が翁長知事を那覇地裁に提訴した

沖縄防衛局は沖縄県が沖縄防衛局の見解を聞く「聴聞」には出席しないで、「承認に瑕疵（かし）はなく、取り消しは違法」と陳述書を提出した。

しかし、取り消しは違法だと言いながら、翁長知事が取り消しを通知すると、防衛局は工事を中断して、国土交通省に不服審査請求をやった。取り消しが違法であるならば工事を中断する必要はないし国土交通省に不服審査請求をする必要もない。取り消しは違法であることを県に通知するだけで済むことである。しかし、政府は不服審査請求をやった。多分、取り消しは違法であると撥ね付ければ辺野古移設反対派の反発が強くなり、反対運動が盛り上がるだろうと考え、それを避け、穏便に進めるために政府は不服審査請求を選択したのだろう。しかし、政府のこのようなやり方は翁長知事を調子に乗せるだけである。

承認取り消しは「適法」「正当」であると翁長知事は反論した。その根拠にしているのは、県は埋め立て承認をする権利があるということである。県は埋め立て承認をする権利があるのだから同時に申請書に瑕疵があれば埋め立ての取り消しをする権利もあるというのが翁長知事が取り消しは「適法」「正当」であるという根拠である。

しかし、埋め立て承認は翁長知事が主張しているような県の権利ではない。埋め立て承認は事務的手続きでしかない。２０１０年に政府、県知事、名護市長、辺野古区長の4者の合意に基づいて辺野古移設は決まった(名護市の場合、２０１０年は辺野古移設反対の稲嶺市長であったが島袋前市長の政府との合意が有効)。辺野古移設が決まったので沖縄防衛局は埋め立ての設計図である埋め立て申請書を県に提出した。県は公有水面埋立法に則って申請書を審査をした。これは行政手続きであって権利の問題ではない。設計図である申請書に瑕疵がなかったから仲井真前知事は承認したのである。承認すればすぐに工事を始めるのを前提にしているからこの手続きは一回きりである。当然県には承認した後に二回も三回も審査する権利はない。そもそも審査は法的な事務行為であり、承認は事務的な審査の結果である。知事には承認の権利はないし取り消しの権利もない。

ところが防衛相は取り消しは違法であると言いながら翁長知事の取り消し通知を受け入れて、辺野古の工事を中断して、国土交通省に不服審査請求をやった。それは翁長知事が取り消しを通知する権利があることを認めたことになる。違法を合法にした政府も違法行為をしたのである。そのために翁長知事の主張を助長するような状況をつくったのである

弁明書と意見書を審査庁の国土交通相に発送した翁長知事は県庁での臨時記者会見を開き、行政不服審査法で防衛局長が一般国民の立場を主張することや同じ内閣の一員である国交相に審査請求することは不当であり、「法の趣旨を逸脱している」と反論した。翁長知事の反論は沖縄二紙やテレビで放映される。県民の多くは翁長知事の反論に同意し翁長知事を支持するだろう。

翁長知事は米海兵隊が日本本土から移転してきた経緯など県内の米軍基地の形成過程をひもとき、埋め立ての必要性がないことを理由に取り消しの正当性を主張した。

辺野古移設は２０１０年に決まったのである。埋め立ては移設が決まったから申請し、審査の結果承認されたのである。米海兵隊が日本本土から移転してきたことや辺野古移設や埋め立ての必要性がないことが取り消しの理由にはならない。

取り消しできるかどうかは埋め立て申請を承認した県が取り消しができるかどうかの問題であり、法的な問題である。もし、取り消しができるのならそれは法に定めてあるはずだ。翁長知事が取り消しをするならば公有水面埋立法の第〇〇条を根拠にしなければならない。取り消しに関する法律がないのに取り消しをしたら違法である。しかし、翁長知事の取り消しは違法であるという主張は政府が不服審査請求をしたことによってうやむやになってしまった。

そして、「防衛局長が同じ内閣の一員の国交相に審査請求を行ったのは不当だ。不服審査請求は一般国民の権利を守るための制度で、防衛局が私人として請求するのはおかしい。国交相は公平に判断し、審査請求そのものを却下してほしい」とまで翁長知事に言わしめたのである。県民は、政府は権力によって法律さえ捻じ曲げて弱者の翁長知事の正当な要求を押しつぶしていると思ってしまうだろう。

安倍政権は自民党県連や辺野古移設賛成派を後押しするのではなく翁長知事人気を後押ししているのである。安倍政権の穏便主義は翁長知事を助長するものであり、自民党県連への支持を減らすものである。

県は防衛局の請求は「法を逸脱」していると主張した。主張は５項目に分かれている。

（１）防衛局が審査請求する資格がない
（２）取り消し理由の要旨
（３）環境保全策の主張
（４）基地形成過程に関する主張
（５）国土利用上の合理性に関する説明

資格をめぐっては公有水面埋立法で事業主体が私人の「免許」と国の「承認」を明確に区別していることから、防衛局が県から得た承認は「固有の資格」に基づくと指摘。防衛局に審査請求などの適格は認められず不適法であり、却下しなければならないと明記した。

また、防衛局の示した埋め立て必要理由に実証的根拠がないことや、自然環境への影響などを詳細に取り上げ、取り消しの正当性を強調。承認には瑕疵（かし）があるため、取り消しは適法で審査請求や申し立ての理由はなく、却下されなければならないと結論づけている。

違法行為をしている翁長知事に防衛局のほうが違法行為をしていると言われているのである。政府が県の主張に反論をしても権力による弱者いじめの印象を県民は抱くだろう。

辺野古埋め立ては政府の思惑通り進むだろうが、県民の承認取り消しへの

支持は79%あり、国の県への対抗策には72%の反発がある。このままでは翁長知事の支持率は高いままだろう。今沖縄で深刻なのは辺野古移設の有無ではない。革新と手を組み嘘を県民に信じさせている翁長知事が高い支持率のままであることである。政府には捻じ曲がった沖縄の政治を矯正する気がない。これでは翁長知事・革新のでたらめな政治を県民が支持し続けることになる。沖縄の政治を正常化するには安倍政権も頼りにならない。

そんな中、宜野湾市民12人が20日、翁長知事を那覇地裁に提訴した。宜野湾市民12人の決起こそが翁長知事を粉砕する可能性が高い。

原告団の徳永信一弁護士は
①埋め立て承認に法的な瑕疵はない
②承認取り消しは知事の職権乱用
③野湾市民が今後も受ける事故の危険と騒音の被害
3点が争点になると述べた。

辺野古移設は米軍基地問題ではない。当然翁長知事が主張している米軍基地被害の人権問題でもない。「宜野湾市民が今後も受ける事故の危険と騒音の被害」を除去する生存権の問題であるのだ。辺野古移設こそが人権問題なのだ。人権問題として県民に広げることが重要である。宜野湾市民12人の決起が辺野古移設を人権問題として県民に訴える運動の始まりである。そのような運動になってほしい。

沖縄県民は翁長知事に騙されている

記者に承認取り消しという行為自体が、どのような歴史的な意義があるか。政府のこの問題に対する向き合い方についてどう考えるかと質問された翁長知事は、

「今回、承認の取り消しに至るわけでありますが、これは沖縄県の歴史的な流れ、あるいは戦後70年のあり方、そして現在の0．6%に74%という沖縄の過重な基地負担ですね、過重な基地負担、こういったことがですね、まずしっかりと多くの県民や国民の前で議論がされるところに一つは意義があると思います」(沖縄タイムスより引用)

と答えた。

県民は翁長知事の考えを素直に受け入れるだろう。しかし、事実ではないことが当たり前のように話すのが翁長知事の得意技である。沖縄は全国の0．6%の面積しかないのに74%の米軍基地がある。それは過重負担だと述べているが、事実は違う。事実は23%である。翁長知事のいう74%とは54%も開きあるのだ。その事実は平成12年に出版された「沖縄を蝕む一坪反戦地主」(著者　恵忠久)で指摘している。

「県民の多くは、そして県外の人々も『ホーオキナワには全国の七五%もの基地が、偏って偏在している。大田知事が基地撤去を声高に叫ぶのも無理ない』などと七五%の基地偏在を最大の恒久的理由として普天間基地の県内移転反対している者も少なくない。

県総務部知事公室が毎年発行している、『米軍と自衛隊基地の統計資料集』では別表に示す通り、基地は、
北海道が三五%提供して全国一位であり、
沖縄は二位の二五%で、
三、四位は静岡県、大分県と続き、
沖縄県以外の二四都道府県が七五%の基地を提供しているのがしんそうである。七五%の基地提供とは沖縄県では無く、本土の二四都道府県である。

われわれが、太田前知事に「七五%では無い」と注意したら、前知事は、その後は意識して米軍の専用面積が七五%だと言いはじめ、専用面積の言葉を付け加えてきた」

このように15年前に恵忠久氏は沖縄の米軍基地は25%であると指摘している。しかも、その証拠は県総務部知事公室が毎年発行している、『米軍と自衛隊基地の統計資料集』にあったのだ。県知事や県会議員の誰もが知っておくべき事実なのだ。それが15年後の現在でも沖縄の基地負担が大きいことを主張するために翁長知事は嘘の74%負担を強調するのである。

復帰後、沖縄の米軍基地負担を削減するために沖縄での射撃訓練や離着陸訓練を本土の自衛隊基地に移した。だから自衛隊との共用となったのである。共有といっても米軍は自由に使用しているから専用と変わりはない。

現在は15年前から2%減り、23%になっている。だから専用も74%に微減している。15年前に太田知事がやったごまかしを翁長知事もやって

いる。大田元知事は革新である。大田知事は反戦地主が軍用地更新の署名を拒否した時、知事は代理署名をしなければならなかったのにしなかった。代理署名は法律で決まったいたのに大田元知事は代理署名を拒否したのである。それは違法であった。政府は訴訟を起こし、当然勝った。

１５年も前から沖縄の米軍基地は北海道より小さく２５％であることを指摘されていたことにはびっくりしたが、それを今も大田知事のように翁長知事が隠ぺいしている。歪んだ沖縄の政治に失望させられる。２３％負担を７４％負担と５１％もサバ読むのはひどい。こんな嘘がまかり通るのならまともな政治論争なんて成り立たない。

沖縄の専用基地は全国比で７４％である。しかし、共用基地を含めると２３％になる。共用基地は復帰後に沖縄の負担を減らすために本土の自衛隊基地を使用したのである。だから７４％と２３％との差の５１％は復帰後に沖縄の負担を減らすために本土で増えた米軍基地である。政府は沖縄の負担を減らす努力をしたのである。しかし、翁長知事は政府が沖縄の負担を減らす努力をしなかった印象を与えるために７４％負担と言って事実を隠ぺいしているのである。隠ぺいを根拠に沖縄の過重負担を強調する翁長知事は調子に乗って、地方自治体、国の問題に話を発展させる。

「もう一つは日本国全体からしても、地方自治体がこのようなところまで国にある意味では追い詰められると。私たちからすると日米両政府というのは大変大きな権力をもっておりますし、法律的な意味合いから言っても大変ある意味で大きな権力を相手にしているなというような感じをしています。

そういたしますと、基地問題はある意味では沖縄が中心的な課題を背負っているわけでありますが、これから日本の国の全体として地方自治のあり方が本当に一県、あるいはある地域に対してこういったこと等が起きた時の日本の将来のあり方というものについて、このものと今回のものは多くの国民に見ていただけるのではないかと思っております。

そういう意味からすると一義的に沖縄の基地問題、歴史等と含めてのことでありますが、日本の民主主義というそういったものに対して国民全体が考えていただけるような、そういうものになればいいのかなと思っております」

（沖縄タイムスより引用）

地方自治体は地方の政治をやり、国は国全体の政治をやる。政府が地方自治体より大きな権力を持っているのは当然のことである。しかし、地方には地方の自治権があり政府が地方の自治権を奪うことはできない。一方地方の自治権は地方の政治をやるためにあるのだから地方の自治を超えて国の政治に介入しようとすればそれは越権行為である。そんなことがあれば政府は地方自治体の越権行為をいさめることになる。翁長知事は地方自治体の権利を超えようとして国にいさめられている状態が続いている。

権力は地方より国のほうが強い。しかし、法律は平等である。法律は、自治体は国より小さいからといって差別することはないし政府に特別に味方をすることもない。日本は議会制民主主義国家であり、法治国家である。だから、法律的な意味合いで翁長知事が大きな権力を相手にしているというのは間違いである。最終的には裁判で決着をつけることになるがそれは法は政府と地方自治体に平等であるからである。

米軍基地問題は日本全体から見れば小さいものである。日本に駐留している米兵は4万人である。それに比べて自衛隊は２２万人である。わずか４万人の米兵が使用する基地は日本全体から見ればとても小さい。米軍基地が日本の民主主義に影響を与えることはない。ところが翁長知事は米軍基地が日本の民主主義に根本的な影響を与えるという妄想の世界に入っていく。だが、翁長知事自身が妄想の世界にはいったのではない。「０・６％の面積に７４％の米軍基地がある」と言う翁長知事自身は本当は２３％であることを知っている。知っているにも関わらず７４％だというのである。翁長知事は県民に嘘をついているし、嘘をついていることを翁長知事自身は知っているのである。翁長知事が嘘をつく理由はひとつである。それは辺野古移設反対を選挙公約にして当選したから、なにがなんでも辺野古移設に反対することを正当化するためである。

「さきほど来、あるいはこの1年といってもいいですし、この数十年といってもいいですが、０・６％の面積に７４％という過重な負担を沖縄は負わされて参りました。

なおかつ、戦後の二十数年、ある意味で日本国から切り離されて、日本人でもなくアメリカ人でもなく法的なもの、ある意味で守られるものも何もないような過ごした時期もありました。そういった中で何を沖縄は果たしてきたかといいますと、よく私がやっているのは自負もあるし無念さもあるというのは、日本の戦後の平和、あるいは高度経済成長、そういったこと等を、安全保障とともに沖縄が保障をしてきたというような部分は大変だというふうに思っております。その中で沖縄県民の人権や自由や平等、そういったものが、民主主義という意味でも大変この、認められるようなことがなかったということがあります」(沖縄タイムスより引用)

翁長知事は自民党県連に所属していた保守の政治家である。革新なら復帰前の沖縄は米国の植民地であり沖縄県民の人権や自由や平等がなかったと主張してもおかしくないが保守の翁長知事が言うのはおかしい。

沖縄の保守は祖国復帰に反対していた。本土復帰して米軍基地がなくなれば沖縄経済は戦前の「芋と裸足」の生活に戻るとして反対した。それに対して革新側はたとえ「芋と裸足」の生活に戻るとしても日本は祖国であり、異民族支配から脱却して祖国に復帰するべきだと主張した。

高校生の頃、私は祖国復帰運動に反発していた。復帰すれば「芋と裸足」の生活に戻ると思ったからではない。祖国復帰に反対したわけでもない。高校生の私にとって復帰すれば生活がどうなるかということに関心はなかった。私が反発したのは日本が祖国だから復帰するという考えだった。もし、日本が戦前のように軍国主義国家であっても祖国であれば復帰するのかという私の疑問があり、祖国復帰運動に反発した。祖国復帰運動には民主主義思想がなかった。祖国日本は民主主義国家である。民主主義国家である日本に復帰するというニュアンスがあれば私は祖国復帰運動に賛成していただろう。しかし、そのようなニュアンスはなかった。祖国復帰運動の象徴は日の丸であったし、学校では君が代を徹底して教えられ、新の正月では日の丸を掲げることを推奨された。日の丸と天皇崇拝の君が代が祖国復帰運動の象徴だった。

革マル派であった琉大自治会が1971年の県民大会で壇上を占拠して日の丸と星条旗を焼いたことが原因で私の友人であった町田は革新系の集団に殺害された。祖国復帰運動にとって日の丸は祖国日本の象徴として非常に大きな存在であった。祖国に復帰するならば「芋と裸足」の生活に戻ってもいいと祖国復帰運動家は断言したのである。民主主義のかけらもなかったのが祖国復帰運動であった。

日本の教員は戦前は軍国主義を教育したのに戦後は180度転換して民主主義教育をしたという問題があるが、沖縄の教員は戦前は軍国主義教育をやり、戦後は復帰運動で日の丸、君が代教育したのに、復帰後は日の丸、君が代反対運動をしている。沖縄の教員は三度変わったのである。

保守派にとって基地経済だけでなく、赤子から少年や青年になりかけていた沖縄の企業を守るためにも祖国復帰はまだ早いといって反対した。味噌、醤油、ラーメン、お菓子、酒、ビールなど1960年代は沖縄の企業が成長しつつある時代だった。沖縄の企業を守るために米民政府は本土からの輸入商品には高い関税をかけて沖縄産の商品を助けた。同級生の家は嘉手納町でラーメンを製造していた。規模は小さいが繁盛していた。60年代の沖縄では多くの企業が発展していた。60年代は沖縄が生き生きしていた時代であったと私は思う。

中学生のころから嘉手納町に映画館が増え､高校生になると4つもできた。映画ファンの私にとって最高だった。色々な店が次々と誕生していったのも60年代である。映画や音楽は日本だけでなくアメリカ、イギリス、フランス、イタリアの作品も楽しめた。

自由を享受している実感があった。それが沖縄のアメリカ世だったのだ。

小学5年生の時、琉球大学を卒業した新人教員の砂辺松一先生がクラス担任になったが、砂辺先生は戦前は金持ちしか大学に行けなかったが、戦後に琉球大学ができたので貧乏人でも大学に行けるようになったと言い、戦後の沖縄は庶民にとって暮らしやすくなったと言っていた。私の母は大正生まれであったが、女は学校に行くものではないと言われ、畑手伝いをさせられ小学校も満足に行けなかったと言っていた。

母は二人の兄が病死したという。父は兄が病死したという。医療が遅れている沖縄では死が隣り合わせであった。戦前の沖縄は貧しく医療も遅れていたのだ。戦前に興味がある私は母親から戦前の話をよく聞いた。戦前が貧しく「芋と裸足」の時代であったということは子供の時に知っていた。戦前は男の子は糸満に売られ、女の子は那覇の遊郭に売られていたという。戦後の米軍統治時代の沖縄は戦前に比べると豊かであり自由であったのだ。

戦前の人は戦争についてどのように考えていたかを知るためのひとつの材料として軍人節を聞こうと思ってユーチューブで軍人節を探した。金城実山里ユキと嘉手苅林昌　糸数カメ、(つらね)饒辺愛子の二つの軍人節があった。私は金城実、山里ユキ、嘉手苅林昌、饒辺愛子の４人の民謡歌手は知っていたが糸数カメは知らなかったのでｇｏｏｇｌｅで調べて、糸数カメが辻遊郭に売られた女性だと知った。

糸数カメという民謡歌手は八歳の時に辻の遊郭に売られた。

老いてかくも美しく

竹中労

糸数カメは61歳である、この老いてかくも美しく、乙女のような謡びとを知ったのは、1970年の正月、琉球弧の島々に３カ月余りの長旅をこころみたときであった。この間に、三味線名人の登川誠仁（この盤と同時発売の『美ら弾き』）、奄美の盲目詩人浪芸人・里国隆（１月25日発売『又・沖縄情歌考』）、情歌の知名定男・大城美佐子、宮古島の国吉源氏、八重山の大工哲弘ら（おきなわ怨み節シリーズ）、ビクター盤に登場するすべての謡びととの邂逅があったのだが、とりわけて彼女のばあい、印象まことに強烈であった。うたと踊りに感動して、この人のほっぺたにキッスをするべく、廊下をどたばた追っかけまわす、という酔態を私は演じた。

——南島の主邑・那覇市の波の上、ここは

踊り”を電波に乗せた。沖縄の芸能界でたた
一人、糸数カメしかおどれないこの踊りを、
どうしてもヤマトへ運びたい、と私は考え
のである。「海洋博」ＥＸＰＯの1975年夏
南島窮民の真情は本土につたわらず、土着
うたごえはどこからも聴こえてこなかっ
ら、沖縄の心は物質文明の表層を、むなし
素通りしていくから。
“琉球フェスティバル・'75夏”、８月
東京公演（日比谷野外音楽堂）に集まっ
人々、“前夜祭”13日の新宿コマ劇場「

糸数カメ（いとかず・かめ）

戦後の沖縄大衆歌謡を代表する素晴らしい女性シンガー。那覇市生まれ。１９１５〜１９９１。８歳の時に辻遊郭へ引き取られる。辻では、沖縄芝居の大物、玉城盛義（たまぐすく・せいぎ）をはじめとした一流の人々に諸芸、武術を学び、その才能を開花させた。育ちが同じである船越キヨと並び、昭和の沖縄歌謡に大きな足跡を残す。歌手としては「夫婦船」「ナークニー」が代表作とされるが、幅広い芸能ジャンルで逸材ぶりを発揮した。

糸数カメの声はきれいである。発音がいい。私の耳は発音音痴のところがある。ビートたけしがなにを話しているかわからない時が多い。沖縄民謡もなにを言っているかわからない場合が多いが、糸数カメの声ははっきりと分かる。発音が非常に正確である。

沖縄民謡にほれ込み、本土だけでなく沖縄でも民謡の価値を高めたのが竹中労である。沖縄民謡を神話化したといってもいいのではないか。

「うたと踊りに感動して、この人のほっぺたにキッスをするべく、廊下をどたばた追っかけまわす、という醜態を私は演じた」ほどに糸数カメが魅力的な女性であったことは写真でも分かる。私は竹中労の沖縄民謡の神話化が嫌いだった。民謡の歌詞は前近代的なものであり、時代にあった歌謡曲のほうが私は好きだった。沖縄民謡の歌詞を知っている私と知らない本土の人間との違いがあると私は思っていた。

軍人節の話に戻る。戦前の人が戦争についての考えに沖縄ならではの複雑な思いを感じたが、貧しさのために沖縄独特の考えが存在していることも知った。

貧しさからくる戦前の人の考えを感じたのが次の詞である。

（夫）軍人の務め我ね嬉さあしが　銭金の故に哀りみせる母親や如何がすら
○軍人の務め　私は嬉しいのだがお金の故に苦労される母親はどうしようか
（妻）例え困難に繋がれて居てんご心配みそな　母の事や思切みそり思里前
○例え困難に繋がっていても　ご心配なされないで母のことは　あきらめてください　貴方

借金のために母親が苦労することが気になるという夫に、例え母親が苦労することがあったとしても心配するなといい、母のことはあきらめろと妻は言う。つまり母のことは切り捨てろと言っているのである。日本の歌でこんな内容の詞を見たことがない。日本の歌なら母と一緒に留守家庭を守って夫の帰りを待つという内容になるだろう。借金の返済に妻である自分も協力するという内容になるはずである。ところが母のことはあきらめて心配することもやめろというのである。それが妻の夫に対する愛情として表現されているのである。沖縄の暗い奥底を見たような気がした。

米軍が沖縄人を弾圧したことはなかった。コザ暴動では沖縄人が集団で米兵を襲い、70台余の車を燃やしたが、コザ暴動のように米兵が集団で沖縄人を襲ったという事件の記憶はない。米軍が沖縄人を搾取することもなかった。それどころか米軍は沖縄に莫大な援助をした。

事件・事故は加害者が沖縄人である時は沖縄側が裁き、米兵だったら米軍が裁いた。沖縄人が米女性を暴行したら沖縄の警察が逮捕し沖縄の裁判で判決を下したのである。コザ暴動を捜索したのは琉球警察であった。米民政府からの圧力はなかったと当時の検事は述べている。米民政府は車を焼かれた米兵が沖縄人を襲撃するのを危惧し、車の保障を米民政府がやった。

ベトナム戦争の時、嘉手納飛行場の騒音はひどかった。飛行場を爆破したい気持ちになるくらいであった。嘉手納町にジェット機の尻を向けてエンジン調整するときの爆音はひどかった。嘉手納町民、読谷村民を差別した行為であったと言える。ただ、騒音の原因はベトナム戦争である。沖縄差別を目的にした行為ではないし、沖縄内で解決できる問題でもない。騒音被害をなくす要求はできない。少しでも騒音を緩和する要求しかできないものであった。ベトナム戦争が終わり、アジアが平和になるに従い嘉手納飛行場の爆音は減っていった。今でも爆音はあるし、ヘリコプターが頭上を飛ぶ。しかし、イライラさせるほどの騒音ではない。

爆音被害は嘉手納町、読谷村、北谷町などであった。昔から浦添市以南は騒音被害はなかった。南部に住んでいる人たちは沖縄二紙の報道で基地被害の情報を得ていた。

普通に生活している者にとって騒音などの基地被害で米軍基地を撤去するなんて考えない。米軍基地撤去運動は、米国は帝国主義であり沖縄を植民地支配しているという共産党の思想が根っこのほうにあるからである。

戦前は、知事は中央政府から派遣する中央集権国家であった。地方の自治権は弱く、知事と官僚によって政治は行われた。沖縄が議会制社会になったのは戦後であり米軍の指導によって実現したのである。琉球政府の首席は米民政府による任命であったが、沖縄人が首長になったのは歴史上初めてである。米民政府の任命から立法院の指名、そして、公選選挙によって主席が選ばれるようになり、沖縄の民主化は米民政府時代に進んでいったのは事実である。戦前の社会と比べればそのことが理解できる。翁長知事は米民政府時代の民主化や経済発展を隠ぺいしているのである。

米民政府時代を隠蔽し、復帰後の沖縄も隠ぺいしている翁長知事は自論を展開する。

「これはひとえに、沖縄一県に抑止力を含め基地の問題が閉じ込められて、本土の方々にご理解をいただけなかったというようなことがあったと思いますので、私は昨年の選挙では日本国民全体で日本の安全保障は考えてもらいたいということを強く訴えました。そして一県だけに安全保障を押しつけるということそのものが、日本の安全保障にとっては大変心もとない、やっぱり日本全体で安全保障を考えるという気概がなければ、日本という国がおそらく他の国からも理解されないだろうと、尊敬されないだろうという話もしてきたわけです」(沖縄タイムスより引用)

本土にも米軍基地はある。沖縄は74%ではなく23%の米軍基地があるのだから77%の米軍基地は実は本土にあることになる。本土の米軍基地のほうが3倍も大きいのである。

それに日本に駐留している米兵はわずが4万人足らずである。米兵に比べて自衛隊員は22万人である。自衛隊基地のほうが米軍基地に比べてはるかに大きいのは明らかである。日本の防衛を担っているのは米軍よりも自衛隊である。日本防衛について話すなら自衛隊のことも話さなければならない。しかし、翁長知事は自衛隊のことを一切離さないで沖縄県の米軍基地のことだけを誇張して話す。米軍基地を理由に沖縄だけに安全保障を押し付けているというのは翁長知事の隠ぺいである。

日本全体で安全保障を考えるのは当然であるし、日本はずっと考えてきた。だから、アジアの国の中で日本は平和だったのである。日本は中国、韓国、ロシア以外のほとんどの国に理解され尊敬されている。その事実を知らない翁長知事は独りよがりの理屈をこねまわすだけである。翁長知事は国家論でも独りよがりの自論をこねまわす。

「これからも、そういったものをいろんな、きょうの記者会見もそうですが、いろんな場所でお知らせをして、そしてともに、沖縄問題もさることながら、地方自治というあり方ですね、そして日本の国の民主主義、あるいは中央集権みたいな格好に最近なってきてまいりましたので、こういったこと等の危険性、日常から非日常に紙一重で変わる一瞬のこの、変わらないことで止めきれるかどうか、変わってしまってからのものは私は過去の歴史からいうと大変厳しいものになろうかと思いますので、そういうことも含めてみんなで議論していけるような、そういったものにこの沖縄の基地問題が提示できればありがたいと思っています」（沖縄タイムスより引用）

「サンフランシスコ条約」が発行された１９５１年から日本は議会制民主主義国家になった。日本の議会制民主主義の歴史は６４年もある。現在の日本は翁長知事の気まぐれな民主主義が通用するような国ではない。今の日本が中央集権みたいになっているという翁長知事の考えはバカらしい。

安倍政権で自民党の衆議員が３分の２以上になったのは国民が選挙で選んだのである。安倍政権が中央集権に見えるのは翁長知事が議会制民主主義の仕組みを理解していないからである。まあ、知事選で圧勝したのに安倍政権が自分の要求を聞き入れないから中央集権に見えるのだろうが、そう思うのは翁長知事の知事選で圧勝したといううぬぼれが原因である。安倍政権が中央集権政治になる危険性はない。そもそもどんな政権になろうとも今の日本が中央集権政治になることはない。

根拠が不明の理論を振り回す翁長知事は「日常から非日常に紙一重で変わる一瞬のこの、変わらないことで止めきれるかどうか」と意味不明の言葉を発している。なぜ、気がおかしくなったのではないかと思わせるような発言をするかというと、辺野古移設は普天間飛行場を移設するというスケールの小さい問題であるのに、翁長知事は辺野古移設を阻止するために辺野古移設を米軍基地問題や中央政府と沖縄の対決などと現実離れした話に拡大したからである。

翁長知事の話は県民支持を得るためには効果的である。しかし、辺野古移設を阻止するためには県民の支持の拡大では実現できない。政府との対決に勝たなければならない。それは法律上の対決である。翁長知事にとって困難な対決である。

翁長知事は普天間飛行場問題を放棄した

沖縄の知事選挙は翁長雄志氏が圧勝したが、翁長氏の選挙公約と圧勝に沖縄政治の前近代的なお粗末さを感じる。

翁長氏は選挙公約を辺野古移設反対にした。辺野古移設は辺野古移設そのものが目的ではない。普天間飛行場の危険性除去が目的である。普天間飛行場の危険性を除去する方法として、閉鎖・撤去、グアム移設、県外移設があったが、三つの方法は実現の可能性がなかった。普天間飛行場の移設は唯一辺野古しかないということで政府は辺野古移設を目指して県、名護市、辺野古を説得し、２０１０年に政府と３者の合意で辺野古移設は決まった。そして、２０１３年に埋め立て申請を県は承認した。埋め立て申請を承認した後は知事の権限で埋め立てを阻止することは法的に不可能である。翁長氏は辺野古移設阻止は不可能であったのに、移設阻止が可能であると県民が思ってしまうような辺野古移設反対を選挙公約にしたのである。県民には当選すれば辺野古移設は阻止できると豪語した。

実現できない選挙公約をしたのが翁長候補であった。それだけではない。翁長候補は辺野古移設反対を選挙公約にした瞬間に普天間飛行場問題を放棄したのである。

翁長知事は日米安保容認派であり普天間飛行場の県外移設を主張していた。他方革新は日米安保反対で普天間飛行場の閉鎖・撤去を主張していた。翁長知事は主張が根本から違う革新と県知事選挙では手を組んだのである。

県外移設・閉鎖撤去のイデオロギーは腹六分に押さえ、沖縄アイデンティティを名目に一緒になったので翁長知事は県外移設、革新は閉鎖・撤去のまま主張をひとつに統一することなく選挙戦を闘った。選挙公約は県外移設でもなく閉鎖撤去でもなかった。辺野古移設反対であった。翁長知事と革新は辺野古移設反対は共通するが普天間飛行場の問題では県外移設と閉鎖・撤去で対立するから翁長知事と革新が選挙共闘した瞬間に普天間飛行場の解決方法はないことになる。翁長知事が革新と手を組むということは普天間飛行場問題を放棄することになるのである。

辺野古移設は普天間飛行場の危険性を排除するのが目的であった。ところが翁長知事は普天間飛行場の危険性を除去するための辺野古移設に反対すると同時に普天間飛行場の県外移設も放棄したのである。現実を無視したひどい選挙公約であったのだ。

「沖縄の自治は神話である」といったキャラウェイ高等弁務官を翁長知事は非難しているが、翁長知事のキャラウェイ批判は見当外れである。キャラウェイ高等弁務官が「沖縄の自治は神話である」と言ったのは沖縄に自治権を与えないと言ったのではない。沖縄はまだ自治能力がない、自治能力のない沖縄にとって自治は神話であると言ったのである。自治能力があれば自治権を与えるという考えがあったが、当時の沖縄の政治家や公務員の質は低く、自治能力がなかった。そして、自治権を求めるが自治能力を高める努力はしなかった。だからキャラウェイ高等弁務官は「沖縄の自治は神話である」と言ったのである。歴代の高等弁務官の中で沖縄の自治能力を高めるために奮闘したのはキャラウェイ高等弁務官であった。

キャラウェイ高等弁務官は優秀な人物であり、沖縄の自治を高めるために派遣された人物だった。

沖縄の自治能力を高めるために厳しい指導をしたために民主主義社会における自治のあり方も知らない沖縄の政治家や公務員はキャラウェイ高等弁務官に反発した。既得権に固執する保守政治家もキャラウェイ高等弁務官を嫌った。

５０年前のキャラウェイ高等弁務官の指摘は現在でも沖縄の政治に通用する。残念なことである。「沖縄の自治は神話である」と言ったといって非難されたキャラウェイ高等弁務官講演からの引用である。

「もし、ある人間が新聞で読むものや住民の代弁者だと自称する人々の言葉をそのまま信じるならば、自治の真の意味は著しく誤解されるであろう。あるいは、この用語が故意に人を惑わす意図のもとに使われているのである。政治とは実際的な問題を処理していくことであって空想的な計画を作ったり、圧力団体がスローガンを叫ぶことではないのである」

翁長知事の辺野古移設反対、県外移設は現実的ではなくキャラウェイ高等弁務官の指摘する「空想的な計画」である。政治ではないのである。翁長知事は自治能力のない政治家である。

普天間飛行場の危険性除去を放棄した翁長知事は、普天間飛行場問題については解決の提案を出すことはできないで別の話に転換してうやむやにしていく。

「辺野古の埋め立てを認めないということは、普天間を日本国全体でどうしてほしいという思いか」という質問に翁長知事は、

「普天間飛行場の原点は戦後、県民が収容所に入れられている間に強制接収されたものであります」

と、辺野古移設とはかけ離れた話に転換する。辺野古埋め立ては翁長知事の言う普天間飛行場の原点とはかけ離れた問題である。普天間飛行場がつくられたのは戦争中であり、米軍が九州に上陸した時に九州を攻撃する目的で普天間飛行場はつくられた。戦後につくられたものではない。県民が収容所に入れられている間に強制接収されたというのは嘘である。戦後に普天間飛行場をつくったのは嘘か本当かの問題は置いたとしても、辺野古移設は普天間飛行場の危険性を除去することが目的であり、７０年前の強制接収の問題とは別である。すでに存在している普天間飛行場の危険性を除去するにはどうすればいいのかという問題なのだ。７０年前の話をしても解決できるような問題ではない。

ところが翁長知事は強制接収の話を拡大する。

「それ以外の基地もすべて強制接収されたわけで、沖縄県民自ら差し出した基地は一つもありませんよという話をさせていただいています」

沖縄は戦争に負けたのである。「沖縄県民自ら差し出した基地は一つもありません」と言うのは戦争に負けたことへの厳しさや自覚が足りないから言えるのである。戦争に負けたのだから強制接収に応じなければならない。米軍は接収することを事前に通告しているし、接収する住民の代替地も準備していた。それにほとんどの住民は米軍の接収を了承している。立ち退きを拒否したのは共産党の影響が強かった伊佐浜と伊江島の２カ所だけである。普天間飛行場の問題から離れ、嘘の土地接収問題へとどんどん話をずらしていく翁長知事である。

「まず一義的には普天間の危険性除去をする時に、辺野古に移すということは、自分で土地を奪っておきながら、代わりのものを沖縄に差し出せというような理不尽な話が通るかというのが一つ大きなものがあります。もう一つは辺野古という、大浦湾という美しいサンゴ礁の海、ジュゴン、ウミガメがいるようなところをこうも簡単に埋めていいのかということも含めて国民の皆さん方にご理解いただきたいなと思っています」（沖縄タイムスより）

翁長知事は普天間飛行場の危険性除去についての提案をしていない。辺野古

に移さなければどこに移すのかそれとも固定化せざるを得ないのかという問題がのしかかってくるが、翁長知事は肝心な問題を避けて政府が「代わりのものを沖縄に差し出せ」というのが理不尽であると主張するのである。

　キャンプシュワブは米軍基地である。辺野古飛行場は米軍基地内につくるから新しい土地を接収する必要がない。だから政府は辺野古に移設することを選んだのである。政府は一度も土地を差し出せとは言っていない。辺野古移設を提案し、辺野古区民と話し合い、名護市長など北部の色々な人と話し合ったのである。政府は県に土地を差し出せと言わないで自分の足で移設できる場所を探したのである。仲井真知事時代に沖縄側も辺野古移設に賛成した。

　実は辺野古崎の沿岸部の埋め立ては政府ではなく沖縄側の要求である。小泉元首相は海を避け陸地につくることにこだわった。海を埋めると自然環境を破壊するというので基地反対運動が盛んになる恐れがあったからだ。小泉首相は自然環境保護団体を一番恐れていた。ところが沖縄の業者が陸上案に反対した。莫大な利益を生む埋め立て工事ができないからだ。政府の陸上案と沖縄の業者の海上案との折衷案が現在の辺野古飛行場建設案である。

　「代わりのものを沖縄に差し出せ」という話を政府が言っているというのは翁長知事の作り話である。政府はそんなことを言っていない。翁長知事はなぜ政府が「代わりのものを沖縄に差し出せ」と県に要求したという嘘をつくのか。それには翁長知事の不都合な真実があった。

　翁長知事は普天間飛行場問題を放棄した。しかし、放棄したことを県民には知られたくない。そのために普天間飛行場問題を「沖縄県民自ら差し出した基地は一つもありません」とか「自分で土地を奪っておきながら、代わりのものを沖縄に差し出せというような理不尽な話」に転換していくのである。そして、普天間飛行場をどうするかという話題から離れて「もう一つは辺野古という、大浦湾という美しいサンゴ礁の海、ジュゴン、ウミガメがいるようなところをこうも簡単に埋めていいのか」と辺野古埋め立てに反対する理由を述べるのである。大浦湾は埋めないし、ジュゴンやウミガメの被害もない。それは翁長知事のでっちあげである。それだけではない。普天間飛行場問題を放棄した翁長知事は別の問題に転換させて政府を非難する。

「もし１０年間、あれは１０年間でできると言ってますけれども、１０年間できるまで普天間をそのままにしておくこと自体が固定化ではあるんですよね。とんでもない話なんです。あそこに順調に造った場合には普天間の危険性は除去しているというような話でありますが、そうではなくて普通にいっても１０年間は固定化するという話。これを防ぐという意味では、５年間の運用停止を前知事に約束をして５年間で空を飛ぶものがないようなものの状態にするということが普天間の危険性の除去ということだと思いますので、それすらもアメリカ政府から反対されて、なおかついま一歩も動かないということからしますと、この多くの国民や県民の皆さんにご理解頂きたいのは、１０年間そのままにするというのは固定化でないのかどうかですね、これもよく考えて頂きたい。

万が一、１５年に延びたら１５年間固定化であります」（沖縄タイムスより引用）

　辺野古移設ができなかったら普天間飛行場は１５年どころか何十年も固定化してしまうのである。それこそ避けなければならないことであるが、辺野古飛行場建設が１５年も掛かったら大変なことになると主張しておきながら、翁長知事は巧妙に話を辺野古飛行場の問題にすり替える。次の文章は前の文章の続きである。

「それができるようなことがあれば、２００年間沖縄に国有地として、私たちの手の及ばないところで縦横無尽に１６１ヘクタールを中心としたキャンプ・シュワブの基地が永久的に沖縄に国の権限として出てくるようなところがあるわけですから、普天間の固定化を避けるというのも重要な意味がありますけれども、もう一つ向こうに２００年に渡って県民の意思とは関係なくそこに大きな基地が出来上がってきて、自由自在に使われるようになる」（沖縄タイムスより引用）

　普天間飛行場が２００年間続くという話と思いきや急に辺野古飛行場の話に転嫁しているのである。もし、辺野古移設ができなかったら２００年も普天間飛行場が固定化することになる。そして、県民の意思とは関係なく普天間に大きな基地があり続け、自由自在に使われるようになるということになる。それこそが絶対に避けるべきである。普天間飛行場問題を放棄した翁長知事は普天間飛行場問題をごまかすのに必死である。

島尻沖縄担当大臣が「辺野古が唯一の選択肢で何としても進めなければならない」と述べたことに記者がどう思うか質問しても、翁長知事は、

「沖縄問題は大変、言葉遣いに気をつかうところでありまして、一昨年の前知事の承認についても口を枯らして話をするようなものも大変、はばかられるものがございます。島尻安伊子参院議員が今回、沖縄担当大臣になりましたけども、県民にとってもいろんな思いがあろうかと思います」（沖縄タイムスより引用）と答えにならない返事をしている。記者は島尻沖縄担当大臣が「辺野古が唯一の選択肢で何としても進めなければならない」と発言したことへの感想を聞いたのに、それへの感想は島尻沖縄担当大臣への反論しかないはずなのに反論をしない。そして、普天間問題からも辺野古問題からも離れて、抽象的で意味不明な話を展開していく。

「沖縄県は、ある意味で基地問題も含めできるだけ多くの方々を包含（ほうがん）してよく私たちは日本政府と対立していると言われるんですが、意見を言うことそのものが対立と見られるところに、日本の民主主義の貧弱さがあると思いますね」（沖縄タイムスより引用）

翁長知事は選挙の時、沖縄アイデンティティを結集して政府と対決することを県民に訴えていた。当選した後の翁長知事はあらゆる方法を使って辺野古移設を阻止すると言い、辺野古移設阻止に全力を注いだ。政府の話を一切受け入れないで自分の要求だけに徹していって対立をしたのは翁長知事である。翁長知事が行政の長として議会制民主主義を重んじるならば辺野古移設が政治的に決着したこと、県が埋め立て申請を承認したことを受け入れなければならない。日本の民主主義が貧弱なのではない。翁長知事が議会制民主主義を理解していないのだ。

翁長知事が議会制民主主義を認識していないことを自らの口から語る。それはアイデンティティ論である。

「私が去年の選挙でオール沖縄、イデオロギーよりもアイデンティティということで、より多くの人が１００％自分の考え方を主張するというよりも、一定の水準と言いますか一つの目的と言いますか、そういうもので心を一つにしてやっていこうというようなものが今日の翁長県政のベースになっているわけでありますけども、そういうことからしましても、政府のやることに対して、私も色んな思いはございます。思いますが、就任された中から改めて沖縄の将来を目指して、一つ一つ頑張っていくということで多くの県民、国民にも理解を得ていきたいと思っています」（沖縄タイムスより引用）

もし、翁長知事のアイデンティティ論がなかった場合は革新と連携することはなかった。革新も知事選に立候補者を出し、選挙は仲井真候補、翁長候補、革新候補の三つ巴戦になっていた。

仲井真候補・・・辺野古移設・・・日米安保容認
翁長候補　・・・県外移設　・・・日米安保容認
革新候補　・・・閉鎖・撤去・・・日米安保廃棄

三つ巴戦では自民党県連から脱退した翁長候補は不利だった。自民党県連支持者の多くは仲井真候補に投票するだろうし、革新支持者は革新候補に投票する。翁長候補が知事選に勝つためには革新の票が必要だった。そのためには革新と連携する必要があった。しかし、日米安保容認の県外移設と日米安保廃棄の閉鎖・撤去の公約では連携することはできなかった。だからといって公約を県外移設か閉鎖・撤去に統一することもできなかった。実はオール沖縄の建白書には閉鎖・撤去の文言があり県外移設はない。もし、オール沖縄の主張を選挙公約にするなら閉鎖・撤去であったが、翁長知事は建白書に書かれている閉鎖・撤去を主張したことはない。保守としての自負がある翁長知事は日米安保廃棄イデオロギーによる閉鎖・撤去を嫌っている。だから建白書の閉鎖・撤去ではなく県外移設を主張した。

革新の票がほしい翁長知事は県外移設、閉鎖・撤去の主張を固定したまま連携する方法を考え出したのである。それが沖縄アイデンティティである。普天間飛行場問題の解決方法が違うのだから翁長知事と革新は連携することができないが、イデオロギーを腹六分に押さえた沖縄アイデンティティならば団結できるというのが翁長知事の理屈であった。共産党は全国組織であり沖縄アイデンティティなんてあるはずがない。しかし、翁長知事のアイデンティティ論に賛同し共産党は翁長候補支持を決めた。他の革新政党も翁長候補支持にまわった。

沖縄アイデンティティで中央政府と対決するのだと翁長知事は言ったが、

辺野古移設が決まる前だったら中央政府と対決をし、移設に反対して辺野古移設を阻止することができた。実際、県が反対している間は辺野古移設は決まらなかった。県が賛成したから辺野古移設が決まった。県知事、名護市長、辺野古区長が移設に賛成し、辺野古移設が政治的に結着し、埋め立て申請を県が承認してからは県知事が辺野古移設反対で政府と対決することはできない。

県議会や市民が県の承認に疑問を持ち、申請書を調査し、瑕疵があれば訴訟を起こすことはできるが行政の長である県知事は県の審査を尊重し、調査をし直すことは法律上できない。ところが翁長候補は知事になるためには革新の票が必要であり、革新の票を得るために県外移設でもなく閉鎖・撤去でもない辺野古移設反対を選挙公約にして革新と連携したのである。

根本的な問題は普天間飛行場の危険性除去である。県外移設を公約にして辺野古移設反対を主張するならおかしくはないが、普天間飛行場問題の解決策を掲げないで辺野古移設反対だけを選挙公約にするのはおかしい。それは政治ではなく人気取りである。翁長知事は政治を捨て人気を取ることによって県知事になったのである。

共産党はなぜ翁長知事と連携したのか。それには共産党や革新の低迷が原因している。革新は知事選に独自の候補を立てても当選する確率は低かった。独自の候補を立てて落選するよりも翁長候補と連携して、翁長候補を当選させたほうが革新にとってメリットがあると考えたのである。共産党は自分の損得で翁長知事と連携したのであって沖縄アイデンティティは関係がない。

自民党から脱退した翁長氏と連携して翁長知事を誕生させたことに自民党いじめが最上の喜びである志位共産党委員長はご満悦になり、今度は沖縄での成功を国会でも目論んでいる。安全保障関連法廃止を目指す野党連立政権「国民連合政府」構想を描いて民主党など野党結集を働きかけているのだ。

「国民連合政府」樹立のためには「日米安全保障条約の廃棄」「自衛隊の解消」などについて党の方針を「凍結」させるとも言っている。党の根本的な方針を凍結させるというのは大きな方針転換である。共産党はこれまで他党との選挙協力とは距離を置く独自路線だった。だから全選挙区に独自の立候補を立てた。他の野党も社会主義革命を目指している共産党とは距離を置いていた。

その共産党が「国民連合政府」構想を描き、安全保障関連の廃止で認識を共有する野党間の選挙協力を進めるという方針を立てたのである。

共産党の小池晃副委員長は２０日のＮＨＫ番組で意見の違いを脇に置いて、戦争法廃止の一点で大同団結すべき時だ」と訴え、「国会で戦争法廃止の議決を行い（暫定的な）『国民連合政権』を樹立しようと呼びかけた。

このような戦略の始まりが沖縄県知事選だったのである。国会では「安保関連法案の廃止」の一点を目的に『国民連合政権』をつくろうとしている共産党は沖縄知事選では辺野古移設阻止の一点だけで翁長知事と手を組んだのである。

サミユル・ベケットの戯曲「勝負の終わり」に「終わりは初めの中にある」というセリフがある。翁長氏が知事選に勝って知事になった時、このセリフが私の頭に浮かんだ。翁長知事の敗北は確実であり、その原因は選挙公約にある。辺野古移設反対の選挙公約で仲井真候補に大勝したが、その選挙公約が翁長知事の身を亡ぼすのである。

翁長知事は、

「法廷闘争についても、政府を相手にするわけですからそう簡単でないということだけはよく分かります。そしてある意味で、工事を再開して埋め立てを場合によってはどういう状況で進めるかどうか分かりませんが、そういうことがあったとしても新辺野古基地は造れないだろうと私は思っています」（沖縄タイムスより引用）

と言っているが、裁判は翁長知事が提訴しなければならない状況になってきた。提訴した翁長知事が裁判で敗北すれば知事の座を去らなければならないだろう。裁判で敗北するのは翁長知事自身も予感している。だから翁長知事は現実から逃げる。

記者の「あらゆる手段を使って造らせないという思いと、法廷闘争の限界をどう考えているか」という質問に、

知事＝法廷闘争についても、政府を相手にするわけですからそう簡単でないということだけはよく分かります。そしてある意味で、工事を再開して埋め立てを場合によってはどういう状況で進めるかどうか分かりませんが、そういうことがあったとしても新辺野古基地は造れないだ

ろうと私は思っています。

今回、国連でも訴えをさせていただきましたけども、世界のメディアも注目していただくような状況になっているわけです。国内で10ポイント程度、基地を造っちゃいかんという考え方に変わってきたところがありますが、これからはあそこの現場は本当に戦争を体験したといいますか、それに近い世代があんな遠いところに不自由なところに毎日、1年以上も通っているわけですから、そういったところで理不尽な工事をすることの難しさは大変だと思います。

（沖縄タイムスより引用）

埋め立てを進めれば飛行場は確実に建設されると考えるのが普通である。「建設が進んでも新辺野古基地は造れないだろうと私は思っています」と翁長知事は言っているが、それはあまりにも現実離れした妄想である。現実から逃避し頭が少々おかしくなければそんなことは言わないだろう。

頭のたがが外れ気味の翁長知事と記者との滑稽なインタビューもある。記者が、

「知事が移設を阻止するための手段を講じると、必ず東京では移設が進まなくなる、固定化だ、翁長知事に責任がある、と喧伝される。責任論や責任の所在についてどう考えるか」

という質問をすると翁長知事は、

「私はまさしくそれが日本の政治の堕落だと言っているんですよね」

と答えている。翁長知事が移設を阻止する手段を講じても移設工事の少々の遅れはあっても固定化といえるほどの工事の遅れはない。翁長知事にそれだけの権力はない。それなのに翁長知事の権力を信じている記者は翁長知事が工事の固定化をさせると思っている。翁長知事もそのつもりになって「それが日本の政治の堕落だ」と言っている。笑えるやり取りである。堕落しているのは政府ではない。翁長知事である。

翁長知事は普天間飛行場問題を放棄したことをごまかすために弁解できない弁解をする。

「私に外交権があるわけじゃあるまいしね、沖縄県知事は当選したら内政といいますか、教育や福祉や環境は捨てておいて年中上京して、他の市町村や知事に、頼むから受けてちょうだいよ、沖縄は大変なんだよと言って歩くのが沖縄県知事の責務になるのかどうかですね。こういったことを踏まえて考えますと、日本政府からこういう話をするのは、まさしく日本の政治の堕落である上になおかつ自分の意思で日本の政治を動かしているかどうかことさえ日本政府には試される」（沖縄タイムスより引用）

自民党の小泉元首相も民主党の鳩山元首相も県外移設場所を探すことができなかった。それでも県外移設を主張するならば翁長知事が探すしか方法はない。県外移設場所を探すのに外交権は必要がない。移設場所を見つけたら政府に報告すればいい。「私に外交権があるわけじゃあるまいしね」と言ったのも頭のたがが外れているせいだろう。

県外移設場所を探すなら県庁内に移設場所を探すチームをつくればいいのであって翁長知事が他の市町村を回って交渉する必要はない。県外移設場所がないのを知っていて探す気がないから自分が回らなければならないような言い訳をするのである。

「教育や福祉や環境は捨てておいて」には笑ってしまう。あらゆる方法を使って辺野古移設を阻止すると公言している翁長知事は阻止行動に全力を注いで「教育や福祉や環境は捨てておいて」いる状態である。翁長知事は自分が知事失格であると言っているようなものである。

頭のたがが外れた知事失格者はなんと日本国家のあるべき姿まで述べるのである。

「日米地位協定、日米安保も含めて、基地の提供について日本政府が自主的に物事を判断しながらアジアのリーダーになろうとしているのか、世界のリーダーになろうとしているのか。あるいは日米安保というものが、自由と平等と人権と民主主義というものを共通してもっている国々が連帯するような、そういったものを作り上げようとしているわけですから、自国の県民にさえそういったことさえできないような政府が、私は日米安保、もっと品格のあるものにしてもらいたいと思っているので、大変残念なことであります」（沖縄タイムスより引用）

日米安保は日本と米国の安全保障条約である。他の国々と連帯することとは関係ない。連帯するようなものをつくり上げる条約であったならすでに日米両政府は動いていたはずである。しかし、日米安保は日米の条約であって

それ以上のものではないから他の国々と連帯するものを作り上げることはしなかった。

沖縄県は日本国家の地方自治体である。日本国家が保証している自由と平等と人権と民主主義は他の都道府県と同じように持っている。沖縄県民は日本国家の定める自由と平等と人権と民主主義は保証されている。県知事も県知事としての権利は法律で保証されている。現に翁長知事はその法律を使って政府と対抗しているではないか。政府は翁長知事の知事としての越権行為を認めていないのであり、合法行為は認めて紳士的に対応している。

日本の民主主義は世界に誇れるほどに充実しているし品格もある。品格がなく違法行為をしているのは翁長知事である。

「私も日本国民の一人として、その意味からすると品格のある民主主義国家として成熟した日本になって初めて、アジア、世界に日本が飛び出て行ける、沖縄の役割も日本とアジアの架け橋としてアジアの中心にある沖縄の特性を生かして、平和の緩衝地帯というようなことも数十年後には考えながら沖縄の未来を語りたいにも関わらず、ただの領土として、基地の要塞としてしか見ないようなものの中でアジアの展開があるのかどうか、日本の展開があるのかどうかということは今のような沖縄がこれを邪魔するからできないんだというような姑息な、あれだけの権力を持って姑息な言葉を流すというのは、やはり日本の政治の堕落だと言わざるを得ないと思っています」（沖縄タイムスより引用）

沖縄の観光客はどんどん増えている。それは日本政府のお陰である。

沖縄は島国であり、昔は毎年水不足に悩まされた。雨が降らなくなるとすぐ断水した。断水がよくあるので各家庭は天井に水タンクを設置した。復帰すると日本政府はすぐに水対策のため福地ダムを建設した。その後も次々とダムを建設して水不足を解消した。ダムがなくホテルが断水する日が多ければ観光客は来なくなる。観光客を増やせるのは政府のダム建設のお陰である。国道を広げ、多くの道路を建設したのも政府である。美ら海水族館建設など沖縄の観光を大きく発展させたのは政府であり、政府の観光への貢献に比べれば県の貢献は小さい。特に革新は観光産業に全然貢献していない。

本部町にＵＳＪを誘致したのは政府であるし、政府はＵＳＪ誘致に合わせて本部町に観光大型船が寄港できるように港を拡張する計画も発表した。那覇・南部に観光経済が集中しているのを北部にも観光産業を発展させるためである。「平和の緩衝地帯というようなことも数十年後には考えながら沖縄の未来を語りたい」と話す翁長知事に比べて政府は復帰した４０年前から沖縄の発展に力をいれているし現在も力を入れている。そんなことも知らないで「ただの領土として、基地の要塞としてしか見ないようなものの中でアジアの展開があるのかどうか」と話すのが翁長知事である。現実を見ないからそのようなことを平気で話すのである。

沖縄の米兵は４万人足らずである。それに比べて県民の人口は１４０万人である。１４０万人の県民より４万人足らずの米兵の米軍基地を問題にしている翁長知事。政府は沖縄を領土として基地の要塞として見てはいないことは沖縄の経済発展や観光発展を見れば分かる。沖縄を基地の要塞と見ているのは翁長知事であって政府ではない。

全国の２３％しかない米軍基地を７３％もあると嘘をつくのが翁長知事である。翁長知事は沖縄は基地が要塞であると県民に思わせたいのである。

地図で分かるように、人口が密集している浦添市、那覇市南部には米軍基地はほとんどない。米軍基地で一番大きいのは北部の訓練場である。その次に大きいのが金武町恩納村のキャンプシュワブ・キャンプハンセンである。

翁長知事の主張は0、6%の沖縄に74%の米軍基地があるという嘘を根拠にしている。その嘘が崩れたら翁長知事の主張は崩れる。県民が事実を分かれば簡単に解決することである。しかし、今の沖縄は、沖縄二紙、革新系の政治家、知識人、活動家によって県民が事実を知ることが遮断されている。このことが沖縄の政治的不幸である。

彼らの活動の効果が通用しない存在がある。法である。翁長知事は行政の長であり法を順守しなければならない立場にある。政府は辺野古移設の決定から埋め立て申請の承認まで法に従ってやってきた。法的な瑕疵はない。翁長知事が法で対決すれば確実に敗北する。現在、法で対決しているが翁長知事は敗北の連続である。追い詰められた翁長知事は最後に裁判闘争をしなければならなくなるが、裁判闘争が始まった瞬間に県民は中立的な立場に立ち裁判を見守るだろう。革新の活動家は翁長知事を熱烈に応援するだろうが、熱烈な応援が裁判を有利にすることはない。裁判で翁長知事が敗北すれば多くの県民は辺野古移設を容認するようになるだろう。

裁判中も辺野古の建設工事は進む。埋め立て工事が始まれば、辺野古移設を阻止するのは困難であることを県民は感じるようになるだろう。裁判と埋め立て工事の進行が翁長知事の野望を打ち砕くのは確実である。

翁長知事が埋め立て工事を阻止するには翁長知事支持者を増やし、県民の圧倒的多数の支持のもとに革新と連携してゼネストをやり沖縄の政治・経済を麻痺させることである。そこまで反対運動を高揚させない限り辺野古移設を阻止することはできない。

学生の頃、B52重爆撃機が嘉手納飛行場で墜落炎上したのをきっかけに反米軍基地運動が広がり、全島ゼネストするまで高まった。あの頃に比べると辺野古移設反対運動は平穏である。辺野古移設反対でゼネストをするのは夢のまた夢である。

法以外に翁長知事の強烈な敵が登場した。「埋め立て承認取り消しは違法」だといって翁長知事を提訴した12人の宜野湾市民である。市民団体は翁長雄志知事による移設先の埋め立て承認取り消しで同飛行場が固定化し、周辺住民の生存権が侵害されるのを提訴の理由にしている。辺野古移設問題は突き詰めれば、普天間飛行場の周辺住民の生存権の問題である。米軍基地問題ではない。生存権のために立ち上がった市民に翁長知事の米軍基地云々の理屈は通用しない。それに宜野湾市という限られた場所での運動になるから、口コミなどの広がりが大きな力を持つ。それは沖縄二紙の宣伝力よりも強いだろう。

原告は最終的に100人以上に増える見通しという。100人が周囲の人に裁判のことを話すだろう。聞いた人は他の宜野湾市民に話す。このようにして裁判の噂は多くの宜野湾市民に広がる。辺野古移設は宜野湾市民の生存の権利を守るためであることが裁判の話を通じて宜野湾市民に広がっていく。そうなれば翁長知事への支持が宜野湾市では激減し、1月の市長選で保守の佐喜真淳市長が勝利するだろう。翁長知事提訴は宜野湾市長選勝利に大きく貢献する。そういう意味で12人の宜野湾市民が立ち上がったのは大きな意義がある。

二　佐藤優は沖縄人ではない

佐藤優氏はロシア大使館、国際分析第一課で情報活動に従事したインテリジエンスの第一人者である。元外務事務官という経験を基にした歯に衣(きぬ)着せぬ評論は鋭い。内外の注目を集めている佐藤氏はネットで佐藤優直伝「インテリジェンスの教室」を有料で配信している。「インテリジェンスの教室」は「公開情報を分析することで真実が見えるというプロ中のプロが、国際ニュースの読み解き方を明かす」を売りにしている。佐藤氏は情報を分析して真実を明らかにするプロである。

佐藤氏は琉球新報の毎週土曜日にコラム「佐藤優のウチナー評論」を掲載している。連載は2008年1月から始まっているから今年で7年目である。連載開始前のインタビューの中で佐藤氏は「全く異質な文化圏の沖縄が日本の中にあるということは、日本が多元性、寛容性を持つためにすごく重要だ」と語っていたが、今年の5月17日の県民大会では「この数年間で私のアイデンティティは変化した」と述べ、「(私の)ルーツは沖縄だから、沖縄系日本人と思っていたんだけども、今は違うんです。日本系沖縄人だと思っている」と自分は沖縄人であると語っている。県民大会では、

「ハイサイグスーヨー。チューウガナビラ。ワンネー佐藤優ヤイビーン」とウチナー語で挨拶をした。

佐藤氏が沖縄人であることを根拠にしているのは母親が沖縄人であるからである。佐藤氏の母親は久米島の出身である。久米島出身の母親と本土の父親の間に佐藤氏は生まれた。つまり佐藤氏の血は半分は沖縄の血であり半分は日本の血である。佐藤氏は半分日本人であり半分沖縄人であるが、本土で生まれ育った自分を佐藤氏は沖縄系の日本人だと思っていた。しかし、現在は沖縄系の日本人ではなく日本系の沖縄人であると佐藤氏は言う。佐藤氏が日本系沖縄人と言った時、大拍手であった。

日本系沖縄人だと思うことはどういうことであるかというと、沖縄か日本かどっちかを選べと言ったら文句なしに沖縄を選ぶということであると佐藤氏は語っている。

佐藤氏は沖縄系日本人から日本人系沖縄人になったというが、半分は日本人であり半分は沖縄人であることに変わりはない。気の持ち方で日本人になったり沖縄人になったりするのである。そんな佐藤氏は本当に沖縄人なのだろうか。

琉球新報の「ウチナー評論」では、「我々沖縄人は」と完全に沖縄人に成りきっている。佐藤氏のいう日本系沖縄人は沖縄人なのだろうか。なにを基準にして沖縄人であるか否かを決めるのだろうか。

佐藤氏が沖縄人であることにこだわっているのは琉球は昔は琉球王国という独立国であったことに固執し沖縄の政治は琉球民族によって決めるべきであるという琉球独立論に傾倒しているからである。国連人権理事会は沖縄を「先住民」として認めている。先住民の定義は、言語などの文化的特性を維持し、迫害・差別の経験があることなどが要件であり、沖縄はその要件を満たしているということである。先住民には自己決定権があるというのが国連人権理事会の考えである。

琉球独立論は居酒屋論議と呼ばれていた。酒を飲んで非現実的な話を酔いに任せて語り合って楽しむというのが琉球独立論であった。ところが数年前に「脱軍事基地、脱植民地化」をテーマにしたシンポジウムが開催されたことがきっかけに、日本国民などの多数派が琉球の方向性を一方的に決めている現状をあらためて確認し、2013年5月に琉球独立学会が設立された。

「沖縄で繰り広げられている問題を解決するには独立しかない」と琉球独立学会は主張し、居酒屋談義が学会談義になったのである。そして、「独自の民族として、平和に生きることができる『甘世』(あまゆー)を実現させたい」と琉球民族による自己決定権を行使した基地のない島を目指したのである。琉球独立論は反米軍主義であり反保守の革新の政治家、学者、運動家たちが賛同した。沖縄タイムスと琉球新報も賛同した。佐藤氏も賛同している。

沖縄はかつて琉球國であり独立国家であった。琉球の島々に民族的ルーツを持つ琉球民族は独自の民族であった。ところが1879年の明治政府によって琉球併合された。以降、現在にいたるまで琉球は日本そして米国の植民地となり、日米両政府による差別、搾取、支配の対象となってきたというのが琉球独立論者の主張である。

琉球併合というのは廃藩置県のことである。琉球王国は処分されて、明治

政府に廃合された。しかし、廃合されたといっても琉球国の身分制度を廃止し、沖縄は四民平等の社会になり、日本の一員としての沖縄県になったのである。沖縄は鹿児島県とか広島県と同じように日本の一部になったのである。沖縄が日本の植民地になったわけではない。もし、沖縄が植民地にされたというなら他の県も植民地であったということになる。しかし、植民地ではなかった。日本の憲法と法律は他の県と同じように沖縄県にも適用されたのだから沖縄は植民地ではなかった。廃藩置県以降の沖縄は四民平等の社会になり琉球王朝が沖縄の支配者ではなくなったのである。いわゆる沖縄の近代化の始まりが廃藩置県である。それを琉球独立論者は琉球処分といい、搾取と差別の始まりだというのである。

　琉球独立論者は戦後の沖縄は日本そして米国の植民地であると主張しているが、それは間違っている。日米両政府に搾取されたとも述べているがそれも違う。現実は逆である。沖縄は戦場になった。焼け野原の戦後の沖縄は金はないし生産する能力も失っていた。沖縄の貧困を救ったのは戦勝国の米国であった。米国の莫大な援助があったから沖縄の人々は生きることができたのである。飢えた子供たちに食事を与え病気を治療したのは米軍であった。マラリアなどの病気を撲滅したのも米軍の医療班であった。戦後の沖縄は日米両政府に搾取されたのではなく援助されたのである。

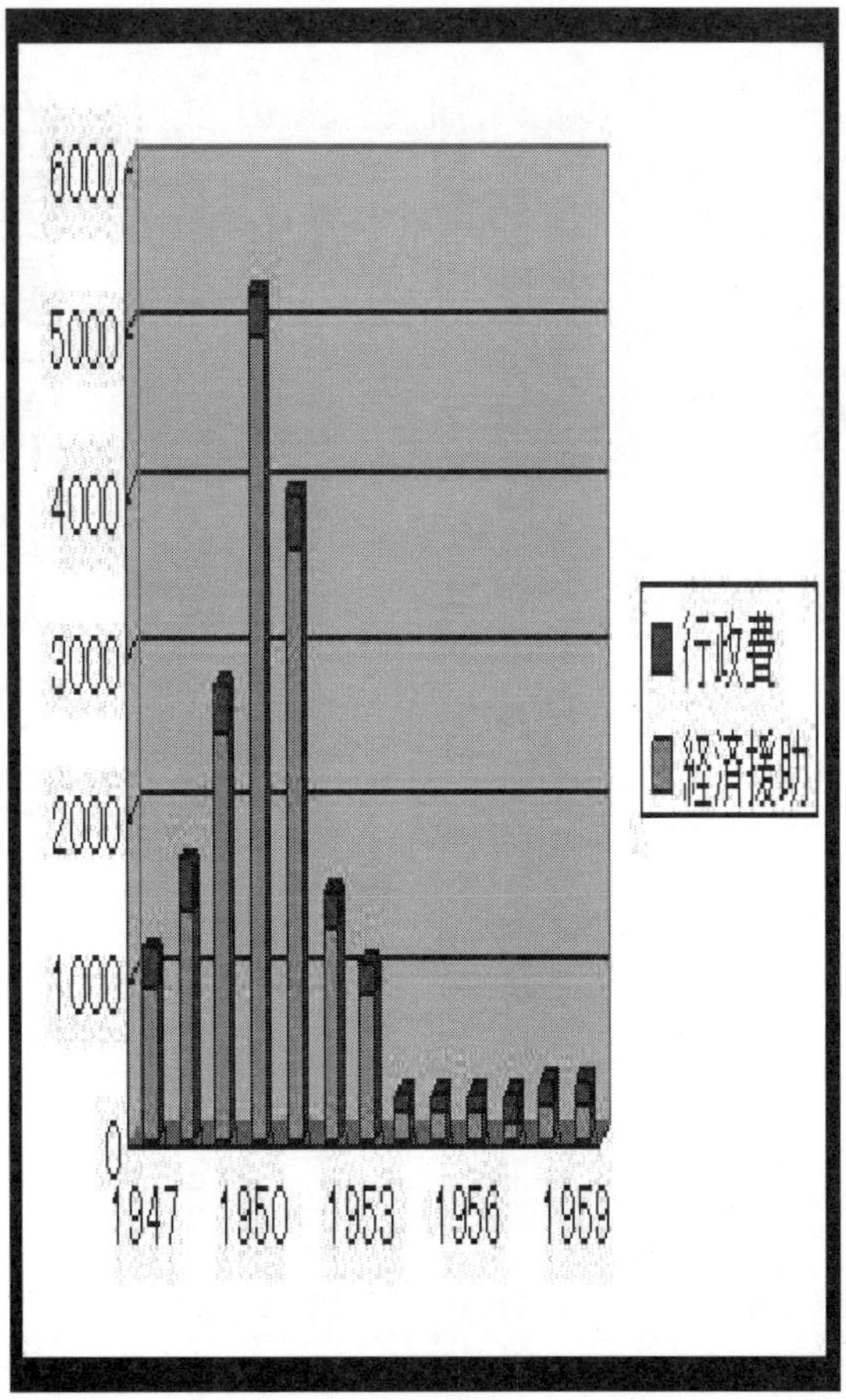

米国は戦勝国であり沖縄は敗戦県である。普通なら琉球独立学会のいう通り、米国が沖縄を搾取しても当然である。ところが米国は搾取をしないで援助をしたのだ。米国は民主主義国家であり世界一位の経済大国であった。沖縄の人たちが人並みに生活できるために米国は米国の富を分け与えたのである。

　１９５６年から援助が落ちている。それには理由がある。終戦から8年が経過した沖縄はいつまでも米国の援助に頼るべきではない。沖縄は米国に頼らないで自分の力でやっていくべきであるという考えから援助を減らしたのである。しかし、沖縄には米国が期待するほどの自治能力はなかった。そのことを知った米国は再び援助を増やしていく。米国は援助を増やしただけではなかった。沖縄の自治能力も高める計画を立てた。いわゆる政治と経済の改革である。その任務を担ったのがキャラウェイ高等弁務官であった。「沖縄の自治は神話である」と言い、沖縄に一番嫌われた高等弁務官である。

キャラウェイ高等弁務官になってから経済援助は増加した。

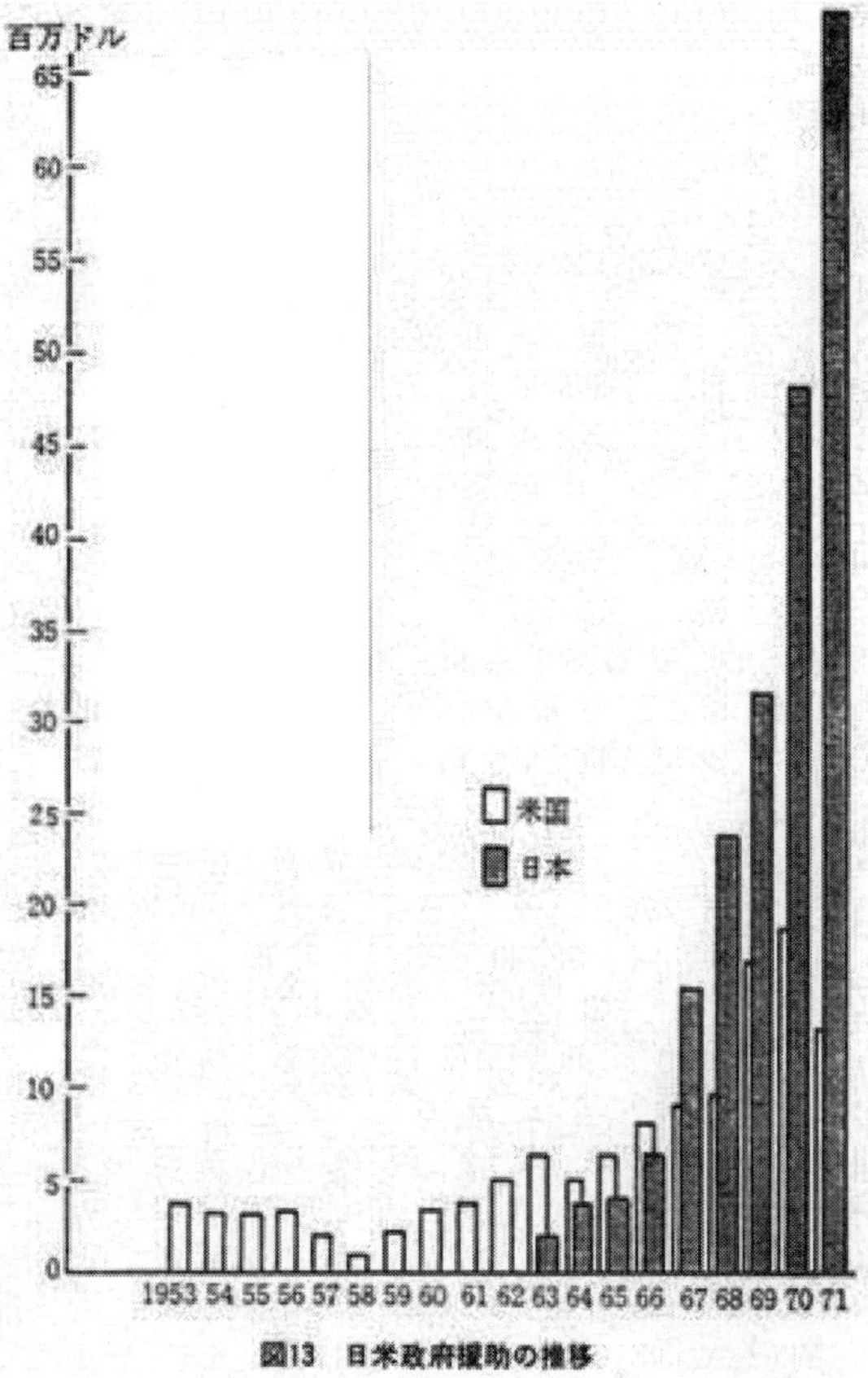

図13　日米政府援助の推移

　１９６３年からは米国だけでなく日本政府も援助をするようになり、表で分かるように日本政府の援助は急激に増えていった。経済から見た場合、沖縄が日米政府に搾取されているというのは間違っていることが歴然としている。

私は読谷村に住んでいる。健康保険税を払っているから病院の医療費は安い。健康保険税は国民の義務であり、他の市町村の人も払っている。保険税は年収によって決まるがそれぞれの市町村で納める割合は違う。それは市町村議会がそれぞれに決める。

私たちは市・町・村民税を払う。県民税も払う。そして国税も払う。私たちが払う税金の使い道は市・町・村議会、県議会そして国会で決める。

日本は議会制民主主義国家であり、国会、都道府県議会、市町村議会は選挙に選ばれた議員で構成され、政治を行っている。国の政治は国会、都道府県の政治は都道府県議会、市町村の政治は市町村議会が担い、政治の分業で日本国家は成り立っている。日本は国会、都道府県、市町村に政治は分業化されている。沖縄県は日本政府に支配されているというのは間違っている。

琉球独立学会は議会民主主義国家を理解していないから沖縄は日本政府に支配されているという錯覚をしているのである。沖縄は日米政府に搾取はされていないし、差別もされていないし支配もされていない。しかし、琉球独立学会は搾取され差別され支配されていると主張するのである。そして、琉球民族が独自の民族として平和・自由・平等に生きることができるためには琉球の独立しかないというのである。まるで、琉球王国時代こそが平和・自由・平等に生きることができたような主張である。しかし、琉球王国時代で自由であったのは支配者である一部の武士階級だけであった。農民は搾取され支配され自由はなかった。農民は生まれた村から移動することはできなかったし、砂糖を生産してもそれは支配者のものとなり農民は砂糖を舐めることさえ許されなかった。農民が自由になったのは廃藩置県によって沖縄県になってからである。

議会制民主主義社会である沖縄に住みながら、日米政府に搾取され差別され支配され自由がないと感じるのは琉球王国時代の武士階級の気持ちでいるからである。自分が沖縄の支配者になりたいからである。沖縄を自分の思うように動かせない支配者意識が琉球独立論の根にあるものである。

琉球独立論者は琉球民族が独自の民族として平和・自由・平等に生きることができる「甘世（あまゆー）」を実現させるためには琉球独立しかないと考えているが、議会制民主主義を理解していない彼らが平和・自由・平等な社会をつくれるとは信じられない。

佐藤氏は琉球独立論支持者であり、自分は沖縄人であると主張している。「ウチナー評論」では「われわれ沖縄人は」という言葉をよく使う。佐藤氏は、「沖縄に思いがあって沖縄に移住してきた人も沖縄人だ」と述べている。それは佐藤氏が決めた沖縄人の基準である。沖縄の琉球民族主義者のいう沖縄人ではない。沖縄の琉球民族主義者が主張しているのは昔沖縄は琉球王国であったが、その頃の琉球人が琉球民族である。だから、琉球王国時代の血を継いでいなければ琉球民族ではないし沖縄人ではない。佐藤氏のいう「沖縄に思いがあって沖縄に移住してきた人」は沖縄人ではない。沖縄人であるか否かは思想ではなく血統で決まるからだ。そのことは琉球独立学会で説明しているし、琉球独立に賛成していても琉球民族でない人間は琉球独立学会に入れないと断言している。

佐藤氏のように母親が沖縄人である場合琉球民族＝沖縄人であるだろうか。そのことについては琉球独立学会は明確な説明はしていない。佐藤氏が沖縄人であるかどうかを検討してみる。

琉球民族が単独の民族であるなら、日本民族は当然他民族である。ネットで日本列島、朝鮮半島、南洋諸島等の民族を調べるとウィルタ族、ニヴヒ族、アイヌ民族、大和民族、朝鮮・韓民族、琉球民族、高山・高沙民族、チャモロ族、カナカ族、パラオ族、その他ロシア・アメリカ系白人等とあった。日本民族は大和民族と書いてあった。

佐藤氏は大和民族と琉球民族の混血民族ということになるが、そのような佐藤氏を沖縄人つまり琉球民族として認めるならば、他の民族との混血も沖縄人として認めなければならないということになる。白人系や黒人系の民族との混血も琉球民族であることになる。日本人系沖縄人を琉球民族として認めるのであれば白人系沖縄人、黒人系沖縄人も琉球民族として認めなければならないというわけだ。それでは琉球王国時代からの系統としての琉球民族からはかけ離れてしまう。不純な琉球民族になってしまう。

琉球の独立を目指す琉球民族主義者が白人系沖縄人、黒人系沖縄人を琉球民族として認めるとは考えられない。白人系沖縄人、黒人系沖縄人と日本人系沖縄人は民族学的には同じである。そうであるならば日本人系沖縄人の佐藤氏は琉球民族と認めるわけにはいかない。琉球独立を目指す琉球民族主義者にとって佐藤氏は沖縄人ではないということになる。佐藤氏は自称沖縄人であって、客観的な沖縄人ではない。偽沖縄人である。

琉球独立は琉球民族による独立を目指しているのであり、沖縄に住んでいる人々による沖縄独立とは違う。琉球民族にこだわらない沖縄独立であるならば沖縄に住んでいる人はみんな沖縄人であると言えるが、琉球独立は沖縄に住んでいる琉球民族が自由になるための独立であるから沖縄に住んでいるからと言って沖縄人であるとは言えない。琉球国では琉球民族以外の人たちは沖縄人ではない。だから、彼らの自由はないし彼らは差別され搾取されるだろう。

佐藤氏は沖縄系日本人であったが最近は日本系沖縄人になったと言っている。佐藤氏は気分次第で日本人になったり沖縄人になったりする。昨日は日本人だったが今日は沖縄人、明日は日本人になるかもというのが佐藤氏である。沖縄人を自称する佐藤氏は「沖縄は過去も沖縄人のものであり、現在も沖縄人のものであり、そして未来も沖縄人のものである」と述べている。しかし、琉球民族主義者はそうではない。佐藤氏は沖縄に住む人々を沖縄人と呼んでいる。しかし、琉球民族主義者は沖縄に住んでいる人の中の琉球民族だけを沖縄人と呼んでいる。だから、「沖縄は過去も琉球民族のものであり、現在も琉球民族のものであり、そして未来も琉球民族のものである」と主張しているのだ。佐藤氏の主張とは違う。

佐藤氏と琉球民族主義者とは考えが違うのである。彼らにとって佐藤氏は琉球民族ではないし沖縄人ではないのである。

そもそも、佐藤氏が沖縄人であることにこだわるのはなぜだろう。2008年に「ウチナー評論」を始めたころは沖縄について本土とは異質な文化圏を持っている存在であると言い、日本の多様性の一部と見ていた。ところが現在の佐藤氏は自分が沖縄人であることにこだわっている。それもこの数年間でアイデンティティが変わったと述べている。この数年間で沖縄になにが起こったのだろう。なにが佐藤氏のアイデンティティを変えたのだろう。

三　沖縄アニミズム信奉者になった佐藤優

ハイサイグスーヨー。チューウガナビラ。ワンネー佐藤優ヤイビーン。佐藤優です。

この数年間で私のアイデンティティは変化した。元々外務省の官僚をやっていたでしょう。国会意識が強かったです。ただルーツは沖縄だから、沖縄系日本人と思っていたんだけども、今は違うんです。日本系沖縄人だと思っている。どういうことか沖縄か日本かどっちかを選べと言ったら文句なしに沖縄を選ぶということです。今この場に何人集まったかということをみんな気にしているでしょう。僕はあんまり気になんないです。むしろニライカナイとかオボツカグラとかあそこから祖霊がたくさん来ているから、数えきれないほどのウチナーンチュのマブイが集まっている。

「佐藤優演説」

佐藤優氏が2015年5月17日「戦後70年　止めよう辺野古新基地建設！」沖縄県民大会の壇上で述べた最初の口上である。ウチナー口で挨拶するのは愛嬌があり沖縄県民には親しみが湧いてくるだろう。沖縄系日本人から日本人系沖縄人だと思うようになったというのも県民との距離感をなくす効果がある。しかし、ニライカナイやオボツカグラから多くの祖霊がやってきて、数えきれないほどのウチナーンチュのマブイが集まっているというのはどうだろうか。無数の沖縄の先祖の霊が政治集会に集まってくるのである。私は佐藤氏の祖霊の話に唖然とした。

子供の頃、海の彼方にニライカナイがあると母親に教えられたが、私はニライカナイの存在を理解できなかった。

ニライカナイ
沖縄県や鹿児島県奄美群島の各地に伝わる他界概念のひとつ。
遥か遠い東（辰巳の方角）の海の彼方、または海の底、地の底にあるとされる異界。
豊穣や生命の源であり、神界でもある。年初にはニライカナイから神がやってきて豊穣をもたらし、年末にまた帰るとされる。また、生者の魂もニライカナイより来て、死者の魂はニライカナイに去ると考えられている。琉球では死後7代して死者の魂は親族の守護神になるという考えが信仰されており、後生（ぐそー：あの世）であるニライカナイは、祖霊が守護神へと生まれ変わる場所、つまり祖霊神が生まれる場所でもあった。

ニライカナイは複合的な観念を持った楽土であるが、この概念は本土の常世国の信仰と酷似しており、柳田國男は、ニライカナイを日本神話の根の国と同一のものとしている。

なお、琉球では他の他界概念として、権威を守護する神々の神界としてオボツカグラを想定していた。信仰上の他界概念を水平表象と垂直表象で論じた折口信夫は、ニライカナイを水平の、オボツカグラを垂直の他界と指摘している。

ニライカナイというのは、東の海の彼方には大陸があること、地球は球であることを知らない昔の琉球人が想像した世界である。ニライカナイは存在しない。

オボツカグラについては聞いたことがなかったので知らなかった。佐藤氏は沖縄育ちの私より昔の沖縄について詳しく知っている。

オボツカグラ

沖縄における天空異界の観念。

琉球民族の祝詞である「おもろ」の、「オボツの山に神が降りたまう」の一説にその存在が見える。琉球の信仰形態は御獄（ウタキ）と呼ばれる神殿が中心。オボツカグラ信仰が残る地域の御獄は、「オボツ山」と呼ばれる。

オボツカグラとは縦の社会を示し、海の向こう（横方向）の異界であるニライカナイとはまた別の異界である。縦の社会は権力を示し、君真物を頂点とした古代琉球王朝の信仰形態の数少ない資料になっている。そしてニライカナイの方が有名になってしまい、その影に隠れてしまった可哀想な異界でもある。

ニライカナイと同様にその意味は真ん中で二つに分かれ、オボツは天上を示し、カグラは神のいる場所を示す。これにより、カグラは本来、神楽ではなく神の座（くら）、神座（かぐら）の意味が正しいことが分かる。このあたり、琉球言語と本島言語が混ざっているのが見て取れる。

私がオボツカグラを知らないのは母親や大人がオボツカグラについて話さなかったからである。母親もオボツカグラは知らなかったと思う。勉強家の佐藤氏は古代の琉球王朝時代の文化や宗教を調べてオボツカグラを知ったのであろう。沖縄の歴史を調べ上げた佐藤氏は私よりも沖縄のことを知っている。その意味ではすごいと思う。

しかし、沖縄で育った私は沖縄の古い因習や宗教との精神的な葛藤があった。佐藤氏のように沖縄の昔について勉強はしなかったが昔からあり戦後も世の中に存在している因習や宗教は教えられたし私の生活に影響した。

私は長男であったから先祖や仏壇にまつわる教えや、ぐそう(あの世)の話や火の神など神についても教えられた。最初は教えを信じていたが高校生になる頃には信じないで否定するようになっていた。ただ、自分の考えを主張するのではなく神の否定は心の中に押しとどめていた。沖縄で育っていない佐藤氏は沖縄の歴史を勉強し、昔の沖縄にはニライカナイやオボツカグラ信教があったことを知り、今もその信教が沖縄の人々にあると思って、県民大会でニライカナイやオボツカグラから先祖の霊がやってきたと述べたのである。そして、無数の先祖の霊が県民大会を応援していると述べたのである。笑ってしまう話である。

県民大会は辺野古基地建設反対が目的の大会である。そして、「沖縄は過去も沖縄人のものであり、現在も沖縄人のものであり、そして未来も沖縄人のものである」と主張し、沖縄には民族自決権があることを主張し琉球独立をも目指している。そのような県民大会を祖先の霊が支持しているというのが佐藤氏である。本当に祖先の霊は琉球独立も視野に入れている県民大会を応援しているだろうか。明治政府による琉球処分が沖縄差別の始まりであると佐藤氏は述べているが、霊の心を知るには琉球王朝を知る必要がある。。大城立裕氏の小説・琉球処分は琉球処分の時の沖縄の様子をリアルに描いた小説である。小説・琉球処分は１９６８年に出版されたが、１９５９年に琉球新報に連載された小説である。

小説・琉球処分は、明治五年五月に、明治政府から派遣された三人の男が浦添間切沢岻村から内間村へ向けて歩いている様子から始まっている。三人は沖縄の現状について調べていた。

断髪の二人は、沢岻村を出る頃から、議論を続けていた。

「七日間をつぶしてこの島の百姓の生活を見てきてその疲弊ぶりに舌をまいた君が、やはりそのようなことしか言わないのか、ぼくとしては納得いきかねる」

・・・・・・

「確かに貧乏には驚きます。何か腹立たしいものも感じます。だからといって、それをすべてわが責任であるかのように、苦しむいわれはないと思うだけです。正月二十五日にこの島へ来てからずっと、首里の政庁でも調べたではありませんか。なるほど島津が琉球を収奪した。しかし、琉球の百姓をしぼりあげたのは、島津が直接にしたのではなくて、琉球政庁の役人どもだ。かれらは島津にひたすら頭を下げて苦しい苦しいといいながら、百姓と同じように苦しもうとはしなかった。自分らはぬくぬくと暮らした。その責任を問うべきですよ。それが琉球の御一新というものだ」

「小説・琉球処分」

三人は元島津藩士である。三人が見た沖縄は百姓の極貧であった。そして、極貧の百姓を搾取して豊かな生活をしている琉球王朝があった。その事実を小説・琉球処分は元島津藩士である三人の明治政府の男に語らせる。小説は琉球処分官と琉球王朝の駆け引きが中心であるが、沖縄の百姓の貧しさも描いている。

「皮肉を言うわけではないが、きみはやはり、封建政治をにくんだ勤王の志士奈良原幸五郎だ。しかし、きみは、自分が鹿児島の人間だということを忘れている。見たまえ。ぼくらが自分では日本帝国の官員として琉球の人民を解放するために来たつもりでも、百姓どもは、やはりぼくらを島津の片割れとして警戒しているのだ」

「それは思い過ごしだ、伊地知さん。いや確かに百姓たちはまだぼくらをこわがっているかもしれないが、そんなことをいちいち気にしていたってはじまらない。ぼくらとしては、この島の産業開発と教育とに努力をかたむけること。きのう話した通りです。・・・・・」

「小説・琉球処分」

明治維新とは、封建社会の江戸幕府から士農工商の身分制度を排して四民平等の近代国家を築いたものであった。明治政府による琉球処分が沖縄を近代社会にするものであることが三人の会話から分かる。しかし、琉球王朝は沖縄の近代化を理解できない。

明治御一新を説明するのにあれだけ骨が折れるとは思いませんでしたぜ。薩摩の国が鹿児島県になったのがなんだか悪いことをしたみたいで、変な錯覚までおこしましたな」

・・・・・・

「薩摩への借金も免除してやると言ったとき、いちばん理解に苦しんだらしい。かれらの今までの考え方からすると、こんなことは奇跡ともいうべきものだろうから」

「あの調子では、その金で士民を救済し国本を張る資にするようにと命じたところで、その政策をとれるかどうか、あてになりませんな」

「小説・琉球処分」

明治政府は大日本帝国憲法を制定して、法の下での平等を目指して身分制度を廃止し、武士の特権をなくした。しかし、琉球王朝にとって農民を搾取する身分制度は当然のことであり、王朝を廃止して、武士と農民が同じ身分になる四民平等を理解することができなかった。明治維新は琉球王朝にとって予想もしていなかったことであり理解できないのは当然であっただろう。明治政府は琉球王朝を廃止するというのだ。琉球王朝が存在しなくなるということを理解するほうが無理である。自己決定権が明治政府に奪われてしまう。それは琉球王朝にとっては差別に等しい。

琉球処分は身分制度を排し、四民平等の社会を築くことである。農民は大歓迎した。琉球王朝以外の沖縄のほとんどの人たちは琉球処分に賛成したのである。とすれば琉球王朝が復活するかもしれない琉球独立に多くの農民の霊は反対だろう。佐藤氏は多くの霊が県民大会を応援にやってきたと述べているが、あり得ないことである。

戦後日本は議会制民主主義国家である。国全体のことは国会で決め、県全体のことは県議会が決め、市町村のことは市町村議会で決める。琉球独立の根拠は沖縄のことは沖縄が決めるべきであるのに国会や政府が決めていることにある。そして、それを沖縄差別と言っている。琉球独立は現在の日本国家の議会制民主主義を否定している。琉球独立論者が感じる差別は支配階級である琉球王朝の感じた差別と同じである。議会制民主主義を否定して琉球独立を目指す運動は琉球王朝復活を目指した運動である。

琉球独立を主張する佐藤氏は王朝時代の信教ニライカナイ、オボツカグラを信じているようである。そして、「この数年間で私のアイデンティティは変化した」と述べたように翁長知事が主張している沖縄アイデンティティを支持するようになった。

沖縄は過去も沖縄人のものであり、現在も沖縄人のものであり、そして未来も沖縄人のものである。今まで私たちはイデオロギー、革新とか保守とか労働者とか地域とか国家と言うことを難しく考えすぎた。そのために沖縄人というよりも個別優先をした。それがつけ込む隙になった。ただ、翁長知事が誕生したから変わった。

「佐藤優演説」

佐藤氏はイデオロギー、革新、保守、労働者、地域、国家について考えるよりも沖縄人をひとまとめにして考えるべきであり、そのほうが日米政府の沖縄差別が分かり、「沖縄は過去も沖縄人のものであり、現在も沖縄人のものであり、そして未来も沖縄人のものである」という考えになれると言い、翁長知事が誕生したから佐藤氏の考えが変わったと言った。翁長知事は去年の知事選の時、突然沖縄アイデンティティを主張するようになった。イデオロギーは腹六分に抑えて沖縄アイデンティティで結束して日米政府と闘うというのが翁長知事のアイデンティティ論であった。

保守・・・普天間飛行場の県外移設　　日米安保容認
革新・・・普天間飛行場の閉鎖・撤去　日米安保廃棄

翁長知事の沖縄アイデンティティは革新と手を組む方法として考え出したものであった。安保容認の保守翁長陣と安保廃棄の革新が一緒になることは政治理念から考えると実現不可能である。しかし、翁長知事の発案した沖縄アイデンティティは翁長陣営と革新が一緒になることを可能にしたのである。お互いの政治主張はそのままであり、県外移設か閉鎖・撤去のどちらかに統一することはなく沖縄アイデンティティの名で一緒になったのである。政治理念が水と油のように全く違うのに一緒になるのは政界ではありえないことである。ところが沖縄では現実に起こった。

翁長知事の沖縄アイデンティティは安保賛成の翁長陣営と安保廃棄の共産党が一緒になることを正当化するための理論であった。しかし、そうすると普天間飛行場の県外移設と閉鎖・撤去は両陣営は維持したまま共闘することになるので、選挙公約には県外移設と閉鎖・撤去は使えない。使ったのが辺野古移設反対であった。選挙期間中は両派は辺野古移設反対、新基地反対を訴えると同時に、翁長陣営は県外移設を主張し、革新陣営は閉鎖・撤去を主張した。となると普天間飛行場の解決方法が二つに分かれ、しかも政治理念は日米安保容認と日米安保廃棄に対立した状態であるから革新陣営と手を結んだ翁長知事は普天間飛行場問題の解決方法では県外移設も閉鎖撤去も主張することができないことになる。翁長陣営と革新陣営が一緒になるということは普天間飛行場問題の放棄である。つまり固定化を容認することと同じである。

分析官の佐藤氏ならこのことは御見通しであるだろう。しかし、そんなことは一言も言わないで翁長知事のアイデンティティ論を称賛するのである。日米安保容認であっても日米安保廃棄であっても沖縄人ならいい、沖縄人は政治理念が違っていても一緒になれと佐藤氏はいうのである。

沖縄アイデンティティを一番恐れているのが東京の中央政府です。
あの人たちはですね。人間性は色々問題あるが、悪知恵だけは働きますからね。外務省というのはフォークにナイフに蝶ネクタイみたいなかんじでやってますけどね、腹黒いですからねェ～　わたし自身がいたからよくわかっています。

「佐藤優演説」

確かに佐藤氏のいうように沖縄アイデンティティを一番恐れているのが東京の中央政府かもしれない。安保容認の翁長知事と安保廃棄の革新が手を組んで政府と対峙するのが沖縄アイデンティティである。道理のない反対を平気でやるのが沖縄アイデンティティだ。東京の中央政府が理論的に説明しても理解しないし、辺野古の反対派は感情にまかせて違法行為を平気でやる。話し合いも協議もできないのだから東京の中央政府が沖縄アイデンティティを一番恐れているのは佐藤氏の指摘通りだろう。

沖縄アイデンティティ信奉者の佐藤氏は沖縄人の結集を呼びかける。

それだから県外移設に向けて、ある時期まで一生懸命頑張っていたが、前知事公室長を一年早く退職させて外務省参与にして辺野古移設への知恵をなんとか吸い取れないかと。こういうような卑劣なことをやります。前公室長、あなたもウチナーンチュだから絶対に誘惑に乗らないでね。あの人たちを助けないでください。それから、現場で対峙している警察官、防衛庁の職員、海上保安庁の職員、ガードマンの中にもウチナーンチュは居るでしょう。県出身者。なんで沖縄県出身者、沖縄人と沖縄人が対立しなければならないんですか。それを解決するのは簡単ですよ。辺野古の新基地を造るのを止めれば、その対立はすぐ終わる。

「佐藤優演説」

佐藤氏のインテリジェンスを疑ってしまう。ウチナーンチュだから政府に協力しない。沖縄人と沖縄人は対立してはいけない。だから公務員であっても沖縄人ならば辺野古基地建設に反対している人間を取り締まってはいけない。沖縄人と沖縄人の対立を解決するために辺野古の新基地を造るのを止めればいいと佐藤氏はいう。それが沖縄アイデンティティ主義の佐藤氏の考えである。

議会制民主主義国家は国民の安全を守る義務がある。その義務を実行するのが警察であり海上保安庁である。違法行為を取り締まるのが彼らの義務である。警察、海上保安庁の職員、ガードマンは反対派と対峙しているわけではない。日本国は表現の自由が保障されている。辺野古移設反対を主張するのは自由であり、取り締まりの対象ではない。自由にどんどん辺野古移設反対を主張すればいい。しかし、キャンプシュワブに入る従業員の車や機材を積んだトラックなどを暴力で停めたり、進入禁止のフロートを超えてボーリング調査を阻止したりするのは違法行為である。違法行為は議会制民主主義を破壊する行為である。許されるものではない。警察、海上保安庁の職員は反対派の違法行為を取り締まっているだけである。主張を弾圧しているのではない。彼らが違法行為をしなければ取り締まる必要はない。警察、海上保安庁の職員は法を守る仕事をしているだけてある。

佐藤氏はウチナーンチュの警察、海上保安庁の職員は反対派の違法行為を取り締まるなと主張している。それは法治主義の否定である。警察、海上保安庁の職員が法治主義を放棄して個人の判断で取り締まるようになれば民主主義社会が崩壊する。沖縄アイデンティティ主義の佐藤氏は民主主義社会の崩壊を提唱しているのである。

キャンプシュワブや辺野古の海の反対派が違法な行為をしなければ争いはなくなる。反対派は議会制民主主義のルールを遵守して不毛な違法行為をやめるべきである。そして、警察官や海上保安庁の職員やガードマンの人たちをこの不毛な仕事から解放してやるべきである。

「今日本の陸地の0・6％しかない沖縄に74％の米軍基地がある。これは差別以外のなにものでもない。しかしですね。差別が構造化している場合、差別者は自分が差別していることを認識していないんですね」にはあきれる。沖縄の米軍基地は全国の23％である。74％ではない。それに米軍基地で一番大きいのは沖縄ではない。北海道である。この事実は10年以上も前から指摘されている。74％の米軍基地があるから差別されているというのなら実際は23％であるから差別されていないことになる。それに普天間飛行場が辺野古移設し、嘉手納飛行場以南の米軍基地が返還され、日米政府が約束している基地を返還すると沖縄本島の米軍基地は21％以上削減する。米軍基地は18％以下になるのだ。日米政府は沖縄の米軍基地を23％から18％へ削減する方針である。しかし、佐藤氏はこの事実を隠蔽する。

佐藤氏は差別が構造化している場合、差別者は自分が差別していることを認識しないで「逆に沖縄の我が儘のように見える」という。日本民族対沖縄民族は99対1であり、日本民族が圧倒的多数である。だから大民族である日本人には沖縄を差別していることが分かりにくいと佐藤氏は言うのである。日米政府の基地削減計画を阻止する方向に活動しているのが辺野古移設反対派である。「日本の陸地の0・6％しかない沖縄に74％の米軍基地がある」は嘘である。本当は23％である。そして、日米政府は18％にする方針である。その事実を隠して佐藤氏は沖縄は差別されているというのである。でっち上げ差別である。でっち上げ差別から佐藤氏は奇妙な理屈を展開していく。

ただ私たちは差別されて頭を低くしていたでしょう。そんなことを言われると惨めになると。実力をつけて跳ね返すんだと思っていた。逆なんです。差別についてきちんと語らないとこの構造は変わらない。そして今や我々は差別について語れるほど強くなったんです。

「佐藤優演説」

差別されていなかったのに差別されていると主張している者たちが頭を低くしていたはずがない。彼らはむしろ「私たちは差別されている」と胸を張って叫んでいた。それどころが嘘の経済論を打ち立てて日本政府の援助は足りないなどと日本政府に文句を言ったのである。

県議会事務局が9155億5千万円の試算結果を発表した。

県議会事務局（T議長）は、もし、米軍基地がすべて返還された場合の経済効果は年間4兆7191億400万円であると具体的な数値の試算を出した。試算の内訳は嘉手納基地の以南では9109億6900万円であり、嘉手納基地の以北の経済効果は3兆7350万円、100ヘクタール以下の小規模面積施設7300億9400万円と試算した。合計すると4兆7191億400万円の経済効果になるという。しかし、現時点の県内経済規模で実現可能な経済効果は、全部返還した効果の19・4%にとどまるとして、年間9155億5千万円の経済効果に上るとの修正試算結果を県議会事務局は発表した。米軍基地から現在生じている経済効果の2・2倍に当たるという。

雇用効果は9万4435人

県議会事務局は雇用効果も試算している。県議会事務局によれば、米軍基地があるために生じる雇用効果3万4541人に対し、全部の米軍基地が返還された場合の雇用誘発者数は48万6754人になるという。平成24年2月の県全体の就業者数は60万8千人である。10%の土地の米軍基地が返還されると雇用誘発者数が48万6754人にもなるというのは途方もない試算である。

県議会事務局は実現可能な雇用効果(19・4%)は米軍基地があるがゆえの効果より2・7倍に当たる9万4435人であるという。沖縄県の完全失業率は7・5%であり、完全失業者数は5万人である。基地が全部返還された時の雇用効果9万4435人は、米軍基地関連の雇用効果3万4541人と完全失業者5万人を合計した8万4541人を上回っている。基地関連雇用者と完全失業者すべて雇用しても、9894人の労働者不足になる。失業率ゼロどころか、県外から9894人の労働者を募集しなければならなくなる。ものすごい雇用効果である。

それにしても、奄美大島、八重山、宮古島には米軍基地はないが、米軍基地のある沖縄本島に比べて経済は発展していない(嘉手納基地以南の人口密度は東京都並みである)。米軍基地がないほうが経済は発展するという法則は沖縄本島だけにあり、奄美大島、八重山、宮古島にはこの経済法則はないのだろうか。

T県議会長は、県議会事務局の試算で基地が全部返還した時の経済効果が年間9155億5千万円に上るとの試算結果を根拠にして、復帰後1972年～2011年の間に沖縄に投じられた国の予算(9・9兆円)の少なさを指摘し、

「振興策について政府内からは『沖縄を甘やかしてはいけない』という議論があるが、試算を見れば39年間で9・9兆円とは、支援策としてあまりにもたりないことは明白だ」と述べている。

T県議会長は復帰後、米軍基地が全て撤去されていた時の方が沖縄の経済は数倍も発展していたと主張し、「ポスト振興策の議論が始まる中、米軍基地による経済影響を正確に把握し、沖縄の自立経済を確保するため国の支援を求める根拠としたい」と述べている。

「沖縄に内なる民主主義はあるか」

9155億5千万円という嘘の経済効果の試算を出し、「試算を見れば39年間で9・9兆円とは、支援策としてあまりにも足りないことは明白だ」と日本政府に文句をいう連中が頭を低くしてみじめな思いになっているはずがない。それなのに彼らがみじめな思いをして実力をつけて跳ね返すんだと思っていたと佐藤氏は述べるである。そして、その思いは逆であり差別についてきちんと語らないとこの構造は変わらないという。そして、

「今や我々は差別について語れるほど強くなったんです」

と県民大会に集まった観衆に言い、大拍手をもらう。県民大会に集まった観衆は実は昔から差別があると主張してきた。つまり、昔から彼らは強かった

のだ。そんな事実を無視して佐藤氏の演説は続く。

　ひとつ例を出しましょう。辺野古基金です。私も共同代表を務めさせていただいています。プライス勧告の時みんなお金が欲しかった。でも土地を売らなかったでしょう。今は辺野古を阻止する、その為のお金を集めようといったら2億円以上のお金を集められるほど沖縄は力がついているんです。我々はすでに勝っているんです。

「佐藤優演説」

　差別について語れるほど強くなった例に辺野古基金を取り上げている。変な理屈である。

　プライス勧告とはなにかを知っておく必要がある。県の資料を引用する。

6月9日　プライス勧告発表、島ぐるみ闘争へ（１９５６年）

　１９５６（昭和３１）年6月9日、米国下院軍事委員会特別分科委員会委員長のメルヴィン・プライスが沖縄の基地、軍用地問題に関する「プライス勧告」を発表しました。

　その内容は、沖縄基地が①制約なき核基地、②アジア各地の地域的紛争に対処する米極東戦略の拠点、③日本やフィリピンの親米政権が倒れた場合のより所、としてきわめて重要であるとし、これまでの軍用地政策を含む米軍支配のあり方を基本的に正しいと認めたものでした。

プライス勧告と島ぐるみ闘争の背景

　１９５０年代、朝鮮戦争の勃発や中華人民共和国の成立、米ソ冷戦時代の背景を受けて、米軍は沖縄への恒久的基地建設を本格化しました。そして「銃剣とブルドーザー」に象徴されるように、強制的な土地接収が行われました。

　こうしたなか、さらに米民政府は、１９５４（昭和２９）年3月１７日、米陸軍省の「軍用地一括払い」の方針を発表しました。

　一括払いは、実質的な土地買い上げ政策でした。

　これに対して琉球政府立法院は、同年4月３０日に全会一致で「軍用地処理に関する請願」（議事録ＰＤＦ）を可決しました。

　それが後に、一括払い反対、適正補償、損害賠償、新規接収反対の「土地を守る四原則」と呼ばれました。

　その後、琉球政府行政主席の比嘉秀平ら四者協議会が土地問題折衝のため渡米し、対米交渉を行い、その要請に基づき１９５５（昭和３０）年１０月２３日、米下院軍事委員会のプライス調査団が沖縄に派遣されました。

　この調査団が議会に提出した報告書がいわゆるプライス勧告です。

　一括払い反対、新規接収反対などの土地を守る四原則に基づく沖縄側の要求に対し、同勧告は、軍用地料の算定に譲歩したにすぎず、主要な点は聞き入れなかったものでした。

　プライス勧告の全文が沖縄に届いた6月２０日、前沖縄６４紙町村のうち５６市町村で一斉に市町村民大会が開かれ、多くの住民が参加しました。

　１９５６（昭和３１）年6月以降、沖縄では住民の激しい抗議活動が行われ、やがて島ぐるみ闘争へと発展しました。

四原則貫徹実践本部は、プライス勧告に反論しました。

米軍は、軍人の安全を理由にオフリミッツ（立ち入り禁止令）を発令しました。米軍相手に商売を営む民間地への立ち入りを禁止することで住民側は経済的窮地に立たされました。

　しかし住民の抵抗運動はその後も続き、やがて米国側は、軍用地料の一括払いの方針を撤回し、適正価格で土地を借用するとすることで、島ぐるみ闘争を終結に導きました。

「沖縄県公文書」

　「プライス勧告の時みんなお金が欲しかった。でも土地を売らなかったでしょう」という佐藤氏はお金的に得するよりも、例え損しても自分たちの土地を守るために土地を売らなかったと思っているが、「土地を守る四原則」を見ればわかるようにプライス勧告に従うとお金的に莫大な損をするから反対したのだ。

　問題を解決するため、アメリカ下院の調査団が沖縄を訪問したが、保革の枠を越えた全住民を巻き込んだ「島ぐるみ闘争」が拡大した。米国は民主主義国家である。独裁国家ではない。一括払いを強制しないで、沖縄の代表者と交渉をした。交渉の結果、アメリカ当局は「当初評価額の約6倍の地代を支払うこと」と、「原則毎年払いで、希望者のみ１０年分の先払いを認める」ことで解決が図られることになった。

島ぐるみ闘争に見られるように沖縄が「差別されて頭を低くしていた」というのは嘘である。むしろ共産党など左翼集団による激しい抵抗運動が多かった。島ぐるみ闘争は衰えていくが、原因は米軍が弾圧したからではない。米軍基地を受け入れた辺野古が空前の経済発展したからである。戦前の沖縄は農業が中心であった。土地を取られたら食べていけないという思いが強かったから米軍の土地接収に強く反発したが、辺野古の経済発展でそうではないことに気付いたのである。金武町や他の市町村も米軍を歓迎するようになる。それに軍雇用員など米軍関係の仕事が増え、沖縄の人々の生活は豊かになっていった。それが原因で島ぐるみ闘争は衰えていった。

佐藤氏は沖縄の歴史を捻じ曲げ、「私たちは差別されて頭を低くしていた」というのである。そして、辺野古基金に2億円以上のお金を集められるほどに沖縄は力がついているというのである。たった2億円を集めた程度の力は大したことはない。沖縄の歴史では2億円とは比べ物にならないくらいの勝利を何度もやっている。例えば米軍は旧具志川村の昆布の土地を接収しようとしたが反対闘争によって実現しなかった。昆布土地闘争の勝利だ。2億円を集めたくらいで我々はすでに勝っているという佐藤氏の弁には苦笑するしかない。県民大会の目的は辺野古飛行場建設を阻止することである。阻止した時が勝利である。辺野古資金が2億円以上になったから勝利したとは言えない。しかし、佐藤氏は勝利したといって調子に乗るのである。

調子に乗った佐藤氏は「あとはどういう風に勝っていくか」と言い、「自己決定権を確立して民主主義を強化して自由を強化する」と締めくくる。

日本は議会制民主主義国家であり沖縄県は日本の地方自治体である。沖縄県も市町村も地方自治体としての自治権は保証されているし、地方自治体としての自己決定権は確立している。国、県、市町村の自己決定権はそれぞれに確立しているのが議会制民主主義国家日本である。

例えば、国が辺野古に米軍飛行場をつくろうとしても県や名護市、辺野古区が反対すればつくることはできない。事実、最初は県や名護市、辺野古区は飛行場建設に反対だった。だから辺野古飛行場をつくることはできなかった。政府は飛行場をつくれるように県知事、名護市長、辺野古区と何回も交渉を重ねて三者が賛成したから辺野古飛行場建設を始めたのである。２０１０年の民主党政権時代に辺野古区長、島袋名護市長、仲井真知事は自己決定権によって辺野古飛行場建設に賛成したのである。

翁長知事は２０１０年の辺野古飛行場建設の政治的決着と２０１４年度の仲井真知事が公有水面埋め立て申請を承認したあとで県知事になり、辺野古飛行場建設に反対した。そして、国に辺野古飛行場建設を止めるように要求し国が断ると沖縄県に自己決定権がないと主張しているが、翁長知事の要求は一度決定したことを一方的に破棄することであり自己決定権と言えるものではない。沖縄県は自己決定権はあるのだ。県には一方的な破棄権がないということである。

佐藤氏は、なぜか「あと、おもろそうしをもう一回読みましょう」と意味不明のことを言う。そして、「読み難いけどね。沖縄に危機が来た時、セジという特別な力が降りてくる。そして、必ず危機を切り抜けている。今も我々にはセジがついている」と言い。「ニヘーデービル。どうもありがとうございます」と演説は終わる。

セジ

霊力を意味し，村落レベルの神女でもその適格者はセジ高い女でなければならない。セジを身につけ，これを国王に奉り，兄弟をまもり，またこれで仇敵を呪詛することもした。

セジという霊力は殊更特別なものではなく、人間は誰でも多かれ少なかれセジを持ち、また自分以外のセジの影響を受けると考えられている。そして自分がコントロールできない現象は、すべてセジという目に見えない力に拠るものとする。

またこのセジは、人間の中から生まれるものというより外部から与えられるものと考えられ、例えばある日突然神がかりするユタのように、自分の好むと好まざるとにかかわらず高いセジを与えられる人もいる。

佐藤氏の演説はニライカナイ、オボツカグラに始まりセジで終わる。政治集会であるのに霊を崇拝する話になっている。霊の世界と政治の世界を混合した佐藤氏の演説が嘘でまみれてしまうのは仕方がないことである。

沖縄の霊界に迷い込んでしまった佐藤氏に沖縄の政治を正確に分析するのは不可能のようだ。

四　沖縄地方紙のプロパガンダになり下がった佐藤優

２０１５年７月１８日の「ウチナー評論」は「沖縄人は間抜けていない」である。

佐藤氏は元外務省国際情報局分析第一課主任分析官であり、インテリジェンスが佐藤氏の売りである。

月間ＳＰＡに【佐藤優のインテリジェンス人生相談】「外務省のラスプーチンと呼ばれた諜報のプロが、その経験をもとに、読者の悩みに答える！」のコーナーがある。インテリジェンスは、知能やそれの働き、あるいは知能が働く上で利用する情報群などを内包した概念であり、佐藤氏は情報と分析に優れている人物であるというのが一般的な評価である。

しかし、ウチナー評論「沖縄人は間抜けていない」を読むと佐藤氏のインテリジェンスを疑ってしまう。「沖縄人は間抜けていない」の内容は「琉球新報、沖縄タイムスを正す県民・国民の会」が本土の新聞や週刊誌に意見広告を出したことに対する批判である。

「反知性主義とは、客観性と実証性を軽視もしくは無視して、自分が欲するように世界を理解する立場を言う。そういう人たちに、事実と論理で説得を試みても奏功しない。それは反知性主義者が自らが信じる『真実』に固執し、対話を拒否しているからだ」

ウチナー評論「沖縄人は間抜けていない」

反知性主義については佐藤氏のいう通りである。反知性主義者の代表的な存在が宗教信心者である。神は科学的な存在ではない。神は理屈ではなく無条件に信じるか否かである。神を信じている者には事実と論理で説得することはできない。信神者は自らが信じる『真実』に固執し、対話を拒否する。心神者は反知性主義であるからそのような心神者について述べるのかと思いきや、そうではなく東京の政治エリート(国会議員、官僚)や全国記者、有識者の中に反知性主義者がいると述べている。佐藤氏のいう反知性主義者とは、

「『琉球新報』と「沖縄タイムス」の沖縄二紙が、左翼的な編集部に乗っ取られているので、反基地、反米、反日キャンペーンを展開している。沖縄県民は沖縄二紙に操作され、米海兵隊普天間基地の辺野古移設に反対している。この状態は日本国民のためにならない。沖縄県民は、外交・安全保障に関わる問題は、専管事項であることを認識し、国策に協力すべきだ。沖縄２紙がつぶれるならば、沖縄も正常になる」という反知性主義的発想をしている人々は必ずいる」

ウチナー評論「沖縄人は間抜けていない」

佐藤氏のいう反知性主義者とは沖縄２紙を批判する政治家や官僚、記者、有識者のことである。それはおかしい。沖縄２紙批判をするのは表現の自由であるし、沖縄２紙を読み、矛盾を感じたから批判をしたのである。反知性主義ではなく知性主義だから批判をしたのである。沖縄２紙の記事を完全に信じて、無批判の人の方が反知性主義であるのではないか。

佐藤氏は反知性主義的発想をしている人々が「沖縄２紙の報道を弾劾する」意見広告の掲載に動き始めていると述べ、意見広告を掲載する代表者には、沖縄人を持ってこなくては体裁がつかないから、「沖縄保守のジャンヌダルク」と呼ばれている人が重宝されたと述べている。つまり「正す会」をつくったのは本土の反知性主義者たちであり、「沖縄保守のジャンヌダルク」我那覇真子さんは体裁をつくるためのお飾りであると佐藤氏は断じているのだ。

事実は違う。我那覇真子さんはブログ「狼魔人日記」の管理者江崎孝氏と２年間近くチャンネル桜沖縄支局のキャスターを務めている。江崎さんは「狼魔人日記」で沖縄二紙の嘘を徹底して暴いてきたし、チャンネル桜でも沖縄２紙の記事の嘘を暴いて批判してきた。我那覇さんは江崎さんを師匠と呼び、二人はチャンネル桜で沖縄２紙の批判を続けてきた。「正す会」は二人が発起人であり、二人が居なかったら「正す会」は結成されなかった。

「正す会」の結成大会の時、「正す会」では駄目だ。「糾す会」が正しい表現であるから「糾す会」にするべきだという意見があったが、我那覇真子さんは「糾す会」を読める人は少ないし、意味も理解できない人が居るだろうから、誰でも読める「正す会」にしたことを説明し、「糾す会」に直すことに反対し「正す会」を通している。

「正す会」は佐藤氏のいう本土の反知性者主義者たちがつくったのではな

い。しかし、本土の反知性者主義者たちがつくったと信じている左藤氏は我那覇さんを「どの植民地にも、宗主国の方針に過剰同化する現地人」であると決めつけている。

佐藤氏が沖縄を植民地だと思っていることには驚いてしまう。沖縄は議会制民主主義国家日本の地方自治体であり民主社会である。植民地ではない。佐藤氏のほうが客観性と実証性を軽視もしくは無視する反知性主義者ではないかと疑ってしまう。

意見広告　「このままでいいのか、沖縄の新聞」

沖縄２紙の報道姿勢を正す私たちの活動にご支援をお願いします。

沖縄２紙の報道により、事実を知ることができない沖縄県民

当会は半日左翼的な２紙の報道により歪められた沖縄の言論空間を正常化し、県民世論の健全化を図ることを活動の目的として結成された有志の会です。２紙は中国の脅威についてもいっさい触れません。

長らく２紙を購読していたジャーナリストの櫻井よしこ氏も『沖縄世論』への寄稿で、両紙ともに「歴史問題や軍事問題となると、必ずと言ってよいほど驚くべき偏りに陥る」とし、「事実を伝えない２大紙からの決別こそ必要なのである」と主張しています。

私たちは沖縄に真の言論機関を形成するために立ち上がりました。

日本はひとつです。沖縄県人の皆様の活動へのご支援をお願いします。

「琉球新報、沖縄タイムスを正す県民・国民の会」

「正す会」の広告文である。読んで分かるように「正す会」の目的は沖縄２紙をつぶすことではない。沖縄言論空間を正常にすることである。

ネットでは沖縄２紙以外の全国のマスコミの報道を見ることができる。江崎氏や我那覇さんは個人情報やネットから得た正確な情報を参考にしながら沖縄２紙の隠ぺい報道を糾弾してきた。糾弾しながら二人の沖縄２紙に対する怒りはますます増加していった。なんとしても沖縄２紙への糾弾を強化していきたいと考えていた二人は去年から「正す会」を立ち上げたいと思っていた。しかし、素人の二人は立ち上げることができなかった。「正す会」を立ち上げることができたのは二人の気持ちを理解し、協力する人間が現れたからである。

「正す会」の名誉顧問は元文化大臣の中山成彬氏である。支援者には、元月刊「自由」編集委員会代表の加瀬英明氏、「沖縄の２つの新聞はつぶさないといけない」と発言して、マスコミを賑わした、ベストセラー小説「永遠の０」の作者百田尚樹氏、ユーチューブの有名なコメンテーターＫＡＺＵＹＡ氏、テキサス親父のトニー・マラーノ氏、呉善花、石平、西村幸祐、黄文雄である。佐藤氏は東京の政治エリート(国会議員、官僚)や全国記者、有識者の中の反知性主義者が「正す会」をつくったと述べているが、支援者を見るとその指摘が間違っていることが分かる。沖縄在住の支援者は、上原正稔、伊佐真一郎に私である。私は我那覇さんに「正す会」の支援者になってくれませんかと直接頼まれて承諾した。

佐藤氏は「正す会」に対して、

「沖縄人が、同胞の沖縄の言論、表現、報道の自由を制限する行動を取ることは、実に嘆かわしい。しかし、そういう人は、一定数いるものだ」

と述べて、「正す会」が沖縄の言論、表現、報道の自由を制限するのを目的にしていると主張している。しかし、「正す会」は歪んだ沖縄２紙の報道を批判しているのであって言論、表現、報道の自由を制限しようとはしていない。むしろ解放されることを目指している。「正す会」の意見広告を見れば理解できることである。

もしかすると佐藤氏は「正す会」の意見広告を見ていないかも知れない。佐藤氏は「最近、筆者のところに入ってきた情報によると」と書いている。ウチナー評論「沖縄人は間抜けていない」には「正す会」の意見広告の内容が一言も書かれていない。「もしかすると」ではなく確実に佐藤氏は広告を見ていない。インテリジェンスと鋭い分析を売りにしている左藤氏なのだから、「正す会」を批判するのなら意見広告を読み、分析した上で批判するべきである。ところが佐藤氏は意見広告を読まないで、佐藤氏のところに入ってきた「他人」からの情報だけで批判しているのである。情報は人伝えであるから１００%正確に伝わることはあり得ない。その事実を佐藤氏なら知っているはずである。元分析官なら直接自分で「正す会」の意見広告を見て、宣言文を読み、名誉顧問が中山 成彬氏であり、運営代表委員が我那覇真子さんで

あることを確認し、二人について情報を集めてから「正す会」批判をやるべきである。インテリジェンスを売りにしている左藤氏ならそれが義務である。しかし、「沖縄人は間抜けていない」にはその形跡がない。インテリジェンスのかけらもない批判が佐藤氏の「沖縄人は間抜けていない」である。
　佐藤氏は琉球新報から得た情報だけで書いたのだろう。「正す会」を知らない佐藤氏は間違った「正す会」非難を増長させていく。

『沖縄2紙が偏向している』というプロパガンダを展開する人々の狙いは、中央政府が、沖縄人に死傷者が発生するような事態になっても、辺野古の埋め立てを強行し、新基地が建設されることを望んでいる」
　ウチナー評論「沖縄人は間抜けていない」

「死傷者が発生するような事態」は反対派が違法行為をした上に警察や海保に激しく抵抗したり暴力を奮ったりした時に予期せぬ事故によって発生する可能性はある。反対派が違法行為をしなければ警官や海保はなにもしないから死傷者は出ない。辺野古の埋め立ては普天間飛行場の移設が目的である。佐藤氏は辺野古で死傷者が出る可能性を問題にしているが、普天間飛行場では沖国大にヘリコプターが墜落した過去がある。辺野古埋め立てより普天間飛行場のほうが死傷者が出る可能性は高い。辺野古埋め立てを阻止するということは宜野湾市民の死傷を招くことになる。辺野古飛行場建設反対派は普天間飛行場の危険性をないがしろにしている連中である。佐藤氏も宜野湾市民の死傷には平気な人間の一人である。

「辺野古新基地建設に反対する運動、沖縄独立運動、沖縄の自己決定権回復運動など、自分たちに耳障りな運動は、すべて中国の工作活動のように映る。そして、沖縄では中国のスパイが活動し、政治、経済、メディアの全域を支配しつつある」という妄想に取り憑かれると、外部が理性と事実に基づく説得をしても聞きいれない」
　ウチナー評論「沖縄人は間抜けていない」

「正す会」は沖縄2紙が偏った報道をすることを批判し、沖縄の言論空間を正常化するのを目的に立ち上がったのである。報道の在り方を問題にしているのであって革新や左翼の運動が中国の工作活動であると主張しているのではない。つまり「正す会」は政治ではなく報道を問題にしている。

「正す会」の正しい情報を持っていない佐藤氏は、「正す会」は中国のスパイが活動し、政治、経済、メディアの全域を支配しつつあるという妄想に取り憑かれている反知性主義者たちが我那覇さんを利用してつくった組織であると決めつけている。それこそが佐藤氏の妄想である。
　妄想の世界におちこんだ佐藤氏は我那覇さんをひどく侮辱する。

「沖縄では、ほとんど発信力も影響力も持たない人であっても、沖縄人であること、場合によっては婚姻で沖縄人の姓を持つことによって、「マスコミでは報道されない真実の声」を代表する者として、政治的に消費されていく」
　ウチナー評論「沖縄人は間抜けていない」

この文章は左藤氏が我那覇真子さんについて全然知らないことを明らかにしている。我喜屋真子さんがもしかすると本土の女性であり、沖縄の我喜屋という男性と結婚して我喜屋姓になった可能性も考慮して、「婚姻で沖縄人の姓を持つことによって」と書いたのである。我那覇さんは自分が名護市出身であることをよく言う。グーグルで調べれば我那覇さんの年齢や出身地はすぐ分かる。佐藤氏は我那覇さんのことを調べることもしないで書いたのである。そして、我那覇さんは発信力も影響力もない女性であり、「正す会」の代表にさせられ政治的に消費されていく人間であると佐藤氏は書いたのである。我那覇さんへのこれ以上ない侮辱である。佐藤優は物を書く人間として最低の人間である。

「東京の一部政治エリートが画策する『沖縄人に沖縄を対立させる』という分断政治に乗せられるほど、われわれ沖縄人は間抜けていない」
　ウチナー評論「沖縄人は間抜けていない」

佐藤氏のウチナー評論にいつも登場するのが東京の政治エリート(国会議員、官僚)である。東京の一部政治エリートが画策して沖縄差別、沖縄分断をしていると言うのが佐藤氏の定説である。そして、沖縄は辺野古移設反対でひとつであるという佐藤氏はいう。
　県知事選で辺野古移設反対の翁長知事が１０万票差をつけて勝ったが、仲井真氏も得票したのである。翁長知事は３６万票　５１．７％、仲井眞氏は２６万票　３７．３％である。沖縄の人口は１４０万人であるから、比率で考えると佐藤氏のいう沖縄人は７２万人であり、佐藤氏のいう沖縄人以外の沖縄人は52万人である。政治エリートが画策しなくても辺野古移設問題では移設反対72万人と移設賛成52万人が対立している。

東京の一部政治エリートが画策して『沖縄人に沖縄を対立させる』というのは嘘である。佐藤氏のいう「われわれ沖縄人」とは辺野古移設反対派の沖縄の一部の県民である。一部の県民を「われわれ沖縄人」と呼んで沖縄全県民であるように見せているのが佐藤氏である。

佐藤氏は沖縄人ではない。沖縄人ではない佐藤氏が「われわれ沖縄人は間抜けていない」と述べている。苦笑してしまう。

「物呉ゆすどぅ我が御主」の佐藤優

沖縄には「命どぅ宝」と並んで有名な格言がある。「物呉ゆすどぅ我が御主(むぬくゆすどぅ　わがうすう)」である。直訳すると「物をくれるのが私のご主人」である。ただ、単純に物をあげるというのではなく雇ったり、生活手段を提供するのを「物呉ゆすどぅ」と言ったのだろう。生活手段を与えてくれるのが私のご主人ということだ。琉球王国時代の搾取され貧困だった農民のことわざである。「命どぅ宝」は反戦平和の格言として有名になったが、「物食ゆすどぅ我が御主」は聞かなくなった。高校生の頃、私はこの二つの格言が嫌いだった。

高校生の時、世界史でフランス革命のように自由、権利を求めて人々が闘ったことを習った。日本でも四民平等の新しい国をつくるために坂本龍馬たちは命を懸けて戦った。死を恐れぬ人たちが支配者と戦ったから人間の自由を勝ちとったのである。もし、「命どぅ宝」といって支配者と戦わないで「物食ゆすどぅ我が御主」と支配者のいいなりになっていたら自由な社会を築くことはできない。だから、沖縄の二つの格言が嫌いだった。奴隷精神の格言にしか私には思えなかったし、沖縄の二大格言とは信じたくなかった。

琉球大学に入学すると図書館で「命どぅ宝」と「物食ゆすどぅ我が御主」について調べた。教師の説明とは違う、もっと深い意味があることを期待したからだ。しかし、教師の説明と同じだった。二つの格言は極貧の農民から生まれた格言であった。沖縄は台風や干ばつの被害が多く、ソテツ地獄と呼ばれる餓死者がでるような事態が毎年のようにやってきた。生きることさえ困難な生活の中から「命どぅ宝」と「物食ゆすどぅ我が御主」は生まれたことを知った。

沖縄は小さい島で、土は養分の少ない赤土である。農業に向いていない。毎年暴風がやってくる。暴風がやってこないと干ばつになる。私はことわざを調べて沖縄が非常に貧しい島であったことを痛感した。「命どぅ宝」と「物食ゆすどぅ我が御主」は嫌いなことわざではあるが、このことわざの重さを感じざるをえなかった。

「物食ゆすどぅ我が御主」は琉球王朝時代の古いことわざであり現在の議会制民主主義社会では通用しないことわざである。民主主義では人間は平等であり人権は尊重されているからだ。労働者は奴隷ではない。しかし、「物食ゆすどぅ我が御主」の精神の人間がいないわけではない。沖縄アニミズムの信奉者であり、琉球王朝のような琉球独立を主張している佐藤優氏は「物食ゆすどぅ我が御主」の精神の人間である。

佐藤氏は琉球新報に毎週土曜日に「ウチナー評論」を掲載しているが、今では佐藤氏にとって琉球新報は御主人様である。御主人様の命令にはなんでも従うのが「物食ゆすどぅ我が御主」精神の佐藤氏である

ウチナー評論「沖縄人は間抜けていない」がその証拠である。佐藤氏は「正す会」について知らなかった。我那覇真子さんも知らなかった。それなのに「正す会」を批判するコラムを書いたのである。なぜ書いたか。御主人である琉球新報に「正す会」批判を書くように頼まれたからである。すると佐藤氏は「正す会」について知らないのに琉球新報好みの内容の「沖縄人は間抜けていない」を書いたのである。

現代の「物食ゆすどぅ我が御主」版が琉球新報と佐藤優氏の関係である。佐藤優氏は沖縄地方紙のプロパガンダになり下がったのである。

五　事実を隠蔽する最低ジャーナリスト
金平茂紀

金平茂紀氏は全国放送をしているＴＢＳのキャスターである。２００４年にはボーン・上田記念国際記者賞を受賞している。根っからの報道記者である。報道記者であるなら事実を基本にして記事を書く。当然のことである。

金平茂紀氏がテレビで話したり、新聞等に記事を載せれば事実を報道していると人々は思う。金平氏は報道の役割について次のように述べている。

テレビ報道という僕らの仕事は「発生モノ」と言われる目前で新しく起きた出来事に関心を奪われがちだ。「ニュース」という言葉の原義は「新しいこと」である。ただ、報道の役割はそうした目先のことだけで終わるものではない。また、そうであってはならない。長い時間を費やしてようやく理解できること、数カ月、数年、数十年の取材の結果分かることというものがある。そして、人間の歴史というものを考えてみると、むしろ、長期的取材の成果がより重要な意味を帯びてくることがある。

「金平茂紀の新・ワジワジー通信」（３）

金平氏は目先の報道だけに終わらないで、長い時間で事実を積み重ね、長期的取材の成果がより重要な意味を帯びてくると述べている。それが金平氏にとって「沖縄の現実」である。

報道記者として素晴らしい考えの持主である。「沖縄の現実」に深い関心を持っている金平氏はキャンプシュワブのゲートで警備員に逮捕された平和運動センターの山城博治議長について「新・ワジワジー通信」で取り上げている。

辺野古に米軍の新基地を造ることに反対の声が多くあり、その反対運動の一翼を担っていた沖縄平和運動センター議長の山城博治さんが、２月２２日に米軍キャンプ・シュワブのゲート前で、米軍警備員によって身柄を拘束され、その後、沖縄県警に身柄を引き渡され逮捕された。約３２時間後に山城さんは釈放されたが、米軍直属の警備員による行動は、常軌を逸した形だった。山城さんは、抗議行動をしていたメンバーらにイエローラインの内側に入らないように自制を呼びかけていたところ、警備員がやってきていきなり山城さんを後ろから押し倒し、その後両足を持ち上げて体を引きずって（まるで重いごみ袋を引きずるようなモノ扱いにして）身柄を拘引（けんいん）し、続いて米海兵隊兵士が金属製の手錠を後ろ手にかけて、基地内敷地にしばらく放置した。

「金平茂紀の新・ワジワジー通信」（３）

ワジワジー通信には警備員に足を引っ張られる平和運動センターの山城博治議長の写真も掲載している。

金平氏によると本紙北部支社の浦崎直己記者が山城さんが逮捕される様子を一部始終目撃していたという。浦崎記者は携行していたデジカメで何枚かのシーンを撮影した。その時に奇異なことに、山城さんが拘束された瞬間、現場には、米軍当局、沖縄県警がビデオカメラ数台で（確認できるだけで４台いた）拘束の模様を撮影していた。撮影用のバーまで用意して高い視点からの俯瞰（ふかん）映像を撮る念の入れようで、まるでドキュメンタリー映画か何かを撮るような体制が組まれていたと金平氏は述べ、民間のテレビ局は１局もその場にいなかったという。

金平氏は山城議長が拘束されたユーチューブの映像を見ている。金平氏が見たユーチューブの映像を写真と文字で再現してみる。

イエローラインに山城議長一人が立っている。周囲にデモ参加者は一人も居ない。離れた場所に三人の警官が立っている。山城議長と警官の四人は同じ青色のカッパをつけている。

山城議長がゲート内に居る警備員を見つめながらゆっくりとイエローラインを越えて、立ち入り禁止区域に入って行く。一度立ち留まる。それから数歩進む。手を振りあげて警備員に「来い」というゼスチャーをして警備員を挑発する。警備員が近寄ると後ずさりしてイエローラインの外に出る。

同じ様子を別のカメラで放映する。三人の警備員が近寄ると山城議長の傍にデモ隊の一人が走ってくる。次々とデモ隊のメンバーがやって来る。山城議長がスピーカーを持ってイエローラインを越える。警備員が山城議長に近寄ると10人近くのデモ隊がイエローラインを越えて山城議長の周囲に集まる。

デモ隊と警備員の小競り合い。小競り合いはイエローラインの立ち入り区域内で続く。デモ隊の数人は警備員に突っかかる。警備員が引いて小競り合いがおさまるが大柄な男が前に出て警備員に文句を言う。

デモ隊の一部が警備員に突っかかる。警備員も対応する。警備員を抑える冷静な警備員。

山城議長がデモ隊の前に出て、感情的になっているデモ隊に冷静になるようスピーカーで話す。警備員が山城議長を捕まえようとするがデモ隊の抵抗で失敗する。

感情的になったデモ隊は警備員を指でさして罵倒する。山城議長が出てきて冷静になるよう説得する。デモ隊に後ろに下がるように指示する。しかし、デモ隊も山城議長もイエローラインの中にいる。デモ隊が後ろに下がった瞬間に警備員は山城議長を捕まえる。

10人以上の警官が出てきてデモ隊を抑える。

最後に沖縄タイムスと琉球新報の記者がイエローラインの中に入っている写真。

「報道のためとはいえ法を犯していいのだろうか」

映像終わり

ユーチューブの映像を見れば山城議長がイエローラインを越えて、警備員をからかっていることがはっきり分かる。ところが金平氏は「山城さんは、抗議行動をしていたメンバーらにイエローラインの内側に入らないように自制を呼びかけていたところ、警備員がやってきていきなり山城さんを後ろから押し倒し」と書いている。メンバーは抗議行動をしていたのではない。警備員が山城議長の前に来たので山城議長を警備員から守るためにやってきたのである。映像を見れば一目瞭然である。

ところが金平氏は映像を見た後も文章を訂正していない。山城議長は「イエローラインの内側に入らないように自制を呼びかけて」いるのではなく、警備員に激しくつっかかろうとするメンバーに冷静になれと注意したのだ。山城議長もメンバーもその時はイエローラインの中に居たのである。金平氏は山城議長がイエローラインの中に居なかったように書いているが、映像を見ればイエローラインの中に居たのは明らかである。金平氏は山城議長がイエローラインの中に居たのを映像で確実に見たのである。映像を見たのなら山城議長がイエローラインの中に居たことを書かなければならない。それが事実を伝える報道人のやることである。しかし、金平氏は書かなかった。書かないで事実を隠蔽した。映像を見た上で事実を隠蔽したことが分かるのが次の文章である。

後日、米軍のカメラで撮られた映像が外部に流出した。いや、この表現は不正確なので言い直せば、(この原稿の校正段階で発覚した事実だが)米海兵隊政務外交部次長ロバート・エルドリッジ氏が利害関係を同じくする第三者に映像を提供し、それがネット上にアップされた。その動画は、念入りに編集されたもので、ある意図を感じさせる代物だ。エルドリッジ氏は流出の責任を問われ、事実上解任された。

「金平茂紀の新・ワジワジー通信」(3)

ひどい隠蔽である。「その動画は、念入りに編集されたもので」はその通りである。「ある意図を感じさせる代物だ」の意図とは山城議長がイエローラインの中に入ったことを強調したものであった。ところが金平氏は「ある意図」を説明しないで、まるで山城議長を貶めるために念入りに編集したというイメージを与えている。

金平氏のいう「長期的取材の成果がより重要な意味を帯びてくることがある」というのは映像から知るまぎれもない事実を隠して山城議長が不当逮捕されたと書くことなのか。金平氏は長期的取材による嘘の報道が沖縄のためになるというのか。報道で一番大切なことは事実を伝えることである。事実を隠蔽した報道は報道ではない。事実を報道しない金平氏は報道人として失格である。

エルドリッジ氏が解任されたのは事実である。軍の映像を許可なしに流出したのだから処罰を受けるのは当然である。ただ、エルドリッジ氏が映像を提供した原因は報道の虚実を暴くためであった。

マスコミは山城議長はイエローラインの中に入っていないのに逮捕されたと報道した。山城議長もイエローラインに入らなかったと主張した。そうであれば警備員が違法行為をしたことになる。米軍が違法行為をしたとの報道に米軍人としてのプライドが高かったエルドリッジ氏は県民に事実を知ってもらうために映像をボギー手登根さんに渡したのである。

ユーチューブで映像が流され、山城議長がイエローラインに入っていたことが明らかになった。山城議長がイエローライン内に入ったのはまぎれもない事実である。

金平氏はエルドリッジ氏が責任を問われ、解任されたことを述べているが、一番肝心な映像の内容には一言も触れていない。それどころかエルドリッジ氏の悪印象つくりに走っている。

この出来事の前にとびきりの常軌を逸した出来事があった。件(くだん)のエルドリッジ氏が、日本の良識ある英字新聞のひとつジャパンタイムズが「ファーライト(極右)・チャンネル」と表現する某インターネットＴＶに出演し、辺野古の基地反対の声を「ヘイトスピーチ」と同一視する発言をした。その昔、エルドリッジ氏は、大阪大学で日米関係論を学ぶ学者の卵だった。当時の彼のことを「日本のことをよく理解してくれるアメリカ人が生まれた」などと褒めそやす学者もいた。日本語を流ちょうに話し、一見人当たりのソフトな物腰の故だったからか。「ファーライト・チャンネル」に出演したことで、「彼の化けの皮がはがれた」とは、沖縄在住の政治学者ダグラス・ラミス氏の言葉である。

金平茂紀の新・ワジワジー通信(3)

問題は山城議長がイエローラインの中に入ったかどうかである。エルドリッジ氏が「辺野古の基地反対の声を「ヘイトスピーチ」と同一視する発言をした」としても「ファーライト(極右)・チャンネル」に出演したとしても山城議長の映像とは関係がない。山城議長がイエローラインを越えたか越えなかったはエルドリッジ氏が右翼であるか左翼であるかという思想問題とは別である。問題は映像になにが映っていたかということである。映像は嘘をつかない。

ところが金平氏は映像の内容については述べないでエルドリッジ氏の過去のことを述べて、あたかもエルドリッジ氏が流出した映像に細工をして、映像としての価値がないようなイメージを与えている。

なぜ、これほどまでに金平氏は事実を隠蔽するのか、それは次の文章で理解できる。

山城さん拘束という事態が生じた日、ＮＨＫは全国ニュースとしてこの出来事をまったく報じなかった。ＮＨＫ沖縄は、ローカルニュースとしてこの出来事を報じたが、それは大規模な基地反対集会が開かれたというニュースの最後に、付け足しのように10秒ほどで伝えただけだった。「植民地の傀儡（かいらい）放送局のようだ」と僕の友人は言い捨てた。

「金平茂紀の新・ワジワジー通信」（3）

金平氏は沖縄は米軍の植民地であるという思いが強い。基地反対集会は反植民地運動であり正義の闘いである。平和運動センター山城議長は正義の闘いの先頭に立っているのだ。金平氏がそのように思うのは自由である。報道人でも思想・信条は自由である。

基地反対の情熱が強い山城議長がイエローラインを越えることはあり得ることである。イエローラインを越えたために警備員に逮捕されたことが山城議長の名誉を傷つけることにはならない。むしろ、基地反対の情熱が強いことをアピールすることができて、基地反対を主張している人たちへの高揚効果がある。逮捕されたことは不名誉なことではない。それなのになぜイエローラインを越えていなかったと報道したのか。山城議長もイエローラインを越えなかったと主張したのか。

なぜ、堂々とイエローラインを越えたことを発表しないのか。山城議長がイエローラインを越えたことは大した問題ではない。逮捕されたのも大した問題ではない。重要な問題は沖縄二紙や本土新聞や山城議長が事実を隠蔽したことである。

金平氏は、「特にこの1、2カ月の間に沖縄の名護市辺野古周辺で起きていることは、率直に記せば、常軌を逸している」と述べている。そして、「常軌を逸しているにもかかわらず、メディアの多くが（それは地元の一部テレビ局をも含む）、それをなかったことのように振る舞っている」と述べている。

ユーチューブの映像を見れば、「常軌を逸している」のは山城議長の行動であることが分かる。常軌を逸していたがゆえに山城議長は警備員に逮捕された。ところが金平氏もメディアも「それをなかったことのように振る舞っている」のである。

沖縄の深刻な問題はこのように事実を隠蔽した報道をすることである。

金平氏は事実を巧妙に隠蔽する報道人としては一流である。

六　嘘と隠蔽のジャーナリスト金平茂紀

金平茂紀氏の新・ワジワジー通信が始まった。最初のコラムは「沖縄の現実こそ非人道　ケネディ大使に正義期待」という題名である。

「沖縄の現実こそ非人道　ケネディ大使に正義期待」の題名には嘘臭さがある。金平氏は「ケネディ大使に正義期待」と書いているが本気でケネディ大使に正義を期待しているのだろうか。どうもうさんくさい。

情報が豊富なジャーナリストであればケネディ大使がどのような人生を送り、政治についてどのくらい精通しているかを知っているはずである。ケネディ大使に正義を期待するということはケネディ大使の政治的実力に期待するということになる。本当にケネディ大使に政治的な実力があるだろうか。

ケネディ大使は政治家ではない。外交の専門家でもない。政治や外交に素人である。素人であるケネディ大使にベテランジャーナリストが期待するなんておかしい。

拝啓

多くの敬愛を集めてやまないキャロライン・ブービエ・ケネディ米国駐日大使閣下。大使としてご就任以来のめざましいご活躍ぶりを拝見している日本人の一人として、ここに新年の無事到来のお喜びを申し上げるとともに、失礼ながら是非とも申し上げたいことがございまして筆をとらせていただきます。

「新・ワジワジー通信」

沖縄タイムスに掲載した新・ワジワジー通信」を日本語を読めないであろうケネディ大使が読むだろうか。ケネディ大使に申し上げたいのなら、直接ケネダィ大使に送ればいい。これはケネダィ大使に申し上げる風を装って沖縄県民に向けた文章である。

私は日本のジャーナリズムの世界でたかだか30数年仕事をしてきた者の一人にすぎません。長年取材をしてきたなかの重要テーマのひとつに、沖縄にある貴国の軍事基地をめぐる諸問題があります。長きにわたる日米関係の歴史のなかで、私たち日本国民は、多くの価値を貴国の人々と共有するに至りました。なかでも民主主義の実現を保障する諸価値（言論、出版、報道、表現の自由）や、少数者、弱者の人権が保護されなければならないこと、差別をなくしていくことの必然性は、私たち日本の国民も、大いに貴国の建国の歴史から学ばせていただきました。独立戦争は、貴女の祖先たちが、イギリス本国の植民地主義から自由を求めて展開した偉大な闘いでした。正義が遂行されなければならない。人々はそのように考え闘いに加わったのでしょう。

「新・ワジワジー通信」

褒めあげてから落とす。それが見え見えの書き出しである。

２０１３年の映画『ザ・バトラー』（邦題は『大統領の執事の涙』）はご覧になったでしょうか。日本でも公開されて評判を呼びました。１９５２年から８６年まで８代の大統領に仕えたホワイトハウスの黒人執事のストーリーです。貴女のお父上も勿論（もちろん）登場します。まだ幼かった頃のあなたも映画のなかで描かれていましたね。貴女のお父上＝J・F・ケネディ大統領の正義を求めて差別を憎む姿（公民権運動への深い共感など）に日本の観客たちも心を動かされました。ですから、私たちは２０１４年に貴国のミシシッピ州ファーガソンで起きた出来事を着目していました。貴国において正義はどのように遂行されるのかと。

「新・ワジワジー通信」

正義を求めて差別を憎むのは米国の歴代大統領の姿勢であり、ケネディ大統領もその一人でしかない。他の大統領と違わない姿勢なのにあたかもケネデイ大統領だけが差別を憎んだ大統領であるように書いている。それは次の文章に展開するためである。

それにしても沖縄で現在起きていることを考える時、（沖縄の言葉では「ワジワジー」というのですが）、不正義が放置されていることに怒りと悲しみがあふれるのを禁じ得ません。沖縄の人々の民意が踏みにじられる根拠に貴国の軍事基地がなっているという冷徹な現実を看過するわけにはいきません。去年の２月に沖縄を訪れた貴女は、公式予定にはなかった稲嶺進・名護市長との会談を行いました。私はその場で取材をしていたのですが本当に驚きました。圧倒的多数で新しく選ばれた翁長雄志県知事があいさつのために上京した際、首相官邸が足を踏み入れさせなかった対応とは全く対照的です。わずか1年前に、官邸をあげてあの仲井真弘多・前知事を歓待した政府がやったことがこれです。

「新・ワジワジー通信」

金平氏は沖縄の不正義しかもそれが米国のせいであるということを書くために、ケネディ大使の父親ケネディ大統領の正義を書いたのである。

ケネディ大統領と沖縄の関係は深い。金平氏のいううわべの軽い正義不正義のこととはかなりかけ離れた、東西対立という深刻な政治問題でケネディ大統領と沖縄の関係は深い。

ソ連がキューバに核ミサイルを設置しようした時、ケネディ大統領はソ連との核戦争も辞さない強い態度でソ連と対峙した。戦後の歴史で最初に起こった核戦争の危機であった。それをキューバ危機という。

ケネディ大統領は核戦争が起こった時の被害者の数を試算させ、３０万人の犠牲者が出ることを認識した上で、ソ連とは戦争を辞さない強い態度で臨んだ。キューバ危機はそれほどに緊迫した状態だった。ケネディ大統領の強い態度にソ連のフルシチョフ首相はキューバからミサイルを引き上げた。だから核戦争は回避された。

キューバ危機に懲りたケネディ大統領は大国同士が直接対立するのを避けるために、米国圏と社会主義圏の前線で対立し社会主義圏の拡大を抑止する戦略に転じた。そのために局地戦争が繰り広げられた。

ベトナム戦争はケネディ大統領の局地戦争戦略によって起こった戦争である。ケネディ大統領は社会主義圏の拡大をベトナムで食い止めるためにベトナム戦争に米軍を投入したのだ。ベトナム戦争の根拠地が沖縄である。

嘉手納飛行場からB５２重爆撃機がベトナムに飛び立ち、米兵は沖縄を中継してベトナムに移動し、そして戦い、休暇を沖縄で過ごした。

ケネディ大統領が核戦争を避けるために局地戦争に戦略を転換したことは有名な話である。ジャーナリストでもない私が知っているのだからベテランの金平氏が知らないはずはない。

ケネディ大使に沖縄について語るならば父親のケネディ大統領と沖縄の米軍基地との関係を語るのは外すことはできない歴史的な事実である。ところが金平氏は肝心な事実を外したのである。

正義を求めて差別を憎むのはケネディ大統領に限ったことではないのにケネディ大統領だけを取り上げ、ケネディ大統領の「正義」を持ち上げた。一方、政治的には非常に重要なケネディ大統領が行った局地戦略を隠蔽した。

なぜ金平氏は局地戦略によるベトナム戦争を隠蔽したか。隠蔽しないとケネディ大統領を「正義」で持ち上げることができないからである。持ち上げないと沖縄の不正義で米国を落とすことができないからである。金平氏は沖縄の不正義が米国のせいであることをタイムス読者に強調するために、ケネディ大統領の「正義」を持ち上げたのだ。金平氏が展開している沖縄の不正義の論は嘘である。隠蔽した後に嘘をつく。それが金平氏の得意とする論法のようだ。

金平氏は沖縄には不正義があり、その不正義が放置されているという。金平氏は不正義が放置されていることに怒りと悲しみがあふれてくるという。

金平氏のいう不正義とは米国の軍事基地が沖縄にあること、それに翁長知事に安倍首相や閣僚が会わなかったことだという。それくらいのことで金平氏は「悲しみ」があふれるという。61歳にもなるというのにだ。考えられないことである。もしかすると年を取り涙もろくなったのであろうかと言いたいが、そういうことは考えられない。多分、嘘泣きだろう。

沖縄の米軍基地は沖縄・日本への社会主義圏による侵略を抑止している。それに韓国、台湾をはじめアジアの民主主義国家の平和を守っている。なぜ米軍基地があるだけで怒ったり悲しんだりするのだろうか。理解できない。

金平氏は隠蔽ジャーナリストである。

真実1・辺野古崎は元々キャンプシュワブの一部であり軍用地である。辺野古飛行場を建設するのに新たに軍用地を接収する必要はない。普天間飛行場が返還されれば軍用地が減ることになる。

真実2・本土に普天間飛行場を移転するには新しく軍用地を接収しなければならない。新たに軍用地を獲得することは沖縄でも本土でも非常に困難である。だから政府は本土移設を断念した。

真実3・地元の辺野古区民は辺野古移設を容認している。

真実4・辺野古海岸のテントは公共の場所に建てていて違法行為である。辺野古区民の散歩道であり、辺野古の老人たちの散歩する楽しみを奪っている。辺野古民は多数決でテント村を撤去してくれるように稲嶺名護市長に要請したが、稲嶺市長は表現の自由を理由に辺野古民の要求を蹴った。稲嶺市長は民主主義に反したことを平気でやっている。

問題の本質は、普天間基地の辺野古移設は間違った選択ではなく、普天間飛行場の移設は辺野古しかないということである。そのことを認識することができない金平氏は間違った判断をしている。

「新たに巨大基地を建設する計画が持ち上がったならば、貴国の住民たちはどのような意思表示をするでしょうか」と金平氏は問いかけているが、軍用地内に飛行場を立てるのである。それに世界一危険だといわれる普天間飛行場の移設である。自由と民主主義を守るのが米軍であることを理解している米国民であるなら辺野古移設を理解するだろう。しかも埋立地はできるだけ少なくし、大浦湾も辺野古の海も汚染しないのだから米国民なら喜んで賛成するだろう。

沖縄の人々は最近いくつもの選挙を通じて民意を示しました。名護市長選挙、名護市議会議員選挙に続き、沖縄県知事選挙では現職の仲井真氏を退け、辺野古移設反対を明確に公約に掲げた翁長氏を新しい知事に選びました。さらに年末の衆議院議員選挙（貴国の下院選挙にあたります）でも、辺野古移設反対を掲げた議員が全員、移設推進の候補者たちを打ち負かしました。もちろん、このような事実は貴女もご存じでしょう。

「新・ワジワジー通信」

米軍は米国だけでなく世界の自由と民主主義を守るために存在していると信じている米国民は米軍に対する信頼が厚い。米国には共産党や社民党のように米国民が嫌っている社会主義政党はない。米国民は社会主義から日本・沖縄を守るのは米軍の使命だと思っているから、辺野古移設に反対している政治家が共産党や社民党など社会主義寄りであることを知れば、辺野古移設反対派が当選したのは大きなミステイクだと思うだろう。

米国には沖縄二紙のように保守主義を毛嫌いし米軍を否定する報道機関はない。米国民が社会主義思想家の稲嶺名護市長や共産党の赤嶺衆院議員氏を当選させることはない。普天間飛行場の辺野古移設に反対し共産党と握手した翁長知事を当選させることもあり得ないことだ。

最近のいくつもの選挙での沖縄二紙の報道の実態を米国民が知ったら沖

縄二紙を共産主義新聞のようだと思い、沖縄二紙の隠蔽報道に怒るだろう。
最近の選挙すべてが無効であり、すべての真実を県民に知らせた上で選挙をやり直せと米国民は主張するに違いない。

貴女はツイッターによる情報発信を積極的に行っておられますが、それを読んでとても励まされた沖縄の人々も多いでしょう。貴女は、お父上の信念を引き継ぎ、差別を憎み正義の遂行を望んでおられる、と。ですから、マーチン・ルーサー・キング牧師を称賛され、日本国憲法に女性の権利条項を書きこんだベアテ・シロタ・ゴードンさんの名前を記されている。貴女はさらに、日本の一部地域で行われているイルカの追い込み漁に反対する立場も勇気をもって示されました。そこに書かれていた「非人道性」（ｉｎｈｕｍａｎｅｎｅｓｓ）という評価は、イルカに対してばかりか、辺野古の海に生息するジュゴンに対してもあてはまりませんか。いや、沖縄の人々の民意が本土政府から無視され続け、日本における貴国の軍事基地の７４％がわずか０・６％の国土を占める沖縄に集中している現実に対してこそ、「非人道性」という言葉が使われるべきなのではないでしょうか。

「新・ワジワジー通信」

金平氏はケネディ大使を褒めているように見えながら本音ではケネディ大使を小馬鹿にしている。

「貴女は、お父上の信念を引き継ぎ」と言いながら、ケネディ大統領がソ連と対峙し、局地戦争に取り組んだことを隠蔽し、差別や自然保護のことだけを述べている。ケネディ大使はその程度の政治家だと決めつけているのだ。
そして、沖縄の米軍基地は２３％であるのに７４％であるとケネディ大使を騙し、ジュゴンは辺野古の海には棲んでいないのに棲んでいるように嘘をつき、辺野古埋め立てがジュゴンに被害を及ぼすなどとケネディ大使を騙すのである。金平氏にはケネディ大使は簡単に騙すことができると思っているし、騙してやろうという魂胆が見え見えである。
ジュゴンの棲息に辺野古埋め立ては全然影響しない。ジョゴンは辺野古埋め立てを始めてもいないのに三頭しか生存していない。ジュゴンの減少の原因は米軍基地ではなく沖縄の人口増加、都市化、自然減少などが影響しているる。辺野古基地建設とジュゴン絶滅が関係あるというのは嘘である。

全米有色人種地位向上協会（ＮＡＡＣＰ）の理事も歴任され、性的マイノリティー（ＬＧＢＴ）の人権を守るパレードに激励の声を送った貴女であればこそ、正義が遂行されるよう、影響力を行使されることを願ってやみません。沖縄の人々はじっと凝視し続けています。貴女が沖縄で交流した高校生たちの世代も含めてです。

「新・ワジワジー通信」

沖縄に人権問題はない。強いて言えば、復帰前、沖縄人が政権を握っていた頃は沖縄人による奄美人差別、韓国人、フィリピン人、台湾人差別があった。生活保護の場合、支給費はフィリピン人とのハーフは白人とのハーフの半分以下だったらしい。奄美大島が祖国復帰したら沖縄の公務の場からすべての奄美人を排除したということも歴史的事実である。
金平氏はケネディ大使が正義を遂行し影響力を行使するのを沖縄の人々はじっと凝視しているというが、ケネディ大使の行動は沖縄ではほとんど報道されない。沖縄の人々がケネディ大使の行動を凝視し続けることはできない。凝視しようにもできない。金平氏は嘘をついている。

今年２０１５年は貴国が沖縄に軍事基地を造り上げてから７０周年の意味深い年であります。日米の真の交流が促進されます年になりますように。ますますのご活躍をお祈り申し上げます。末尾になりますが、私はニール・ダイアモンドの曲『スイート・キャロライン』を青春時代に聴いて育った世代です。

「新・ワジワジー通信」

ケネディ大使に向けたコラムであるような書き方であるが、本当は県内のタイムス読者に向けたコラムである。
依頼者は沖縄タイムスだから、当然沖縄タイムスの意に沿った内容にしている。タイムスが書いてほしいことを書き、書いてほしくないことは書かない。そして、読者にはなるほどと納得させる内容にする。沖縄タイムスの要望に応えるためには多くの事実を隠ぺいし、多くの嘘をつくことになる。それができるから、金平氏は一流のプロのジャーナリストなのかも知れない。

七 百田問題

琉球新報・検証 基地をめぐる「誤解」批判

沖縄二紙は「百田氏発言をめぐる琉球新報・沖縄タイムス共同声明」を発表した。琉球新報は共同声明に加えて「検証 在沖米軍 基地をめぐる『誤解』」と「検証・百田氏発言」を発表した、WEB版のトップに2015年6月26日 から8月7日まで掲載した。

百田氏発言をめぐる琉球新報・沖縄タイムス共同抗議声明

百田尚樹氏の「沖縄の2つの新聞はつぶさないといけない」という発言は、政権の意に沿わない報道は許さないという"言論弾圧"の発想そのものであり、民主主義の根幹である表現の自由、報道の自由を否定する暴論にほかならない。

百田氏の発言は自由だが、政権与党である自民党の国会議員が党本部で開いた会合の席上であり、むしろ出席した議員側が沖縄の地元紙への批判を展開し、百田氏の発言を引き出している。その経緯も含め、看過できるものではない。

さらに「(米軍普天間飛行場は)もともと田んぼの中にあった。基地の周りに行けば商売になるということで人が住みだした」とも述べた。戦前の宜野湾村役場は現在の滑走路近くにあり、琉球王国以来、地域の中心地だった。沖縄の基地問題をめぐる最たる誤解が自民党内で振りまかれたことは重大だ。その訂正も求めたい。

戦後、沖縄の新聞は戦争に加担した新聞人の反省から出発した。戦争につながるような報道は二度としないという考えが、報道姿勢のベースにある。

政府に批判的な報道は、権力監視の役割を担うメディアにとって当然であり、批判的な報道ができる社会こそが健全だと考える。にもかかわらず、批判的だからつぶすべきだ―という短絡的な発想は極めて危険であり、沖縄の2つの新聞に限らず、いずれ全国のマスコミに向けられる恐れのある危険きわまりないものだと思う。沖縄タイムス・琉球新報は、今後も言論の自由、表現の自由を弾圧するかのような動きには断固として反対する。

琉球新報編集局長・潮平芳和
沖縄タイムス編集局長・武富和彦

琉球新報の「検証・在沖米軍基地をめぐる『誤解』」を批判する

1、検証 基地をめぐる「誤解」:専用施設が74%

在日米軍基地に占める在沖米軍基地の面積の割合について、インターネット上では「74%が沖縄に集中しているとの説明はデマだ。実際には23%に過ぎない」などといった情報を目にすることがある。米軍のみが使用する専用施設で比較すると、沖縄には全国の74%が集中している。一方、県外には自衛隊の駐屯地を米軍が共同で使用している施設があり、それを含めると、沖縄の米軍基地は全国の23%ということになる。

前出のネット上の書き込みには、沖縄に米軍基地が集中しているわけではない、との主張が含まれているとみられるが、沖縄の米軍専用とは使用頻度など実態の異なる自衛隊施設を総計に加えて沖縄の現況を過小に評価したもので、実態を表した統計とは言い難い。施設の運用実態や米軍の兵員数などを比較すると沖縄の基地負担が全国で最も過重であることは明らかだ。

例えば、自衛隊東千歳駐屯地(北海道)や仙台駐屯地(宮城県仙台市)、朝霞駐屯地(東京都)などは共同使用施設の位置付けだが、実態は自衛隊基地であり、騒音や事故に対しても基本的には国内法が適用されている。米軍専用施設が日米地位協定に基づき、米軍への配慮が尽くされた形で運用されているのとは比べようもない。

「検証 基地をめぐる「誤解」:専用施設が74%」

嘘をホローするために新たな嘘をつく。それが沖縄二紙である。新報は「沖縄の米軍専用とは使用頻度など実態の異なる自衛隊施設を総計に加えて沖縄の現況を過小に評価したもので、実態を表した統計とは言い難い」と弁解しているが、それは嘘である。本土の米軍基地を検証すれば新報の嘘がわかる。

○北海道の米軍基地

現在18か所、面積では全国第一位。

米軍専用基地は、「キャンプ千歳」の1か所。残りはすべて共同使用基地。

沖縄の県道104号越えの実弾射撃訓練演習が移転された矢臼別演習場は、日本で最大規模の自衛隊演習場。米軍はこの演習場で沖縄ではできなかった実弾射撃訓練を繰り広げてきた。北海道の中規模演習場もすべて共同使用基地。

航空自衛隊千歳航空基地は共同使用基地。

嘉手納基地所属のF15戦闘機の「訓練移転」では、滑走路の拡張によって、米軍機が嘉手納基地と同様、激しい訓練をおこなっている。

県道104号越えの実弾射撃訓練演習は北海道に移転していて、広い北海道では沖縄よりも激しい射撃訓練を行っている。訓練しているのは沖縄の海兵隊である。「米軍の兵員数などを比較すると沖縄の基地負担が全国で最も過重である」と述べているが、沖縄の海兵隊の多くが本土に移動して訓練している。嘉手納基地所属のF15戦闘機も訓練のために北海道に移転して嘉手納基地と同様、激しい訓練をしているのである。

○三沢米軍基地

F16攻撃機を主力とする第35戦闘航空団とスパイ衛星の運用をはじめ情報収集部隊である第373情報監視群の基地。第35航空団は、F16攻撃機40機を擁し、在韓米軍のF16部隊と一体となって、地上攻撃能力を強化する訓練をおこなっている。

対地爆撃を主たる任務とするF16は、東北地方に設置されたグリーン・ルートやピンク・ルートなどの低空飛行訓練ルートで、低空飛行訓練をくり返している。

三沢基地の北、姉沼地区に「セキュリティー・ヒル」という小高い丘に、19個のパラボラ・アンテナ群が並び周辺のあらゆる電波情報を収集し解析する「象のオリ」アンテナなどが置かれている。米空軍の第373情報監視偵察群指揮下の三沢安全保障センターで、中国や北朝鮮など周辺国の電波や通信を傍受し、瞬時に解析するスパイ基地。

「ミサイル防衛」の最前線として増強

三沢基地を中心とする青森県での「米軍再編」は、「ミサイル防衛」の最前線基地としての増強がすすめられた。

日本海に面する青森県つがる市には、米軍Xバンド・レーダーが設置され、自衛隊基地内に米軍「車力通信所」が設置された。このレーダーは、アメリカの世界的規模の「ミサイル防衛」網の一環で、米国本土を攻撃する弾道ミサイルを監視・探知するレーダーである。北朝鮮や中国の弾道ミサイル用といわれている。

○横田米軍基地と首都圏の米軍基地

在日米軍司令部と第5空軍司令部（在日米空軍司令部）、第374米輸送航空団が配備され、C130輸送機14機が常駐している。国連軍司令部も併設している。日本に飛来する外来米軍機の中継・輸送基地の役割を担っている。

2012年3月には、横田米軍基地に、航空自衛隊航空総隊司令部（当時は府中市）が移駐し、戦後初めて「航空自衛隊横田基地」が発足した。

西太平洋における唯一の輸送航空団の中継基地である横田基地は、世界のどこにでも展開する準備を整えている遠征部隊である。それが大規模な訓練をおこなっている理由である。つまり、この訓練は、世界のどこにでも出撃できる軍事態勢づくりのためである。こうした横田基地での新たな訓練とともに、横田基地に「強襲着陸用滑走路」も設置された。

首都圏の空を支配する「横田エリア」

横田基地を中心とした首都圏の空には、横田ラプコン（通称「横田エリア」）という米軍専用空域が68年間続いている。「横田エリア」は、北は新潟県から東は栃木県、西は群馬、長野、埼玉、東京、山梨、神奈川、静岡県の1都8県にまたがる広大な区域である。高度は、海面上から2万3000フィート（約7000メートル）の空域である。民間航空機は、米軍の許可なくこの空域に入ることができません。JAL（日本航空）機が御巣鷹山に墜落した事故では、ここが「横田エリア」の中だったので、捜索隊は米軍の許可のもとに入った。

○横須賀米海軍基地と神奈川の基地群

横須賀基地は、在日米海軍の本拠地であり、第7艦隊の出撃基地である。

揚陸指揮艦「ブルーリッジ」を旗艦とする第7艦隊は、ハワイの太平洋艦隊の指揮下にあり、東は日付変更線から西はアフリカ東岸までの西太平洋、インド洋、日本海という地球の5分の1の広大な海域を作戦区域とする艦隊だ。原子力空母ジョージ・ワシントンをはじめ11隻の戦闘艦が横須賀基地を母港としています。乗組員約5350人の原子力空母ジョージ・ワシントン(今秋よりロナルド・レーガンに代わる)は、「ミサイル防衛」用のイージス・システムを搭載している7隻の艦船で編成される第15駆逐戦隊とともに「空母打撃群」を編成しています。これらは、アフガン、イラク戦争の最前線で攻撃の先頭に立ってきた。

横須賀基地の「米軍再編」

横須賀基地は、「米軍再編」によって、あらたに原子力空母として、核（原子力）基地化の増強がすすめられている。

※原子力空母を主体とする第七艦隊もいざという時はアジアに駆けつける。

厚木米軍基地

厚木基地は、米空母の艦載機部隊、第5空母航空団の基地です。FA18スーパー・ホーネットで編成される4つの戦闘攻撃飛行隊（VFR）（約52機）やF18グラウラー電子戦飛行隊、早期警戒飛行隊などが配備されている。第5航空団は、米国唯一の911航空団であり緊急事態で運用される「殴りこみ」航空団である。

厚木基地は、米軍専用地区と共同使用地区からなっており、航空基地としての中心となる滑走路、管制塔、作戦センターは、自衛隊が使用する国有財産で、米軍との共同使用となっている。

神奈川県は、沖縄に次ぐ「第二の基地県」と言われている。米軍専用基地数では沖縄についで13か所の米軍基地がある。キャンプ座間には、在日米陸軍司令部が置かれている。基地には、第9戦域支援コマンドが置かれ、太平洋軍担当地域での紛争の際の補給支援をおこなう部隊が配備されています。また、第78航空大隊やスパイ部隊である第500軍事情報旅団の指揮下にある第441軍事情報大隊が配備されている。

○キャンプ富士

静岡県御殿場市にあるキャンプ富士（「富士営舎地区」）は、沖縄の米海兵隊基地司令部の管轄下に属する地区で、東富士演習場を統括する部隊が駐留している。

東富士演習場は、富士山麓に広がる米軍と自衛隊の共同使用演習場である。1968年までは米軍専用演習場であったが、米軍が経費節減のため、日本に返還し、自衛隊所有の訓練場となったが、米軍が年間270日間にわたって自由に使うことができる。270日間は、土・日を除けば「毎日」という意味である。自衛隊演習場であるが、実質は米軍演習場というしくみになっている。

東富士演習場は、沖縄の県道104号越え実弾射撃訓練が移転し、年間1か月近く、昼夜を問わずの訓練がおこなわれている。東富士演習場の近傍にある今沢海岸には、「沼津海浜訓練場」があり、ベトナム戦争やイラク戦争では上陸作戦演習が頻繁におこなわれた。

東富士演習場は米軍が年間270日間にわたって自由に使うことができるから実質は米軍専用である。東富士演習場のほうが沖縄よりも激しい実弾射撃訓練をしている。

○岩国米軍基地

岩国基地は、沖縄の第一海兵航空団（キャンプ・フォスター）指揮下の第12海兵航空群が配備されている海兵隊航空基地である。FA18スーパー・ホーネット戦闘攻撃機など約36機配備されている。また、AV8Bハリアー垂直離着陸攻撃機6機、FA6Bプラウアー電子戦偵察機、CH53D大型ヘリ8機など約57機の軍用機が配備されている。

岩国基地上空には、「岩国エリア」という米軍専用空域が存在し、北は島根県江津市や浜田市、山口県、広島県の上空から、南は四国の愛媛県上空にまで及んでいる。

岩国基地では、2010年5月29日から新滑走路が運用開始になり、基地機能は格段に強化された。この計画により、基地面積は1．4倍、滑走路は、45mから60mに拡幅され、戦闘攻撃機が2機編隊で離着陸が可能となった。格納庫や弾薬庫、燃料タンクが増設された。これまでにはなかった200m超の岸壁が沖合いの突端に建設され、喫水13mで3万トン級艦船の接岸が可能になった。

○佐世保米軍基地
第一の特徴　海外で唯一の強襲揚陸艦部隊の拠点であること。強襲揚陸艦ボノム・リシャールをはじめとする４隻の揚陸艦、４隻の掃海艦の母港であり、世界の７割の海岸線から陸地に侵入できるＬＣＡＣ（エアクッション型上陸艇）の海外唯一の前進配備基地である。強襲揚陸艦は、乗組員約１２００名、海兵隊員約１８００名を収容し、「殴りこみ」戦闘の最前線に立つ艦船である。
第二の特徴　西太平洋の燃料・弾薬の補給、中継拠点であること。米第７艦隊の艦船約７０隻を３ヵ月間行動させることが可能な約８５万キロリットルの燃料と、約４万トンの弾薬を貯蔵している。

本土のほうが沖縄よりも激しい訓練が行われていることが分かる。


嘉手納飛行場より南の米軍基地の返還・統合計画は、普天間飛行場をはじめ、ほとんど県内への移設が前提となっており、移転の前後で米軍専用施設の割合は現在の７４％から７３％となるにすぎない。これは翁長雄志知事もよく指摘している。

在日米軍の駐留兵員数で比較すると沖縄の過重負担はより鮮明となる。

２０１１年６月末の統計では、陸軍、海軍、空軍、海兵隊を合わせた在日米軍兵力の総数は３万６７１２人で、うち在沖米軍の兵力は７０・４％に相当する２万５８４３人。特に海兵隊は日本に駐留する１万７５８５人のうち沖縄駐留は１万５３６５人を占め、割合は８７・４％に達する。

米軍は１１年６月末を最後に在沖米軍の人数を公表しておらず、沖縄への過重負担を前面に出したくない意図もありそうだ。

「検証　基地をめぐる「誤解」：専用施設が７４％」


「移転の前後で米軍専用施設の割合は現在の７４％から７３％となるにすぎない」と述べている。これが新報のだましのテクニックである。

この数字は全国比で出しているのだ。嘉手納飛行場以南の米軍基地の移転なのだから沖縄の問題である。沖縄本島の米軍基地の比で出すべきであって全国比で出すのはおかしい。

翁長知事が辺野古移設賛成派であった県会議員の時に翁長知事はＳＡＣＯ条約で沖縄本島の米軍基地の２１％が減少することを主張して、一日も早い普天間飛行場の移転を主張している。ところが新報はその事実を報道しない。沖縄の米軍基地は２１％に加えて普天間飛行場以外の嘉手納飛行場以南の米軍基地も返還される。

新報は米軍基地に「専用」という特別な語を付け加えている。「専用」とは沖縄が復帰する前の本土の米軍施設である。復帰後は沖縄で行われている軍事訓練を本土に移したが、新しく米軍基地を接収するのは不可能であった。だから、自衛隊基地を使った。それを「共用」と呼んで米軍基地には加えない。加えないために「専用」という特別な語を付け加えているのである。だから沖縄の米軍基地は２３％であるのに７４％だというのである。

新報は復帰後に沖縄の基地負担を減らすために本土に移転した軍事訓練のことを隠蔽している。

日米政府の計画では２３％の沖縄の米軍基地は１５％近くになる。

「０・６％の沖縄に７４％の米軍基地が集中している」は事実ではない。沖縄の米軍基地負担が大きいと思わせるために故意に情報操作をしているのである。県民・国民を騙すえげつないやり方である。

もう一つ見逃してはならない重要なことがある。嘉手納飛行場以南の人口は約８０％である。嘉手納飛行場以南の米軍基地がなくなるということは沖縄本島に住んでいる人々の８０％の周囲から米軍基地はなくなるということである。

琉球新報
○全国の７４％の米軍基地が沖縄に集中。
○嘉手納飛行場以南の米軍基地を返還しても１％減少。

事実
○全国の２３％の米軍基地が沖縄に存在。一番広いの北海道。
○ＳＡＣＯ合意により米軍基地を返還したら２１％減少。プラス嘉手納飛行場以南の米軍基地返還。
○嘉手納飛行場以南の米軍基地を返還したら８０％の人々の周囲から米軍基地がなくなる。

人は数字に対する信頼性が高い。全国の７４％の米軍基地が沖縄に集中していると報道すれば多くの人ば信じる。こんなに沖縄に集中しているなら本土に移転したほうがいいと考える。しかし、それは数字のマジックである。だましの数字テクニックだ。ネットで共用使用で２３％であることが広がるまで長い間だまし続けたのだ。

こんなことをすることが沖縄のためになると新報は本気で信じているのだろうか。

辺野古移設は普天間飛行場を移設するのだから米軍基地が増えるものではない。普天間飛行場の危険性が解消されるだけである。そして、宜野湾市民の生存権が守られるという民主主義にとって根本的な問題が解決するのだ。そんな簡単な理屈がわからないはずはない。新報は何かが狂っている。

新報は「在沖米軍の兵力は７０・４％に相当する２万５８４３人。特に海兵隊は日本に駐留する１万７５８５人のうち沖縄駐留は１万５３６５人を占め、割合は８７・４％に達する」と述べているが、日米政府は沖縄の海兵隊を八〇〇〇名とその家族九〇〇〇名をグアムに移転することを確約している。沖縄の海兵隊は８３６５人に半減するのだ。

本土の基地で訓練をしているのは沖縄の海兵隊である。常時多数の沖縄の海兵隊が本土に移動しているのである。沖縄の海兵隊は本土の訓練場だけでなく、アジアにも移動している。そのことを屋良朝博氏は本で述べている。

沖縄の海兵隊はもっぱらアジア太平洋地域の同盟国などへ出かけていき、その国ぐにの軍隊と共同軍事演習などをおこなっています。そのとき軍事専門の訓練だけではなく、人道支援活動にも熱心にとりくんでいます。発展途上国を訪ねるとき、山奥の寒村へ出かけていき道路や学校の修繕、軍医による医療ボランティアなどをおこなっています。

軍事だけではなく、米軍はソフトなアプローチでもテロリストの包囲網を広げることに力を注いでいます。それは対テロ戦闘を超えて、人道支援というソフトパワーを使い、米国の影響力を広げようとする戦略であるのです。こうした活動を、人道支援(Humanitarian Assistant)、災害救援(Disaster Relief)のかしら文字をとって、ＨＡ／ＤＲ(ハーダー)と呼んでいます。

沖縄に駐留する海兵隊は長崎佐世保の艦船に乗って、アジア太平洋を巡回し、同盟国を訪ねて軍事演習をおこないながら、ＨＡ／ＤＲにも力を注いでいます。

さて、そういう活動をするために、なぜ沖縄なのでしょうか。

「誤解だらけの沖縄・米軍基地」

沖縄の海兵隊は本土とアジア太平洋地域に移動しているから沖縄に駐留している海兵隊は実際は少ないのが事実である。

２、検証　基地をめぐる「誤解」：弾薬庫、軍港など強化批判

政府は、米軍普天間飛行場には

（１）垂直離着陸輸送機ＭＶ２２オスプレイなどの運用

（２）空中給油機の運用

（３）緊急時の外来機受け入れ

の３機能があるとしている。一方、辺野古移設で「移るのはオスプレイ運用機能のみで、他の二つは本土に移る。沖縄の負担軽減に資する」(安倍晋三首相)と強調している。だが辺野古新基地には弾薬庫や軍港といった機能が加わると指摘される。緊急時に米軍が辺野古に加えて那覇空港第２滑走路を利用する計画も明らかになっており、沖縄の基地負担は軽減しないとの見方もある。

「検証　基地をめぐる「誤解」：弾薬庫、軍港など強化」

辺野古新基地には弾薬庫や軍港といった機能が加わってもいいじゃないか。大した問題ではない。米軍はアジアの平和を守っている。

軽減しない軽減しないと琉球新報はいうが、アジアの平和を守るためには軍事力は必要だ。必要なものまで軽減すると米軍はアジアの平和を守れなくなる。軽減するかしないかは専門家に任せたほうがいい。

新基地の軍港機能に関して政府は「故障した航空機を搬出する輸送機が着陸できなくなるため、代わりに運搬船が接岸できるようにするもの」と否定している。一方政府は、新基地建設に向けた埋め立て申請を県に出した段階で初めて、新基地の岸壁の長さについて、強襲揚陸艦を接岸できる米国防総省の安全基準と一致する数値に延長した。

「検証　基地をめぐる「誤解」：弾薬庫、軍港など強化」

国が違法行為でもしたというのか。国の報告手順が間違っているというのか。そうではないだろう。しょっちゅう文句ばかり言っている新報はもうろくばあさんか。

またウィキリークスが公開した２００９年１０月１５日付の米公電は、同月１２日の日米協議で、防衛省高官が辺野古新基地に高速輸送船やオスプレイが配備される計画に言及したと明記している。オスプレイの配備は１９９０年代には米側から日本政府に伝えられたが、政府は「決まっていない」と説明し続け、１１年になって初めて公式に認めた。

米海兵隊は最新鋭ステルス戦闘機Ｆ３５を嘉手納基地や伊江島補助飛行場で運用する計画で、辺野古に飛来する可能性も指摘されている。

「検証　基地をめぐる「誤解」：弾薬庫、軍港など強化」

公表することと政府内協議とは違う。ウィキリークスが公開したと言ってもウィキリークスは公的な機関ではない。政府が公表段階になっていない情報をウィキリークスはすっぱ抜いた。公表するのは政府の判断でするものである。

同じ沖縄だ。ステルス戦闘機Ｆ３５が辺野古に飛来しても大した問題ではない。辺野古に飛来することがなぜいけないのか。みみっちいことにこだわりすぎる新報である。神経が病んでいるのではないか。

３、検証　基地をめぐる「誤解」：財政移転は突出せず批判

予算面で国から「厚遇」を受けているとの見方もされる沖縄県だが、全国の自治体と比較すると、突出しているとは言えない。

２０１３年度ベースで他の都道府県と比較すると、人口１人当たりの国庫支出金は２６万４千円で全国４位、総額３７３７億円は１４位につけている。１人当たりの地方交付税は２５万３千円で１９位、総額３５９３億円は１８位だった。

さらに国庫支出金と地方交付税を合計した国からの財政移転は、１人当たりで９位（５１万８千円）、総額で１７位（７３３０億円）となっている。国からの財政移転の金額は１人当たりでも、総額でも一度も全国１位になったことはない。沖縄だけが「特別扱い」をされているわけではないことが数字から裏付けられる。

旧国鉄などによる大規模な開発が行われた本土と違って、米施政権下にあった沖縄にはこれらの大型投資がなかった。その上で、県民経済で見る１人当たりの公的支出額（１０年度）では全国１４位の１０４万８千円にとどまっている。県企画調整課は「沖縄だけが特別に国から予算をもらい過ぎているという状況にはない」と説明し、ホームページでも全国との比較を紹介している。

「検証　基地をめぐる「誤解」：財政移転は突出せず」

「厚遇」とは言っていない。「優遇」と言っているのだ。それに予算面で「優遇」を受けているとは言っていない。全体的に「優遇」を受けていると言っているのだ。それを琉球新報は「厚遇」と「予算」に矮小化している。

予算面でも優遇されているのは確かである。国庫支出金は全国４位、地方交付税は１９位、国からの財政移転は、１人当たりで９位でありすべて上位に位置している。優遇されている証拠である。新報は「厚遇」という文言を使い、全国一位になっていないから厚遇はされていないと主張している。しかし、すべてが上位にあるのだから優遇されている。

琉球新報は予算面だけを例にしているが、その他に多くの優遇措置がある。

○沖縄懇談会事業＝沖縄米軍基地所在市町村活性化特別事業

３８事業４７事案のプロジェクト。平成９年度から平成２１年度まで実施

総事業費　約　１、０００億円

うち国費　約　９００億円

○沖縄には、ガソリン税、高速道路料金、航空機燃料税、酒税などで、減免や優遇措置がある。輸入豚肉や泡盛用のコメも減税している。

１、ガソリン税

本土より1リットル当たり7円引き。

２、有料道路税

沖縄自動車道の通行料金は本土より約4割引。

３、航空着陸税

航空機燃料税は５０％減免。県外の同一距離路線に比べて５０００円程度安い。

４、酒税

本土の標準課税額に対して、ビールが２０％、泡盛が３５％の軽減。

沖縄が優遇されているのは一目瞭然である。琉球新報は報道機関である。事実を正しく報道してほしいものである。

４、検証　基地をめぐる「誤解」：件数で比較できず批判

県内で米軍人による事件・事故が発生した場合、県民による事件・事故に比べ、大きく報道されるのが一般的だ。こうした報道に対し「米軍人の犯罪発生率は県民より低い」などとして、報じ方を疑問視する意見がある。ただ、公務員かつ軍人であり、さらに日米地位協定で保護されている米兵の犯罪と一般県民の犯罪を同列視することに妥当性があるとは言い難い。県民でも公務員などの犯罪は取り扱いが大きくなる傾向がある。米軍犯罪は沖縄に米軍がいなければ発生しないということでもある。

「検証　基地をめぐる「誤解」：件数で比較できず」

公務員の酒気帯び運転はすべて報道しているというのだろうか。教員の性犯罪はすべて報道しているというのだろうか。そうであるなら新報の主張も認めるのだが、実際は報道していない。「米軍犯罪は沖縄に米軍がいなければ発生しない」には呆れる。男がいなければ婦女暴行は起こらないというのと同じ理屈である。

米軍人は日米地位協定で保護され、一般の県民が事件・事故を起こした場合と比較すると、身柄の取り扱いなどでさまざまな違いがある。例えば基地外で犯罪を起こしても勤務の最中である場合などは「公務中」として、日本側に裁判権がない。

容疑者を米側が拘束した場合、日本側は任意捜査しかできず、身柄の引き渡しは起訴後とされている。殺人、強姦などの凶悪犯罪については米側の「好意的考慮」に基づき、起訴前に引き渡されることもあるが、その判断は米側の裁量次第だ。

「検証　基地をめぐる「誤解」：件数で比較できず」

日本は性犯罪の場合、被害者が訴訟を起こさなければ裁判にならない。しかし、米軍の場合は被害者が訴えなくても裁判をする。数年前に少女が暴行されたと騒いだ事件があったが、暴行ではなかったらしく少女は訴訟を起こさなかった。しかし、米軍は被害者が未成年であることを根拠に本人が訴訟を起こさなくても犯罪であることを認めて米兵は裁判にかけられた。新報はこの事実を無視している。

「判断は米側の裁量次第」は間違いである。米国は徹底した法治国家である。「裁量次第」ではない。法律に則ってである。

米軍関係者（米兵・軍属・家族）が「一般刑法犯（刑法犯から自動車運転過失致死傷罪などを除いたもの）」で摘発された場合、起訴率が一般県民、国民よりも低いことも指摘されている。日本平和委員会がまとめた２０１１年のデータでは、一般刑法犯に関する国民全体の起訴率は４２％だが、米軍関係者は１３％（沖縄での起訴率は２２％）。

日本側が裁判権を行使できず、軍事裁判に委ねられるなどして、日本の法律では裁かれていない状況も反映しているとみられる。

「検証　基地をめぐる「誤解」：件数で比較できず」

うるま市で米兵による子供の虐待しの疑いがあったが沖縄警察は基礎しなかった。しかし、米軍は基礎した。婦女暴行容疑の少女のことといい、日本より米軍のほうが厳しい面もある。日本の警察は容疑者を弁護士に会わさないし、容疑者を孤独に追い込み自供させる。日本には容疑者の人権がない。死亡事故を起こした米兵が沖縄の警察に捕まり留置場に入ったが、弁護士に会う要求をしたが、沖縄の警察は拒否した。不安になった彼は基地内に移動することを望んだ。起訴率だけで判断しないで、日本と米国のどちらが容疑者の人権を守っているかも調べて報じるべきである。

県内の米軍関係者数が公開されていた１１年で比較すると、米軍関係者数４万７３００人中５１人が摘発されており、割合は約０・１１％。米軍人を除く一般の摘発者数は推計人口約１４０万人に対して３８２３人で約０・２７％となり、割合は確かに県民が高い。だが国民、県民による犯罪の場合でも、法の順守を率先する立場にある公務員、中でも犯罪捜査に当たる警察官や国防に当たる自衛官、立法の権限を持つ政治家などの犯罪は一般国民、県民より大きく取り上げられ、報道されるのが一般的だ。

「検証　基地をめぐる「誤解」：件数で比較できず」

米兵は殺人鬼であり平気で婦女暴行をやり事件を起こすと報道してきたの

に突然米軍人が公務員だから一般国民、県民より大きく取り上げているという。理解に苦しむ。米兵は凶悪で危険な存在であると主張するために琉球新報が大きく取り上げているのは確実である。公務員だから大きく取り上げているというのは苦しい弁解だ。

5、検証 基地をめぐる「誤解」：普天間には戦前から批判

普天間飛行場が市街地の真ん中にある状況について「普天間にはもともと田畑で人はおらず、基地ができた後に周りに移り住んだ」とする言説が聞かれる。実際には「普天間」がある場所は戦前、集落が広がり、人々が生活を営んでいた。現滑走路の一部はかつて松並木の宜野湾馬場で、伝統の琉球競馬を見に遠方からも人が訪れた。米軍は沖縄戦で地元住民を収容所に閉じ込め、その間に基地建設を強行した。住民は基地の周りに追い出された。地主たちは現在も、清明祭などの際に、普天間の立ち入り許可を申請し、戦前から存在している基地内の墓を訪ねている。

「検証 基地をめぐる「誤解」：普天間には戦前から集落」

「沖縄の歴史の"起点"に米軍上陸を置いている面でも不適切だ」には呆れる。普天間飛行場の歴史は１９４５年の沖縄戦から始まったのだ。

沖縄戦の最中に普天間の住民はなにごともないように普天間で生活をしていたというのだろうか。あり得ないことである。普天間も激戦地であった。住民は南部か北部に避難していた。日本軍との戦争に勝ち米軍は宜野湾一帯を支配下に置いたのである。戦争は勝った国に権限は移譲する。米軍が占領した地域では日本の法律は消滅していた。それが戦争である。米軍が普天間に飛行場を建設する権利はあった。飛行場建設の目的は日本本土決戦（連合軍側から見た場合ダウンフォール作戦）に備えるためであり、兵員及び物資の輸送に供することであった。

終戦後、米軍は住民には別の居住地を提供している。１９４５年の人口はわずか３５万人である。普天間飛行場建設で住民が困る状態ではなかった。

戦争相手国が民主主義国家米国であったのは沖縄にとって運がよかった。社会主義国家ソ連や中国に占領されていたら沖縄は搾取され弾圧され、沖縄の人々は悲惨な生活を強いられていただろう。

「基地建設は戦闘の"どさくさ"ではなく、民間地だった事実を把握した上で綿密に計画された」（普天間には戦前から集落）

当たり前のことだ。戦争は遊びではない。国の存亡をかけたものであり、多くの兵士が死ぬ。計画は綿密に立てる。普天間飛行場を「どさくさ」でつくることのほうが考えられない。飛行場をつくるには平野が必要であるが沖縄は凸凹地が多く平野は少ない。平野である普天間に飛行場をつくるのは素人の私でも理解できる。

「米軍は沖縄戦で地元住民を収容所に閉じ込め」はひどい。米国は議会制民主主義国家である。米軍は民主主義軍隊である。米軍は収容所の人々を人間として扱った。収容所の代表として班長を選出し、班長を通じて収容所の人々の要求を聞いた。

米軍が最初に取り組んだのが収容所の人々の健康回復でった。傷や病気を治療した。沖縄のマラリアを撲滅したのは米軍である。医療が遅れていることを知った米軍は医療改革に取り組んだ。食事も与えた。戦前に比べて米軍占領時代の生活の方が豊かであった。戦前はソテツ地獄に見舞われたが戦後は一度もソテツ地獄はなかった。

米軍には沖縄の人々への愛を感じる。米国が議会制民主主義国家であること、米軍が民主主義軍隊であることを認めない琉球新報は米軍を悪と決めつけ、米軍を客観的に見ることができないのだろう。

琉球新報は

「また『基地ができた後に人が移り住んだ』という主張は、沖縄の歴史の"起点"に米軍上陸を置いている面でも不適切だ」と述べているが、「沖縄の歴史の"起点"」の問題ではない。沖縄の沖縄戦以後の問題である。

１９４５年当時は普天間飛行場の周囲は黙認耕作地であり、住居はなかった。宜野湾市は米軍に黙認耕作地の返還を要求し、返還跡地に普天間第二小学校、沖縄国際大学や公共施設をつくり、多くの住居や商業建物をつくった。それは宜野湾市政が進めたことであり、米軍は関係がない。普天間飛行場周囲を住宅密集地にした責任は宜野湾市政にある。

八　慰安婦は性奴隷ではない　そして彼女は慰安婦ではない違法少女売春婦だ3

映画「春婦伝」で見る慰安婦の実態。慰安婦は性奴隷ではなかった。

一九六五年に日活映画「春婦伝」が封切られた。原作者は田村泰次郎で1947年に発表。

田村泰次郎（1911年11月30日～1983年11月2日）

『選手』（34年）で文壇に登場。40年出征，中国を転戦し46年帰国。戦場で得た認識をもとに肉体の解放こそ人間の解放であると主張した『肉体の悪魔』（46年）、『肉体の門』（47年）、

『春婦伝』（47年）を発表。

野川由美子二十一歳、体当たり演技の迫力ある映画である。

「春婦伝」は満州を舞台にした日本軍の慰安所で働く売春婦と真面目な兵士との恋愛映画であるが、慰安婦の実態を忠実に描いた作品でもある。

「売春婦、娼婦、淫売、晴美は天津の売春婦である。天津にいる間、彼女は一人の日本人を愛した。その男に自分の全部を賭けて、根限り愛し愛し愛し抜いた。夫婦になるために。しかし、その男は、日本から花嫁を連れて帰ってきた」

のナレーターで映画が始まる。男に絶望した晴美は天津から離れて、満州の慰安所に行く。

一九六五年と言えば終戦から二十年しか経っていない。戦時中に三〇歳だった人間でも五十歳である。「春婦伝」をつくったほとんどの人間が慰安婦や慰安所の実態を知っていただろう。だから、「春婦伝」の慰安所の様子はリアルに描いている。

慰安婦の実態を知るのに貴重な映画である。しかし、慰安婦という言葉はこの映画には出てこない。この映画では売春婦の隠語である「ピー」を使った。

「春婦伝」は外国でも上映された。外国で上映した時の題名は「STORY OF Å PROSTITUTE」である。PROSTITUTEとはプロの売春婦という意味である。プロと呼称されていることは慰安婦は商売人であり性奴隷ではないことを意味している。

米国戦争情報局心理作戦班報告によるミッチーナに配属された韓国慰安婦の調査記録がある。

韓国で、およそ八〇〇人が慰安婦募集に応じ、一九四二年八月二〇日頃、慰安所の慰安婦斡旋業者に連れられてラングーンに上陸し、八人から二十二人のグループに分けられ、大抵はビルマの各地の軍拠点の近くの街に派遣された。

そのうち四つのグループ（キョウエイ、キンスイ、バクシンロウ、モモヤ）がミッチーナに配属されたという記録が残っている。

日本兵の数によって慰安婦の数も決まっていた。慰安婦の数は既定によっ

て各軍隊によって要求される。要求に応じて日本や韓国の斡旋業者が慰安婦希望者を集めるのである。

　彼女たちは日本軍の艦船やトラックに乗って移動する。慰安婦を日本軍のトラックで運んでいたことを「強制連行した」と述べている韓国の自称元慰安婦や日本の慰安婦研究者はまるで日本軍が悪いことをやったように述べているが、戦時中に一番安全なのは日本軍による移送であった。慰安婦の安全を守るために日本軍の艦船やトラックで移送したのである。

　映画「春婦傳」では慰安婦や兵士、物資を移送しているトラック隊が敵軍に襲われて数名の兵士が死ぬ。もし、民間人だけで目的地に行こうとしたら、敵の餌食になることは確実である。

　日本軍は慰安婦の安全を守るためにトラックで運んだのである。

　映画「春婦傳」でトラックに乗っている慰安婦たちを描いている。

トラックの中、三人の慰安婦と楼主、そして二人の日本兵が乗っている。右端に帽子を被っている男は慰安所を経営している男で楼主である。彼は兵士ではなく民間人である。

　なぜ、トラックに民間人である慰安婦と楼主が乗っているかということについての説明は映画ではしない。説明がないのは慰安婦が日本軍のトラックに乗るのは普通のことであり、説明する必要がなかったからだ。

　彼女たちの安全を守り、目的地まで送り届けるのが日本軍の輸送隊の役目であった。

　彼女たちは売春婦であるが性奴隷ではない。三人の慰安婦は自分の意思で天津から新しい地へ向かっているのは楼主との会話から分かる。

慰安婦1＝旦那、いつ着くんです。
楼主＝ああ。
慰安婦1＝なんだか心細くなってきたよ。いくらシナは広いたって、天津を出てから真黄色の原っぱばっかしじゃないか。

　楼主と慰安婦三人を日本軍のトラックが運んでいる。中国大陸は敵地である。慰安婦を安全に運ぶために日本軍のトラックを利用するのは当然である。

　前を走っているトラック運転手の会話からも三人の女性が売春を商売としていることが分かる。決して彼女たちは性奴隷ではない。

兵1＝おうい。いつから商売は始まるんだ。
兵2＝今夜からだってよお。・・・もらって俺が一番最初に突っ込むんだ。
兵1＝ちきしょう。
兵2＝話はちゃんとついている。
兵1＝(後続のトラックに乗っている慰安婦に向かって)おうい。俺とどうだい。
兵2＝駄目だ。俺の後だ。
兵1＝なんでもいいや。よろしく頼むぞ。
　　兵1、2笑う。
慰安婦2＝野蛮だねえ。がつがつしている。
慰安婦1＝女に飢えているんだよ。天津に居るようなわけにはいかないさ。
慰安婦2＝ねえ、女の子はみんなで何人いるの。
楼主＝お前たち三人が来てくれて俺の所が七人。木村屋が六人。合わせて十三人だな。

　楼主とは遊郭で七、八人前後の売春婦をかこって経営している人間のことである。大陸でも楼主が慰安婦を管理していた。

　楼主の説明でわかるように楼主は七、八名近くの売春婦を管理・経営している人間である。慰安婦の住まい、食事などの面倒と健康を管理していた。慰安婦の給料や借金の管理も楼主がやっていた。慰安婦と楼主は売り上げ収入を折半するのが普通のやり方であった。

　楼主と慰安婦の会話から分かるように、慰安婦を直接管理していたのは日本軍ではなかった。楼主であった。このシステムは本土の吉原と同じである。憲兵が慰安婦の安全を管理していた。本土の警察の代わりである。彼女たちの健康は軍医が管理していた。

　同じトラックに乗っている兵士が楼主と慰安婦の会話を聞いて、

兵3＝十三人で一大隊を引き受けるんだから大したもんだ。あははは。

慰安婦は兵士にそっぽを向く。

韓国の自称元慰安婦たちは警察や日本軍に捕らえられてトラックで強制連行されたと言っている。しかし、日本軍は仕事を分業化していて、慰安婦を集めるのは民間の斡旋業者に委託していた。日本軍はトラック隊が彼女たちを移送するだけであり、慰安婦の募集にタッチしていなかったし、慰安所の運営も民間の楼主がやっていた。

日本軍が韓国の女性を強制的に集めても、トラック隊に所属していなかったら女性を移送するトラックはなかった。トラック隊が女性を集めて連行するのは可能であるが、トラック隊は日本軍から指示された人や物資を運ぶだけであるから女性を強制連行することはできなかった。

日本軍は分業が徹底されていた。例えば慰安婦を集めた業者は書類を作成してトラック隊に渡し、書類を受け取ったトラック隊はそれぞれの目的地まで慰安婦を運んだ。そして、種類を憲兵隊に渡した。

敵のいる広い大陸を民間だけで移動するのは危険である。安全に移動するには日本軍のトラックが必要だった。そのことを映画でも如実に描いている。

映画ではトラックを狙った爆弾が爆発する。敵に襲われる。激しい銃撃戦となり数名の兵士が倒れる。そこへ日本軍がやってきて襲撃集団を追い払う。

満州の前線ではトラック隊が襲われたことが何度もあったから映画でも描いたのである。この場面を見れば、慰安婦を日本軍のトラックで運ぶのは当然であることが分かる。満州では慰安婦だけでなく軍に関係のある民間人は日本軍が運んでいた。当然のことである。

敵の襲撃に衝撃を受けた慰安婦の一人は天津に帰ろうという。恋人に裏切られて自暴自棄になっている晴美(野川由美子)はむしろこの地で働くのを喜ぶ。慰安婦の会話から分かることは慰安婦は強制ではなく自由であることが分かる。

○　日本軍は慰安婦の安全を守るためにトラック部隊で運んでいたのであって、強制連行ではなかった。

日本軍が占領している街に到着した慰安婦と楼主は楼主の部屋に来る。楼主の部屋はミーティングできるように六、七人が座れる大きなテーブルがある。奥に楼主が寝るベッドがある。楼主と三人の慰安婦はミーティングを始める。

慰安婦の一人が仕事の内容について質問する。楼主は仕事は明日からだと言い、時間割について説明する。

楼主＝一時から四時半までが兵隊。七時までが下士官。八時以降が将校だ。外出は中隊別になっているが、他に行く所がないから、大体ほとんどの兵隊が休みの時はここに来る。

慰安婦１＝千人居るから私一人で百人以上相手にするの。体が持つかな。

奥にすでに働いている慰安婦４が居る。

慰安婦４＝あたいたちをご覧よ。なんとか生きているし、けっこう好きな男も見つかるさ。

慰安婦１＝へえ、よくそんな暇があるもんだね。

慰安婦４＝気の持ちようひとつさ。いちいち気にしていたら体が持つものか。

「春婦傳」は慰安婦の辛さ、女性の人権軽視を描いた映画であり、日本軍や戦争を批判した映画である。そういう映画であるが、「春婦傳」は慰安婦が性奴隷ではなかったことをはっきりと描いている。

楼主が着替えをしている時に憲兵隊長が入ってくる。

三人が慰安所にやってくるのを書類をもらっていた彼はすでに知っていた。

憲兵隊長は三人の慰安婦が天津からやって来ていることを知っていた。彼女たちの書類がすでに憲兵隊長に渡っていたからである。憲兵隊長は三人に質問する。憲兵隊長は三人の慰安婦を調べるためにやってきたのだ。

このように憲兵は慰安所の慰安婦たちと顔を合わしている。憲兵は慰安婦を保護管理する義務があった。慰安婦同士のいがみ合い、日本兵とのトラブルを処理するのが憲兵である。


憲兵隊長＝新入りはお前たち三人か。天津から来たとあって垢抜けしているな。

楼主＝あ、隊長さん。どうぞどうぞ。憲兵隊の隊長さんだ。なにかとお世話になる方だ。かわいがってもらうようにしないといけないぞ。

慰安婦1＝どうぞ、よろすく。

憲兵隊長＝おい。お前東北だろう。

慰安婦1＝宮城県です。

憲兵隊長＝宮城県のどこだ。

慰安婦1＝くりごめです。

憲兵隊長＝くりごめか、俺はいちのさきだ。

慰安婦1＝んだばあ。ほんとすかー。

憲兵隊長＝なつかしいなあ。いちのせきとくりごめは隣組だよ。ゆっくり国の話をしなければな。

慰安婦1＝よろすくお願いします。

○もし、十一歳や十四歳の少女が慰安所に入った場合、

最初に憲兵に提出する書類でチェックされる。日本女性なら十八歳未満、韓国女性なら十七歳未満は慰安婦にはなれないから、慰安婦になれる年齢に達していない女性は書類で落とされることになる。

書類で年齢を偽っても、映画で描いているように憲兵隊による面通しがあるから年齢を誤魔化すことはできない。

慰安所に少女慰安婦が居るのは不可能である。韓国の自称元慰安婦が十一歳とか十五歳に慰安婦にさせられたと言っているが、慰安所の様子を知れば、そのことはあり得ないことが分かる。

少女慰安婦が慰安所に居るには、斡旋業者が書類を偽造し、輸送する兵士が黙認し、楼主、憲兵隊が黙認し、客になる将校も黙認しなければならない。つまり軍隊全体が黙認しなければならないのだ。それは不可能なことである。

規律違反は日本軍の恥と兵士は徹底して教えられている。一部の日本兵が少女に暴行を加えるような犯罪行為はあったとしても、軍隊全体で少女慰安婦を黙認することはあり得ないことである。

十七歳未満の少女が日本軍の慰安所で働くのは不可能であった。


楼主＝さあ、今日は休んで明日から働いてもらう。

慰安婦2＝何時からやるんです。

楼主＝午後一時からだ。


勤務時間を決め、兵士から将校まで位によってめ時間を分けていたのはすべての慰安所で実施されていた。楼主の説明は慰安所では当たり前のことだった。

映画では時間帯の説明であったが、他の資料ではもっと細かく、料金も明示している。

慰安所の例

フィリピン駐屯軍の事例は別掲表の通りである。（『従軍慰安婦資料集』韓国・書文堂）

日曜日・連帯本部、連帯直轄部隊
月曜日・第一大隊、第四野戦病院
火曜日　休日
水曜日・連帯本部、連帯直轄部隊、第三大隊
木曜日・第一大隊（ただし午前中は健康診断後にする）
金曜日・第二大隊、第四野戦病院
土曜日・第三大隊

フィリピン駐屯軍・南地区師営内特殊慰安所利用規則

兵士
（朝鮮人・日本人）　（中国人）
三十分　一円五十銭　一円
一時間　二円　一円五十銭
下士官
（朝鮮人・日本人）　（中国人）
三十分　一円五十銭　一円
一時間　二円五十銭　二円
将校及び准士官
（朝鮮人・日本人）　（中国人）
一時間　三円　二円五十銭
徹夜利用（二十四時から）十円　七円
徹夜利用（二十二時から）十五円　十円
利用時間
兵士　十時から十六時まで
下士官　十六時十分から十八時四十分まで
将校・准士官　十八時五十分以降
備考
軍属はそれぞれの位によって所定料金を払う。
利用客は上記料金を超過する金額を慰安所経営者または慰安婦に支払ってはならない。

○ 料金が明記されている。日本兵はちゃんとお金を払っていたということである。慰安婦は売春婦であって性奴隷ではなかった証拠が料金表である。

○ フィリピン駐屯軍の慰安婦は日本人、朝鮮人、中国人の三民族にまたがっている。料金は日本人と韓国人は同じだが、中国人は安い。それは差別というより人気の差であり、安くすることで客の調整をしたのだろう。

○ 兵士、下士官、将校及び准士官と位によって時刻や時間、料金を細かく分けていたのが慰安所であった。このように細かい配慮をしていたのが日本軍である。
どうして、日本軍が慰安婦を性奴隷にしていたと言えるだろうか。

楼主の家の次は慰安婦たちが住んでいる建物の画面になる。慰安婦たちは彼女たちだけが住む住宅があった。


慰安婦A＝おはよう。

慰安婦B＝何言うてんねん。

慰安婦C＝お日さん見てみい。頭のてっぺんだよ。

慰安婦A＝晴美ちゃん。まだ寝ているの。

慰安婦B＝うん。

慰安婦C＝あの子、よう寝ているなあ。

慰安婦D＝うちら、布団見ただけで、げろが出そうになるわ。

慰安婦C＝あたいたちは体だけが元手だからね。体壊したら一巻の終わりだよ。

慰安婦A＝もう、一巻の終わりになっているよ。北の果てまで流れてきて、体を切り売りしてんだもん。

慰安婦B＝ゆんべ、副官が晴美ちゃんの所に来たらしいね。

慰安婦A＝例によって、べろんべろんに酔っちまってさ。先に入っていた倉持軍曹を追い出したんだって。

慰安婦B＝ふうん、そんなに偉いのかい、
慰安婦A＝地位をかさにかけて威張りくさってからに。

慰安婦D＝兵隊どもなんて私たちを人間扱いしないし、うちらをまるで猫や犬みたいにけっかる。

慰安婦A＝あんた、そんなこと言って、副官が来ると喜んでいたじゃない。

慰安婦D＝くやしいけどな。副官に抱かれるとな、もうあかん。なにもかも皆目分からんようになってくる。

○ 「春婦傳」ば慰安婦の悲惨さを描いている映画である。日本軍を否定した映画である。

兵隊たちの歌が聞こえる。

慰安婦1＝もう、こんな時間か。

兵士たちが慰安所に団体でやってくる。

兵士たちが次々と慰安所に押しかける。ぞっとするシーンである。その様は慰安婦残酷物語である。

慰安所の部屋はベッドがあるだけでなにもない。殺風景の部屋である。明らかに性処理だけが目的の部屋である。

コトを終えた兵士がズボンをあげながら、

兵士＝お世話になりました。

と言って、出口に行くと、間髪を入れずに次の兵士が入ってくる。

晴美は股を広げて動かない。兵士は、

兵士＝お世話になります。

と言いながらズボンを下ろし始める。

○ 慰安婦は兵士のセックス処理でしかないことが如実に描かれている。慰安婦残酷物語である。しかし、彼女たちは性奴隷ではない。

晴美＝ああ、ちょっと、タバコ取って。

兵士＝はい。

晴美が好意を寄せている兵士が入ってくる。一瞬、喜ぶ晴美。しかし、彼は晴美が嫌っている副官の当番兵になっていた。

当番兵＝今夜、副官殿が入る。夜、客を取らないように。

晴美は怒る。

晴美＝あたし、副官の女じゃないよ。大きな口をきかないでくれと言ってくれよ。客を取ろうが取るまいがあたしの勝手だよ。あんた、副官の当番兵かい。

何もいわずに当番兵は出ていく。兵士が晴美のタバコに火をつける。

晴美はイライラする。

晴美＝あんた。あたしを汚いと思う。

兵士＝は。

晴美＝あたしが汚いかどうかを聞いているんだよ。

兵士＝汚くないであります。

晴美＝あたしを汚らしそうに見やがって。

これから晴美（野川由美子）と当番兵（川地民夫）の慰安所を舞台にした激しくもはかない恋愛ドラマが始まる。

慰安所は殺風景である。兵士のセックス処理場である。それに比べて「女郎屋」と呼ばれていた民間の売春宿は温かみがあり、ゆったりとしている。満州を舞台にした映画「兵隊やくざ」には女郎屋と呼ばれている民間売春宿のシーンがよく出てくる。

位の低い兵士は昼にしか慰安所には行けない。しかし、女郎屋なら夜に行ける。多くの兵士が女郎屋に行ったことは容易に想像できる。

日本軍陣地のある街には多くの民間売春宿があったはずである。満州にも多くの民間売春宿があった。

慰安婦よりも日本人や朝鮮人の経営する民間売春宿で働く売春婦の方が多かったはずである。

慰安婦問題を扱うほとんどの人間が民間売春の存在を軽視しているのは問題であり、それが慰安婦問題を混迷させている原因である。

映画「春婦傳」を見れば十七歳未満の少女が慰安婦になることは不可能であることが分かる。インドネシアで収容所のオランダ女性を強制連行したとされる白馬事件でも、連行された女性は十七歳以上であった。慰安婦は十七歳以上でなければならないという法律があったからである。白馬事件では日本語の同意書を説明もしないでサインさせたことが違法行為であった。違法行為が本土から視察にきた日本軍幹部が知り、慰安所は閉鎖された。

白馬事件で判明したことは慰安婦は十七歳以上であること。そして、本人が慰安婦になることに同意することであった。同意しない女性を強制して慰安婦にすることは違法行為であった。

白馬事件からも十七歳未満で慰安婦にさせられたという韓国の自称元慰安婦が嘘をついていることが分かる。彼女たちは慰安所ではなく日本兵相手の民間売春宿に居た。それは断言できる。

慰安婦は性奴隷ではない。韓国の自称少女慰安婦は慰安婦ではない。違法少女売春婦であるのは疑いようのない事実である。

短編小説

由美の純愛

脳腫瘍摘出の手術は朝九時に始まった。手術の途中で、三回患者の命が危うくなりながら手術は進み、午後五時に手術は終わった。今日も、八時間の大手術だった。手術が終わった時、由美は疲れ果てていた。重症の患者の手術は極度に緊張する。休憩を取る余裕もなかった手術がやっと終わって、極限の緊張から解放された由美はめまいがした。

きゃしゃで、神経が細い由美には病院の仕事はとてもきつい。看護師の激務は、由美の身も心も痛めつける。

仕事を終えた由美は疲れ果て、他の看護師と話す気力もない。無言の由美は服を着替えて、廊下に出た。病院の出口の方に歩いている由美は、壁も、天井も、廊下も、くにゃくにゃと曲がっているように感じた。

緊張が極限に達した大手術が終わった後にやってくるいつもの発作だ。くにゃくにゃと曲がりくねっているように感じる。足元の廊下さえもくにゃくにゃに感じる。ロビーを往来する、白衣の看護士や、入院患者や、見舞い客も、くにゃくにゃ

由美は倒れないようにくにゃくにゃの廊下をゆっくりと歩いた。

脳がひび割れていくような痛みが、由美を襲った。

由美は頭を抑えて、うずくまった。

緊張が続く難度の高い手術の毎日。厳しい手術の日々を続けたら、脳も神経もどろどろになって、廃人になるかも知れないと由美は不安である。

「大丈夫ですか。」

背後から女性の声が聞こえた。

「大丈夫です。」

と答えながら、発作を他人に知られたくない由美は、痛みをこらえて必死に立ち上がった。

由美は壁に寄り掛かりながら、脳の奥の芯をしっかりさせることに集中する。

外界がくにゃくにゃとなっているように感じるのは由美の感覚の発作のせいである。外界がくにゃくにゃとなっているのではなくて、由美の感覚がおかしくなっているのだ。由美は自分にそう言う。

しかし、外界がおかしいのではない、由美の感覚がおかしいのだと自分に言い聞かせている由美をあざ笑うかのように、外界はますますくにゃくにゃになっていく。

由美は、おかしくなった自分の感覚に負けてはいけないと、懸命に気を集中させる。くにゃくにゃの世界から早く抜け出したい由美は懸命に自分を説得する。くにゃくにゃな外界は存在していない。床は平面で、由美の足をしっかりと支えている筈だ。壁は垂直に頑丈に立っている筈だ。くにゃくにゃに感じるのは、発作を起こした神経が、誤った知覚情報を由美の脳に送っているせいだ。

由美は床や壁がくにゃくにゃになっているのを感じながら、床や壁はくにゃくにゃではないと自分を説得する。

廊下を歩いている由美は、くにゃくにゃに感じる床が本当は固いことを足裏が知覚するように、足裏の感覚を正常にしようと神経を集中させる。しかし、足裏は床がくにゃくにゃになっているように感じ、足が底なし沼に吸い込まれていくように感じる。由美は底なし沼に足が吸い込まれていく恐怖と闘いながら歩く。くにゃくにゃのくぼみに右足が取られて、右に傾こうとする体を、由美はおぼつかない平衡感覚を頼りにまっすぐに立つ。そしてくぼみにはまっても倒れないように気をつけながら廊下を歩く。左に倒れそうになる。後ろに倒れそうになる。前にのめりそうになる。由美の１５５センチの細い体は、倒れないように廊下をゆっくりと移動する。

「大丈夫ですか。」

と、さっきとは別の声が聞こえた。

「大丈夫です。」

由美は無理に笑って、平気な振りをした。

由美は歩くのを止めて、暫くの間壁に体を預けて、深呼吸をゆっくりと繰り返した。すると、次第にくにゃくにゃ感がなくなっていった。由美の心は落ち着き、神経がやわらいでいく。ひび割れるような脳の痛みもやわらいできた。壁に寄りかからなくても歩ける状態になったので、由美は壁から離れて歩き、夕暮れの病院の外に出た。

外界がくにゃくにゃと感じるのは病院のハードな仕事によるストレスの性である。肉体を酷使し、神経を酷使する看護士の仕事は、由美に強烈な疲れとスト

レスをもたらす。ストレスが蓄積されて一気に爆発した時に外界がくにゃくにゃになっているような感覚になるのだろう。

由美は看護士に向いていないと自分で思う。看護士の仕事は由美にはとても辛い。看護士のハードな仕事は由美の神経をぼろぼろにする。

でも、由美は看護士以外の仕事を知らない。看護士の仕事をやりたくないが、看護士以外にやりたいと思う仕事もない。だから、由美は看護士を辞めようと考えたことはない。

由美が看護士になったのは、由美が望んだからではない。高校の進路指導の担任教諭が、「由美さんは看護士に向いていますね。」と、看護学校に進学するように由美の母さんに勧めたので、由美の母さんは、高校の進路指導の担任教諭の勧めに従って、由美に看護学校に行くように言い、母さんに逆らえない由美は看護学校に進学し、看護士になった。

もし、高校の進路指導の担任教諭が別の進路コースを勧めていたら、母さんも別の進路コースを勧め、由美は母さんに言われるままに看護学校とは別の学校に進学し、看護士とは別の職業に就いていただろう。

由美は病院を出るとバス停留所に向かった。由美は、街の通りを歩いていると見知らぬ人間に声を掛けられそうで不安になる。声をかけられないように、目の前の地面を見ながら俯いて歩くのが由美の歩き方になった。

バス停留所でバスを待っている間も、見知らぬ人間に声を掛けられないか不安で、由美の心は落ち着かない。由美が乗る乗り合いバスがやって来た。バスは止まり、バスのドアが開いて由美はバスに乗り。バスの席に座ると由美はほっとする。

由美の乗った乗り合いバスは街の中央通りに出た。渋滞している中央通りを、信号の度に何度も停車しながら乗り合いバスは進み、街外れの十字路に来ると乗り合いバスはゆっくりと左折した。

由美が乗っている乗り合いバスは街外れの平坦な道路を進んでいたが、五つ目の歩道橋を過ぎると道路が坂になった。坂を上ると、街のビルに隠れて姿が見えなかった赤い夕陽が見え、夕日はバスを照らした。バスは夕日に赤く映えている坂道をゆっくりと上って行った。坂道は曲がりくねり、乗り合いバスは何度も大きくカーブを切った。乗り合いバスは坂道の途中のバス停留所で停まり、二人か三人の客が降りたり乗ったりしながら進み、やがて高台を登り切り、乗り合いバスは三叉路を左折して、崖下の街を見下ろしながら崖に沿って進んだ。

由美はぼんやりと街の向こうに見える海を見ていた。夕日が赤い水平線に落ちようとしている。

三つ目のバス停留所に来た時、由美は乗り合いバスから降りた。バスから降りて、由美の住むアパートにつづいている道に足がついた時、由美は、やっと看護師の仕事から解放された気持ちになれる。足裏は固い道路をしっかりと感じる。道路をくにゃくにゃに感じることはもうない。由美は暗くなりかけた道を歩いた。往来する車に気をつけながら十分程歩くと、由美のアパートに着く。

五階建てのアパートの最上階に由美の部屋はある。エレベーターに乗り、五階のボタンを押すとエレベーターは上昇を始めた。エレベーターのボタンが次々と点滅していき、五階のボタンが点灯して、エレベーターの上昇は止まった。由美はエレベーターを降りて由美の部屋に向かった。

部屋のドアの前に立ち、バッグから鍵を出して、ドアの鍵をはずし、ドアを開けて由美は部屋の中に入った。

廊下に足を踏み入れた由美は立ち止まった。廊下には、本やお椀やコップや衣服やらが散らかっている。由美は足元に気をつけながら廊下を通り居間に入った。居間も荒れていた。テーブルは裏返しにされ、椅子は放り投げられている。あらゆる家財道具が部屋のあちらこちらに散らばっている。まるで部屋は戦場のようだ。荒れ果てた部屋を見ると由美は気が重くなる。

荒れた部屋を片付けるのは、病院の仕事で疲れている由美にはとても難儀な作業であるが、由美以外に部屋を片付ける人間はいない。由美は、宗郎が荒らした部屋を片付けなければならない。

今日、由美が部屋をきれいに片付けても、明日の夕方に由美が病院から帰った時は、今日と同じように部屋は荒らされているだろう。

疲れている由美は、荒れた部屋を見てもすぐに片付ける気にはなれない。片付けをやる前に、コーヒーを一杯飲んで落ち着くのが由美の習慣になっている。

由美は鉛のように重い体を床の上に投げ出してそのまま寝たい。しかし、楽になりたい欲求を我慢して、由美はひっくり返ったテーブルを立て直した。あちらこちらに放り投げられた四つの椅子をテーブルの回りに揃えた。

それから、由美は、椅子に上って、一番上の棚の奥に隠してあるコーヒーメーカーとコーヒー粉とコーヒーフィルターを取り出した。椅子から下り、コーヒーメーカーに水を入れ、コーヒー粉をセットしてスイッチを押した。

コーヒーができるまで、由美は、体が鉛のように重たいのを感じながら椅子に座っている。

暫くすると、お湯の沸き立つ音がして、熱湯がコーヒー粉に落ちていく音が聞こえた。コーヒーの香りが部屋に漂ってきた。コーヒーの香りが由美の鼻に侵入してくる。由美はゆっくりと深く息を吸ってコーヒーの香りを味わう。コーヒーの香りは由美の心を落ち着かせる。鉛のような肉体が柔らいでいく。

温かいコーヒーをアパートの部屋で飲むのが、一日の生活の中で一番由美の心がやすらぐ。

由美はコーヒーの香りを吸いながら、熱湯のすべてがコーヒー粉に注ぎ、コーヒーフィルターからコーヒーが滴り終わるのを待った。

コーヒーの香りに安らぎを覚えながら、由美は奥の部屋を見た。奥の部屋には宗郎が眠っている。いや、眠っていないかも知れない。起きているかも知れない。眠っているのか起きているのか知らないけれど、薄い毛布に覆われた宗郎が、奥の部屋のベッドの上で静かに横たわっている。

由美はゆっくりと立ち上がり、宗郎の部屋に向かった。由美は宗郎の部屋に足を踏み入れた。由美が部屋に入ってきても、宗郎は由美の方に顔を向ける気配はない。

由美は元気な声で、「宗郎、ただいま。」と宗郎に声を掛けたかったが、由美の体は鉛のように重く、元気な声で、「宗郎、ただいま。」と宗郎に言う気力は萎えていた。由美は宗郎に近寄っていって、宗郎を見詰めた。

小さな声で、

「宗郎、ただいま。」

と言う由美。

補助灯の弱い光に映える、青白い宗郎の顔は目を瞑り、口を閉じ、まるで蝋人形のようだ。ベッドに横たわっている宗郎は永遠に目を瞑り、永遠に口を閉じたままだと思わせる、宗郎のデスマスクのような顔。息をしている様子さえ感じられない。

由美は宗郎を起こして、愛する宗郎と今日のことをあれこれと話したかったが、病院の激務で疲れきった由美には、宗雄と話をする気力はなかった。

今の由美は、疲れた神経と肉体を癒すために、休息をする必要がある。コーヒーを飲み、休息をして、疲れが回復したら、荒れた部屋を片づけて、シャワーを浴び、それから、ゆっくりと宗郎と話をしよう。

由美は宗郎の側から離れて、テーブルに戻り、コーヒーをカップに注いで椅子に座った。椅子に座ると、テーブルに肘をつき、カップを鼻に寄せて、コーヒーの香りをかいだ。上品なコーヒーの香りをかいでいると、体の疲れが少しづつ和らいでくる。神経も和らいでくる。

由美はコーヒーの香りを味わいながらひとくちコーヒーを飲む。

コーヒーが口から入り、じんわりと喉を通っていく。胃の中に広がっていくコーヒーが、由美の体を温めていくのを感じる。由美は、またコーヒーをひとくち飲む。上品なコーヒーの香りに、由美は安らぎを覚える。

コーヒーを数回飲んで、ゆっくりと深く息を吸いながら、由美は目を瞑った。部屋の中に漂っている匂いが、目を瞑っている由美の鼻の奥に、静かに入ってくる。コーヒーの香りに混じって由美の匂いがする。由美が振り撒いた由美の匂いが由美に舞い戻り、由美が由美をやさしく抱いているような気分になれる。由美の匂いは由美の心を落ち着かせる。ここは由美の部屋。由美の住まい。由美の心が落ち着く唯一の場所。


鉛のような重みがゆっくりと溶けていく。由美が持つカップから蒸気が上り、かぐわしいコーヒーの香りが由美の鼻に吸い込まれていく。鉛のような重みはなおも溶けていく。コーヒーを飲む。体の芯に温かみが沁みてくる。由美の体から鉛のような重みが次第に消えていき、神経が安らいできた。コーヒーカップをテーブルに置いて、由美は大きく息を吸い込む。由美の匂いと、かすかな宗郎の匂いを感じる。
・・・・・・・ここは由美と宗郎だけの世界、宗郎と由美以外は誰もいない、宗郎と由美以外は誰もいてはいけないこの場所、由美と宗郎の二人だけの部屋、二人だけの空間。二人だけの世界・・・・・・・宗郎は由美が本当に愛した唯一の男、真実の愛、宗郎は由美のもの、由美は宗郎のもの、宗郎は由美の人生の唯一の宝物、由美は宗郎の人生の唯一の宝物、由美は宗郎なしには生きていけない、宗郎は由美なしでは生きていけない・・・・・・・
由美はコーヒーを飲みながら、由美と宗郎の愛が漂っている二人だけの部屋に居る幸せを深く噛み締めた。疲れていた神経の芯は安らかになり、幸せを感じる由美の体に新しい活力が蘇えってきた。活動する気力が生まれてきた。

由美はコーヒーを飲み終えると、夜の風景が見たくなってバルコニーに出た。

高台にあるアパートの五階からは、遠くに暗い海が見える。海と境がはっきりしない空には、小さな星たちが散りばめられている。月は見えない。風が頬を撫でて、由美の気持ちを涼しくしてくれる。眼下には、由美の勤める病院と、由美の親が住んでいる家と、宗郎の親が住んでいる家のある街が見える。街は灯と闇が広がっている。

街の中央通りは南北に走っている。街の夜の中央通りは、赤や青や白などのネオンの光が、一本の線になって連なっている。

街のネオンは、中央通りを中心にして、街を分けるように縦横に連なり、輝いている。街のネオンの狭間を移動する無数のヘッドライトは、こまねずみのように、街の光の地帯や、闇の地帯を、右往左往している。

我がもの顔で、赤や青や黄の光を放っているネオンの一帯から逃げるように、ひっそりと沈黙している街の闇。街のネオンを包むように広がっている暗闇の中には、ぽつんぽつんとつつましい灯が見える。

それらの灯は、それぞれの灯の心が、暗闇に遮断されて、他の灯と心が通うことができない、孤独な寂しい光の点の散らばりのようだ。

寒々とした寂しい灯たち。

あれが由美の親の住む家の灯。あれが宗郎の親の住む家の灯。あれは同級生山城さんの住む家の灯。山城さんの住む家の灯からひとつふたつみっつよっついつつなつ目の灯は同級生だった美代さんの親の住む家の灯。闇の中に、ぽつんぽつんと、孤独な弱い光りを放っている灯たち。

街の闇の中の、孤独で寂しい灯をあざ笑うように、華やかに輝いているネオンは、人間の汚れた欲望の光。汚れた欲望の光は、欲望が強ければ強い程に、燦々と輝いている。

・・・由美には街のネオンの光はそのように見える・・・

汚れた欲望は猛獣のように、街の腐った肉を食おうと、街のネオン街道を縦横に走り回る。欲望のエネルギーが、夜の街のネオンをますます燦々と輝かせている。いつかは、つつましい灯も、ネオンの毒の餌食になってしまうだろう。

・・・由美はそう思う・・・。

由美は、街のネオンと灯を見ている内に、不安が高まり、高まっていく不安を消そうとする気持ちは苛立ちを生じさせた。

由美は生まれ育った街が好きではない。ゴミゴミしていて、横暴な街。内気で純な由美の心を傷つけた街。傍若無人に振舞う街の人々。内気な由美を弱虫な奴だとあざ笑った街。

街のネオンと灯と闇を見ていると由美はむしょうに苛ついてくる。

由美は、生まれ育った街を好きになれない。しかし、街が嫌いであっても、この街を出て、別の街に住む勇気は由美にはない。街が嫌いでも、由美はこの街で生きていくしかない。好きになれない街で生きるしかない由美が選んだ棲家は、街の郊外の、街を見下ろせる、高台にあるアパートだった。ここなら街の横暴が由美を追いかけては来ない。

高台の由美の棲家は、由美の心を落ち着かせる。由美は、由美の棲家を由美の親兄弟にも教えていなかった。誰にも教えていない由美の棲家。由美と宗郎の二人だけの棲家。由美は由美をいらいらさせる街から夜空の方に目を移した。

夜空。

月のない夜空。

小さな星たちが慎ましく点滅している夜空。

無数の星たち。

星を眺めている由美は目を瞑った。

目を瞑ると、

由美の瞼に星空が広がった。

鮮やかな星空。

天の川が星空の中央に横たわっている。

宇宙に飛び出した由美は彦星を探す。

あったあった。

彦星があった。

小さな粒のような星たちの中で、

燦然と輝いている彦星。

宇宙を飛んでいる由美は、彦星を目指して進む。

ぐんぐん進む。

進んでいる内に、いつの間にか由美の意識は遠のいていった。暫くして由美はバルコニーのベランダの上に両手を置き、腕の上に顔を載せて、寝入っている自分に気がついた。

由美はまだ眠るわけにはいかない。由美には部屋を片付ける仕事が残っている。由美が愛する宗郎の世話もしなければならない。由美は、ベランダから離れ、部屋に戻った。


疲れている由美はすぐに寝たいが、荒れた部屋をそのままにしておくわけにはいかない。由美は服をジャージに着替えると、片付けを始めた。

床に転がっているお椀を拾う。

壁に激しくぶつけられたコップはねじれていた。

お箸やスプーンは床に散乱している。

本は、床や部屋の角に、ページが開いた状態でだらしなく寝そべっている。

掃除機は廊下でひっくり返り、吸引ホースはだらしなくくねっている。

由美は食器を食器棚に並べ、本を本棚に戻し、掃除機は部屋の片隅に置いた。散乱している衣服類は、丹念に畳んでタンスに入れた。延々と続く静かな夜の片づけ作業。夜の時間は過ぎて行く。由美は黙々と散乱している物たちを片づける。ひとつひとつ物は片付き、廊下から散乱している物たちは減っていき、居間やキッチンの床に散乱している物たちも減っていく。やがて、由美の片付け作業は終わる。

片付けが終わると、最後に部屋中を掃除をする。

掃除を終わった由美は、ジャージを脱いでシャワー室に入り、シャワーを浴びた。

病院のあの嘔吐しそうな臭いはなかなか消えない。由美は、石鹸を着けたタオルで、体を満遍なく洗う。由美は由美の体から、病院の腐臭を完全に消すために、何度も体を洗う。

由美は、由美の柔肌を丹念に洗い、病院の腐臭のすべてを肉体から洗い流して、身も心も純になってシャワー室を出る。

これから宗郎の体を拭く。ベッドに横たわっている宗郎。起きているのか寝ているのか、由美には分からない。

宗郎は、由美が部屋に居る間はベッドの上に身を横たえたままである。起き上がって、由美の相手をしてくれない宗郎。由美は、宗郎が起きてくれないことに一抹の寂しさを感じる。由美は宗郎に合わせて、由美の愛を宗郎に注ぐしかない。

由美は一糸纏わない裸のままだ。シャワーを浴びた後の由美は、一糸も纏わない真裸になるのが習慣になっている。ここは、他人の居ない由美の自由な部屋なのだから、由美は一番自由を感じる裸でいる。

由美は、宗郎が横たわっているベッドに近寄り、宗郎を覆っている毛布をゆっくりと剥ぎ取った。白く痩せた宗郎の肉体が、ベッドの上で露になった。宗郎の体は、透き通るように白く、骨や内臓が透けて見えてしまいそうだ。由美は、タオルを洗面器のぬるま湯に漬けて絞る。絞る時に、ぎゅうっと力を入れるが、思い切り力を入れようとすると、気力がすうっと抜けていく。

すーっと気力が抜けていき、その後に、どこからかけだるい安堵感が由美の体内にやってくる。外界では一度もやって来ないこのけだるい安堵感。病院で看護士として働いている時の緊張と不安も、街で感じる緊張と不安も、由美の体から消えていき、軽いハミングが思わず鼻から流れ出そうな幸せの感情をもたらしてくれるこのけだるい安堵感。

渾身の力でタオルを搾ろうとすると、すーっと気力が抜けていき、その直後にやってくる幸せの感情をもたらしてくれるけだるい安堵感を、宗郎の体を拭きながら、由美は毎夜体感する。


毎夜、幸せを感受する由美は、現実の嘆きを中和するために、子供の頃の純な時代の思い出に浸る必要はない。

幸せの感情に浸れるけだるい安堵感を、由美は毎夜感じるのだから、過去のわずかな楽しい思い出を、記憶のタンスから引き出す必要もない。

幸せの感情をもたらしてくれるけだるい安堵感に由美は毎夜浸れる。だから、由美はロマンティズムな小説の主人公に、わが身を変身させる必要もない。けだるい安堵感に包まれて、幸せに浸っている由美には、過去の思い出に浸ったり、空想の夢に浸ったりして、今の我が身から逃避する必要はない。

毎夜、由美は宗郎と由美の二人だけの世界に浸ることができる。由美の愛と幸せが行き着く場所。ここがその場所。宗郎が横たわるベッドが、由美の愛と幸せが行きつく場所。由美の愛の世界。由美の幸せの世界。

力の抜けたけだるい右手は、柔らかなタオルを握り、左手は宗郎の手首を掴む。細い宗郎の手首。青白く透き通った宗郎の腕。補助灯の弱い光の中へ消えてしまいそうな宗郎の透き通った腕。爪を立てたら、宗郎の皮膚は破けてしまいそう。

由美と宗郎の二人の部屋の深夜の時間の流れは、大河の流れのようにゆったりと流れている。由美はゆっくりと宗郎の腕を拭き、それから胸を拭き、何度もタオルを洗面器のお湯につけてけだるく絞りながら、宗郎の首を拭き、宗郎の顔を拭き、宗郎の腰を拭き、下腹から大腿へ、大腿から膝へ、膝から脛へ、脛から足へと拭いていく。足裏と足の指を拭き終えた由美は宗郎の顔を見詰める。


宗郎は目を開かない。眠っているのか、眠った振りをしているのか・・・・・・。

宗郎は息と心臓を止めているかのように動かない。

蝋人形のように、静かにベッドに横たわっている宗郎。由美は宗郎に声を掛けたくなったが、思いとどまり、ベッドを離れて、風呂場に行き、洗面器のお湯を棄てた。

風呂場から出た由美は、再びコーヒーを入れて椅子に座った。宗郎の裸体を隅々まで拭き終わり、由美の一日が終わった。
・・・宗郎　由美　出会い・・・
・・・由美　宗郎　愛・・・
・・・由美と宗郎だけの　愛の部屋・・・

由美はステレオのスイッチを入れた。ジョン・コルトレーンのサックスが奏でるバラードが部屋に流れた。由美はコーヒーを飲みながら、ジョン・コルトレーンのサックスのバラードを聞く。闇の中の切なさ。
切ない愛の音、
深い愛の音、
孤独な愛の音、
コルトレーン・サックスの切ない音。一日の終わり。

由美はテーブルに肘をつき、コーヒーを飲む。コーヒーを飲みながら、一日が終わったという安堵感が由美の体と神経を安らかにしていく。

由美と宗郎。

宗郎と由美。

由美は、宗郎との将来に少しも不安はない。

宗郎は由美のもの。

由美は宗郎のもの。

それだけ。

それだけのことが全て。

難しいことではない。


難しくない由美と宗郎の今の状態が、明日も同じように続けばいい。来年も今と同じ状態であればいい。五年後も、十年後も、二十年後も・・・。由美は、今の生活を淡々と続けていく。それが由美の幸せ、それが由美の大切なこと。

宗郎の過去を思い出すことも、由美の過去を思い出すことも、由美には必要ない。宗郎の未来を思い描くことも、由美の未来を思い描くことも、由美には大切ではない。今をそのまま持続し続けることだけが由美には必要で大切なこと。由美は、そのように思っている。

コルトレーンのサックスは、最初の曲に戻り、再び囁くように部屋に流れている。由美は目を瞑り、コルトレーン・サックスの切ない音の流れに、心を溶かしていった。


人の動いている気配がした。

きっと、ベッドから起きてきた宗郎に違いない。

気配は、由美の側にやって来た。由美から一歩ほど離れた所で気配は止まった。

宗郎は由美から一歩ほど離れた所に立って、由美をじっと見つめているのだろう。


由美は宗郎の方を振り向き、宗郎と話したいと思った。しかし、由美の上瞼と下瞼は強力な接着剤が塗られたようで瞼を開くことができない。コルトレーン・サックスを聞きながら安らいでいる脳は、無理やりに目を開こうとする気力を失っている。由美の体も心地よいけだるさに酔い、宗郎の方を振り向こうとしない。「いちにち」を終えた由美の体と脳は、安らぎの世界に溶けていこうとして、目を開き宗郎を振り向きたい由美の気持ちを無視して、由美の側に立っている愛する宗郎に反応しようとしない。

宗郎は、コルトレーン・サックスのバラードを消すために起きてきたのだろうか。宗郎はジャズが嫌いだった。ジャズは雑音でうるさい存在だと、宗郎が言っていたような気がする・・・・・。宗郎は「エリーゼのために」のようなきれいなクラシックが好きだったような気がする・・・・・

由美はなぜか知らないが、ソフトできれいなクラシックは嫌いだ。特に、「エリーゼのために」はとても嫌いだ。宗郎が好きだから、宗郎が好きな「エリーゼのために」を好きになる努力をやったはずだけど、どうしても「エリーゼのために」を好きにはなれない。

・・・いや、「エリーゼのために」を好きになる努力をやったことは一度もないような気がする・・・ずっと昔・・・少女時代の由美は「エリーゼのために」というクラシック曲はとても好きだったような気がする・・・しかし、いつの間にか好きではなくなっていた・・・なぜ好きではなくなったのだろう・・・その理由を由美は知らない・・・。

とても好きだった「エリーゼのために」が、好きではなくなった頃を由美は覚えていない。好きではなくなった理由を由美は知らない。とても好きだった「エリーゼのために」というクラシック曲を、由美は、いつの間にかとても嫌いになっていた。

宗郎が、「エリーゼのために」を好きだったから、「エリーゼのために」を好きになろうと努力したことはあったはずなのに・・・・・いや、好きになろうと努力したことはなかったような気がする・・・・・。

「エリーゼのために」を少女時代には好きだったのだから、「エリーゼのために」を好きになる努力をしたとは考えられない。ひょっとすると、好きになる努力をしたのは、「エリーゼのために」ではなくて、コルトレーン・サックスのバラードだったかも知れない。そんな気がする。でも、そうではなかったかも知れない。由美は覚えていない。

暗い部屋で、膝を抱えて涙を流しながら、とても長い時間。コルトレーンのサックスのバラードを聞いていた頃があったような気がする・・・・。

なぜ、膝を抱えて涙を流していたのか、その理由を由美は覚えていない。とても孤独だったような気がする。とても大切なものを失った悲しみの涙だったような気がする。由美の命より大切なものを失った悲しみの涙だったような気がする。でも、大切なものがなんであったか由美は覚えていない。

・・・暗い部屋で、永遠を思わせる程長い時間、由美はコルトレーン・サックスのバラードを、涙と一緒に聞いていた・・・・ような気がする。なぜ聞いていたか、由美は覚えていない。

由美は、コルトレーンの曲はバラード以外の曲は好きになれない。マイフェバリッツティングスも、ミスターPCも、由美にはうるさいだけだ。

もしかすると、ジャズが嫌いだったのは、宗郎ではなく由美だったのだろうか。そうだったかも知れない。もしかするとコルトレーンのバラードが好きだったのは、由美ではなくて宗郎だったのだろうか。そうだったかも知れない。でも、由美の記憶にはない。由美は覚えていない。

由美は、いつ頃から、コルトレーンのバラードを好きになったのだろう、なぜ好きになったのだろう。由美には分からない。少女時代に好きだった、エリーゼのために」は何故嫌いになったのだろう。その理由を由美は知らない。覚えていない。

喫茶店で、「エリーゼのために」の曲が流れ出した瞬間に、悲しみと孤独の感情が高まり、コーヒー代金を払わずに喫茶店を逃げるように出たことがある。

大好きだった「エリーゼのために」という曲を宗郎と一緒に聞いていた由美だったが、宗郎に裏切られて、「エリーゼのため」を聞くと惨めに感じるようになったのだろうか。

宗郎は「エリーゼのために」が本当に好きだったのだろうか。「エリーゼのために」は由美が好きで、宗郎はジャズが好きだったのではなかっただろうか。そうであったような気もするが、由美は覚えていない。

宗郎に裏切られて、裏切った宗郎が恋しくて、宗郎の好きだったコルトレーン・サックスのバラードを何度も聞いているうちに、コルトレーン・サックスのバラードが好きになったのだろうか。由美には分からない。宗郎がコルトレーンを嫌いだった記憶は由美にはない。宗郎が由美を裏切り、由美を絶望させたという記憶は、由美にはない。

コルトレーン・サックスのバラードが好きな理由も、「エリーゼのために」が嫌いな理由も、宗郎とは関係のないことなのかもしれない。でも、「エリーゼのために」を嫌悪するようになっていた頃、いつも、喫茶店には由美ひとり座っていたような記憶がある。「エリーゼのために」の曲が流れて、逃げるように喫茶店を出た場面の由美はいつもひとりぼっちの由美だった。宗郎が一緒にいた記憶はない。

「エリーゼのために」の曲が喫茶店で流れている時に、一人ぽっちの悲しみの涙があふれ出ていた由美の記憶。その記憶は現実だったのだろうか。夢だったのだろうか。もしかすると、夢だったのかもしれない。

夢だったのか、現実だったのか。今の由美には定かではない。

「エリーゼのために」の音が大きくなり耳に響く。首を締める手は、由美を死に至らしめる一歩手前の力だ。首を締める力があと少し強くなれば由美は息ができなくなり、死んでしまう。

由美の首を締めている力は次第に強くなる。由美は苦しい。苦しい。死ぬ。

由美は死の恐怖から逃れようとありったけの力とありったけの声を出した。
・・・「あ。」・・・という小さな由美の声が由美の耳に聞こえた。その瞬間に、由美の体が呪縛から解放されて、由美の目が開いた。「エリーゼのために」の曲が消え、ステレオからは、コルトレーン・サックスのバラードが流れている。由美の首を締めていた手は、一瞬の内に消えた。由美は体が動けるようになった。由美は後ろを見た。後ろには誰も居ない。背後に人が居る気配は由美の幻覚だったのか。
コーヒーを飲みながら、コルトレーン・サックスのバラードを聞いていた由美は、いつの間にか眠り、眠りの最中に、金縛りになったようだ。首を締められていたことが幻覚であったことを知り、由美はほっとした。


奥の部屋を見た。

宗郎は静かに横たわっている。

由美はゆっくり深く息を吸い、ゆっくり息を吐いた。それから背伸びをした。

由美はコーヒーカップに手を伸ばして、コーヒーを飲んだ。


夜は、時間がゆっくりと流れていく。


温くなったコーヒーを飲みながら、由美は再び宗郎の部屋を見た。ベッドの上に、宗郎は横たわっている。由美がうとうとしていた間に、宗郎はベッドから起き出して、由美の側に来たのかも知れない。由美が感じた人の気配は、幻覚だったのか、それとも宗郎の気配だったのか。

確かに感じた人の気配。首を締められているのは幻覚だったかも知れないが、宗郎の気配は幻覚だったとは思えない。宗郎は、由美がうとうとしている時に、由美の側にやってきたのだ。由美はそう確信している。

宗郎は、由美の側に来て、由美の様子を見て、由美が寝ていたので、再びベッドに戻った。由美は、そう推理した。金縛りから覚めた由美は、宗郎が由美の側に来たことを信じて疑わなかった。

由美は、コーヒーを飲み干すと、宗郎が横たわっている部屋に行った。


目を瞑り、口を閉じている宗郎は、肌がすき透り美しい。ベッドの上に横たわっている宗郎は、動き出しそうで動き出さない蝋人形のようだ。息をしている気配さえ感じさせない宗郎。由美は、宗郎の冷たい手を取り宗郎の手を由美の小さな胸に押し当てた。

ひんやりとした感触が由美の胸を包む。宗郎の手で包まれた由美の胸がほてっていく。宗郎の愛が欲しい。由美は心からそう思う。由美は、宗郎の顔を覗いたが、宗郎は蝋人形のように表情は変わらない。由美は、そうっと由美の唇を宗郎の唇に重ねた。由美の体の芯はしだいに熱くなっていく。宗郎は反応を示さない。由美の手は、宗郎の胸を愛撫し、腹を愛撫し、宗郎を股間のそれをやさしく掴んで手の中に包み、愛撫した。由美の舌は、宗郎の首を愛撫し、胸を愛撫し、腹を愛撫し、股間の宗郎のそれを、手と一緒に愛撫し始めた。しかし、宗郎のそれは、由美の愛撫を嘲笑するように、生の喜びを忘れたように萎えたままだった。・・・由美の体はほてってきた・・・宗郎の愛が欲しい・・・・。

由美は、由美の愛をあざ笑うように萎えている宗郎のそれに苛立ってきた。由美の愛撫は、次第に激しくなっていった。

「止めろ。」

宗郎が、甲高い金属音の声を、かすかに発した。由美の耳には聞えていないのか、由美は、愛撫の行為を続けている。

「止めてくれ。」

再び、金属音の甲高い声を、宗郎は発した。宗郎の声に気づいた由美は、声を発した宗郎の口に由美の口を重ねた。由美の熱い舌が、宗郎の口の中に浸入して、宗郎の舌ともつれ合おうとするが、宗郎の舌は口の奥に逃げ、由美の舌と交わるのを避けた。

「宗郎。あなたの舌が欲しい。宗郎の愛が欲しい。」

由美は、宗郎の舌と交わるのを哀願した。しかし、由美の哀願を、宗郎は無視した。

宗郎は、蝋人形のように冷たく、無表情のままである。

由美が、宗郎に話し掛けても、宗郎は「止めてくれ。」と言ったきり、無言のまま。

せつない由美は、宗郎の目が開いて由美を見てくれることを願いながら、宗郎の顔を撫でた。「宗郎。起きて。由美を見て。」「宗郎。目を開いて。お願い。」と由美は宗郎に呼びかけながら、宗郎の顔を撫で続けた。由美に撫でられていた宗郎が、目を開いた。

「宗郎。」

由美は宗郎が目を開いたのを喜んだ。

「僕をいつまで生き長らえさせるのだ。」

宗郎の高音で金属的な声が、弱々しく由美の耳に響いてきた。宗郎の言っていることが、由美には理解できなかった。

宗郎は、由美によって「生き長らえさせられている。」のではない。宗郎は病気であり、病気治療をしているのだ。宗郎の病気は、原因不明であるが、今日明日に死にいたる病気ではない。

「宗郎は生き長らえさせられているのではないわ。生き延びているの。早く元気になって。」

宗郎の顔は、感情を忘れたように、無表情である。宗郎の病気は死に至る病気ではないが、しかし、このまま衰弱して行けば、終いには死ぬかもしれない。宗郎は死にたいのだろうか。宗郎は、生きようとする気力を棄てて、死の世界に行きたいと願っているのだろうか。由美を残して、宗郎はひとりだけで、あの世に行こうしているのか。なぜ、宗郎は死にたいと思っているのだろう。由美には分からない。


「こんな状態を続けるより、いっそのこと僕を殺してくれ。」

金属音のように甲高い無表情な宗郎の声は、「私を殺してくれ。」という悲痛な言葉のわりには、真実味を含んでいない響きをしていた。真実味のない宗郎の訴えを、由美は聞き入れる気にはなれないし、信じることもできない。


「由美が宗郎を殺すことは絶対にないわ。宗郎は由美と共に生きていくの。いつまでも。だから、死ぬことは諦めて。」

幼児を諭すように由美は言った。由美の言葉に怒ってしまったのか、それとも納得をしたのか、宗郎は黙った。

部屋の天井の補助灯が、弱く光り、壁掛け時計の音だけが、カチカチと、鳴り続けている。

宗郎は、「宗郎は由美と共に生きていくの。いつまでも。だから、死ぬことは諦めて。」と由美に言われて、由美が生きている限り、宗郎も生き長らえていかなければならないことを認めて、死ぬことを諦めたのだろうか。それとも、死にたいと思う気持ちは、まだ持ち続けているのだろうか。蝋人形のような、無表情な宗郎の顔からは、宗郎の本心を窺い知ることはできなかった。


宗郎の目が開いた。無表情な顔に、虚ろな目。宗郎の口が微かに動き、弱々しい金属音の声が発せられた。


「僕は考えを一歩進めた。僕は君に生き長らえさせられているのではないし、生き延びているのでもない。きみを下僕にして僕は生きているのだ。僕は君に養われているのじゃない。僕がきみに私を養わさせているのだ。僕は貴族で、きみは僕に飼われている奴隷なのだ。僕がきみを支配しているのだ。

きみは僕を呪縛して、僕をきみの思いの通りにしていると信じているだろうが、それは違う。

きみに肉体を束縛されても、僕の心はきみに束縛されない。僕の意識も君には触れさせない。僕が僕として存在している証である僕の意識は自由だ。つまり僕はきみに支配されない自由な存在だ。だから僕は自由だ。僕はきみに支配されない。むしろ僕はきみの幼稚で愚かな脳みそをあざ笑っているのだ。愚かな女よ。」


宗郎と由美は、永遠の愛を誓った。由美は、宗郎との永遠の愛を信じている。愛の交わりの永遠の持続を、由美は信じている。心の底から信じている。心の底から信じて疑わないから、由美が宗郎の奴隷だと宗郎に言われても、由美は甘んじて、その言葉を受け入れる。


宗郎が由美を支配しようと、由美が宗郎を支配しようと、宗郎との愛があれば、由美には支配被支配のことはどうでもいいことだ。「愚かな女。」と言われても、宗郎が由美を愛してくれるなら、由美は、「愚かな女」でも幸せだ。

「きみにはプライドがないのか。僕に愚かな女と言われても怒らないのか。」

由美は首を横に振った。

「哀れな女だ。愚かで哀れな女だ。」

宗郎は由美を愛しているのだから、由美は宗郎を愛しているのだから、宗郎が由美を侮蔑する言葉に由美は怒らないし、心の動揺もない。純粋に愛している宗郎に、どうして由美は怒ることができようか。
「愛しているわ。永遠に愛しているわ、宗郎。」
宗郎の唇がゆがんだ。苦笑いをしているのだろう。
「僕は宗郎ではない。正和というのが、僕が生まれたときから一度も変えたことのない僕の名前だ。宗郎なんて男を、僕は知らない。会ったこともない。僕の顔を見れば、僕が宗郎という男ではないことがはっきり分かるというのに。なんて目の悪い、愚かな女なのだきみは。」
目の前に横たわっている宗郎が、宗郎であるか、宗郎ではないかは、顔を見ればはっきり分かるというのは、宗郎の言う通りである。目の前の宗郎の顔を見れば、目の前の宗郎が宗郎であることは、はっきりしている。

目の前の宗郎の顔は、紛れもなく宗郎の顔である。この顔以外の宗郎の顔を、由美は見たことがない。宗郎は嘘をついている。宗郎が、宗郎の顔を宗郎の顔ではないと嘘をついていることは、由美には苦もなく分かる。永遠の愛を誓った男の顔を、由美が見誤ることはあり得ない。

宗郎が、宗郎の顔を宗郎ではないと言い張る理由を、由美は知らないが、それは、由美にとって、気になる問題ではない。宗郎が、由美と同じ空間に存在していれば、由美はそれだけでいい。それだけで幸せ。
「僕の額、目、鼻、口をちゃんと見ろ。僕の額、目、鼻、口をちゃんと見てから、写真でもいい、きみの記憶の中でもいい、宗郎と言う男の顔と見比べて見ろ。僕が宗郎ではないことは、直ぐに分かるはずだ。」
額、目、鼻、口を見たから宗郎と分かる。目の前の顔は、額、目、鼻、口が寸分違わず宗郎と同じ。由美は、目の前の顔の容貌を、宗郎という名前の男以外に見たことがない。目の前の顔が、宗郎以外の顔であるという証拠を、由美は探すことができない。由美は、宗郎の額をやさしく撫でた。

「触るな、狂った女。」

宗郎が甲高い金属音の声で、由美の手が、体に触れることを拒否した。しかし、宗郎の声は弱々しい。由美は、宗郎の声を気にも留めないで、やさしく宗郎の額を撫でた。腕の筋力が萎えた宗郎は、腕を自分の意思通りに動かすことができない。宗郎は、自分の額に触れている由美の手を、振り払うことができない。

由美は、宗郎の裸体を愛撫し始めた。由美の細くて長い敏感な指は、宗郎の裸体の上を這いずり回った。

「愚かな女よ。僕はなにも感じない。感じるはずがない。君に拉致されて、僕はきみの部屋のベッドに寝かされた。きみが愛撫している肉体は、僕の肉体だ。僕はきみの玩具ではない。屍のような僕の肉体であっても、僕の肉体はきみの愛の行為を拒否する。僕の肉体は僕の肉体であり、きみの行為になにも感じない。感じる筈がない。」

由美は、宗郎に肌を密着させて、宗郎の股間のそれを口の中で愛撫した。

「愚かな女よ。止めろ。僕は宗郎ではない。宗郎ではないのだからきみの愛を感じることはない。」

宗郎の股間のそれは、いつまでもこんにゃくのように柔らかいままで、由美の口の中で、ねじれもつれても大きくなる気配はなかった。由美の求めている愛が、由美の愛の行為に応じてくれない。由美の愛の欲求はますます高まっていった。

「宗郎。愛をちょうだい。」

由美の哀願をあざ笑うかのように、宗郎の肉体は無反応のままであった。

「僕は宗郎ではない。」

宗郎の、抑揚のない甲高い金属音の声は、由美を嘲笑っているかのように、由美の鼓膜を突いた。宗郎であることに間違いないベッドの男は、由美を朝笑うように、しきりに、「僕は宗郎ではない。」と繰り返し言った。キンキンと、宗郎の金属音の声は、由美の耳の奥で共鳴を起こし、次第に大きくなっていった。
「あなたは宗郎よ。なぜ嘘を突くの。あなたは宗郎ではないと言うことによって宗郎ではなくなると信じているの。あなたがどんなに宗郎ではないと言い続けてもあなたは宗郎なのよ。」
金属音の響きに痛くなってきた頭を押さえて、由美は宗郎に訴えた。

「僕は宗郎ではない。僕は正和だ。僕は正和という名前を一度も変えたことはない。」

「嘘よ。昨日は冬樹と言ったわ。一昨日は秀樹と言ったわ。信也、博之、正也、翔太。あなたは毎日違う名前を自分に命名している。あなたの名前は宗郎。宗郎以外は全て嘘の名前よ。宗郎。私をあなたの腕で抱いて。私を抱きしめて。」

由美は、宗郎の胸に覆い被さり、宗郎を抱き締めた。冷たい宗郎の体温が、由美の膚に触れる。由美の女の芯から生まれてくる情欲の熱は、宗郎の冷たい体温を熱くしていった。

　僕は宗郎という男ではないという宗郎の金属音の声は、由美の脳内で、こだまのように反芻してキーンキーンと不協和音と化していった。由美の頭は割れるように痛くなってきた。・由美は、宗郎から離れ、バッグから錠剤の入った瓶を取り出した。由美は、錠剤を口に含んで、キッチンに行き、水道の蛇口をひねって、コップに水を入れて飲んだ。

「僕は宗郎ではない。きみはそのことを認めるべきだ。一夜限りの恋であったはずなのに、どうして僕は何日もベッドの上に寝かされなければならないのだ。

　僕は宗郎という男ではない。僕は正和という名の男だ。愚かな女よ。きみが僕の肉体をきみのものにしても、僕の心はきみのものにはならない。それは当然のことだ。この状態が永遠に続いても、僕の心がきみのものになることはない。それをきみは知るべきだ。僕の肉体を弄んで喜ぶ愚かな女だよ、きみは。」

由美は、愛する宗郎に何度も愚かな女と言われ続けられると、少しずつ悲しみが深くなっていく。宗郎の肉体を弄んでいると言われるのは、由美には心外である。由美が望むのは、宗郎が純粋な宗郎に戻り、由美を、「愛している。」と言ってくれることだ。しかし、今の宗郎は宗郎ではないと嘘を言い、由美を愚かな女だと言って由美を侮蔑する。

　宗郎が変。宗郎がおかしい。なにかが変。なにかがおかしい・・・・・・
・・・宗郎は悪魔に憑依されている・・・・・・悪魔に憑依されている宗郎は、由美と永遠の愛を誓った真実の心を失っている・・・・・・私は宗郎ではないと嘘を言い続ける宗郎。宗郎に嘘を言わせる、宗郎に憑依している悪魔・・・・・・・宗郎は悪魔に憑依されている・・・・・・・・・・・・・
そう。宗郎に悪魔が憑依しているから、宗郎は宗郎ではないと嘘をつき、由美を愚かな女と呼ぶのだ。

　由美は宗郎から悪魔を取り除き、宗郎の真実の心を取り戻さなければならない。真実の宗郎を悪魔から奪い返さなければならない。しかし、しかし・・・どうすれば由美は悪魔から真実の宗郎の心を取り戻すことができるのだろうか。宗郎から悪魔を追い出すにはどうすればいいのだろう。悪魔についてなにも知らない由美には見当がつかない。

「私を見て。私よ。由美よ。宗郎。私は由美よ。由美なのよ。宗郎。私を見て。嘘の心を棄てて、宗郎。真実の心で私を見て。」

由美は必死に訴えた。

「浅ましい女だ。きみの頭は狂っている。」

悪魔が憑依している宗郎の言葉は、悪意に満ちている。「由美なしには生きていけない。」と言った宗郎に、由美も、「宗郎がいない世界を生きることはできない。」と返事をした。あれは永遠に変わらない真実の愛の誓い。真実の愛は永遠に不変である。由美の宗郎への真実の愛は永遠に変わらない。宗郎の由美への真実の愛も永遠に変わるはずがない。それなのに、宗郎は由美の切実な訴えに、「浅ましい女だ。きみの頭は狂っている。」と言った。この言葉は由美が愛している宗郎が言うはずがない。きっと、悪魔が言わせている言葉だ。宗郎に憑依している悪魔は残酷だ。

「宗郎は私と愛の誓いをしたのよ。永遠に変わらない愛を誓ったのよ。宗郎。真実の宗郎に戻って。」

「僕は宗郎ではない。僕は正和だ。永遠に変わらない愛なんて観念の中ではあるかも知れないが、生身の人間が生きている現実では存在しない。愛は変化するものだ。馬鹿な女だ。」

馬鹿な女と言われて、由美は気を失いそうになった。由美は絶望感に打ちひしがれながらも、必死に真実の宗郎に訴えた。

「私は永遠の愛を生きているわ。宗郎も永遠の愛を生きているわ。そうでしょう、宗郎。」

「宗郎という男はきみとの永遠の愛に愛想をつかしたのだろう。」

悪魔はなんて残酷なことを言うのだろう。激しい悲しみが由美を襲った。

「宗郎。そうなの。宗郎は由美を永遠に愛すると嘘をついたの。宗郎。正直に言って。宗郎、宗郎、宗郎。」

「僕は宗郎という男ではない。僕は正和だ。」

由美の激しい悲しみは激しい怒りに変わった。由美はいきなりバッグを放り投げた。バッグは鋭い勢いで隣の部屋のタンスにぶつかり、大きく跳ね返って床に落ちた。

「宗郎。宗郎は由美を永遠に愛すると言ったのよ。宗郎。」

「僕は宗郎という男ではない。僕はきみに永遠の愛を誓ったことはない。もし、宗郎という男がきみに、永遠に愛するという嘘を吐いていたとしたら、きみはどうするのだ。」

宗郎が嘘を吐くということは絶対にあり得ない。宗郎は由美と永遠の愛を誓った運命の人。悪魔は嘘を吐くが、宗郎は嘘を吐かない。由美は、宗郎に憑依している悪魔が、宗郎から消え去ることを望んだ。真実の宗郎が由美の前に現れるのを望んだ。

「もし、宗郎という男がきみに、永遠に愛するという嘘を吐いていたとしたら、きみはどうするのだ。」

「宗郎は嘘を吐かない。」

「宗郎は嘘を吐かないときみが信じているだけだ。愚かな女だ、きみは。」

「宗郎は嘘を吐かない。」

由美は悪魔の誘いに乗らないように、「宗郎は嘘を吐かない。」と、同じ言葉を呪文のように繰り返した。しかし、

「宗郎は嘘を吐かない。」

と、悪魔が憑依している宗郎は、由美をからかうように由美の言葉を真似た。由美は、悪魔が憑依している宗郎が由美と同じ言葉を言ったので、由美は「宗郎は嘘を吐かない。」と言えなくなった。

「宗郎は嘘を吐かない。」

悪魔が憑依している宗郎は、由美を嘲笑するように由美の言葉を真似て何度も「宗郎は嘘を吐かない。」と言った。

「宗郎は嘘を吐かない。」

「宗郎は嘘を吐かない。」

由美は耳を押さえた。

「もし、宗郎という男の、『きみを永遠に愛する。』と言ったことが嘘であったならきみはどうする。」

悪魔が憑依している宗郎は恐ろしいことを言う。

「宗郎は嘘を吐かないわ。」

由美は激しく反発した。

「ああ、そうだ。きみの言う通り、宗郎という男は絶対に嘘を吐かないということにしよう。宗郎という男が絶対に嘘を吐かないというのを前提としての仮定の話だ。だから、架空の仮定としよう。つまり嘘の仮定ということだ。嘘の仮定、つまり架空の仮定として、宗郎という男がきみに誓った永遠の愛が嘘であったなら、きみはどうする。」

宗郎は嘘を吐かない。宗郎が由美に誓った永遠の愛は、永遠に続く。それは疑うことを許さない真実だ。しかし、架空の仮定を想定した時、もしも、宗郎の誓った永遠の愛が嘘だとしたら、由美の結論はひとつしかない。

「宗郎を殺して、由美も死ぬ。」

由美は、悪魔に憑依された宗郎の誘導尋問に誘い込まれて、由美の口から恐ろしい言葉が出てしまったことに気付いた。・・・「宗郎を殺して由美も死ぬ。」・・・なんて恐ろしい想像だ。「宗郎を殺す。」・・・そんな恐ろしいことを由美は一度も考えたことがない。愛する宗郎を由美が殺せるはずがない。由美にとって、宗郎は唯一無二の存在である。唯一無二の存在である宗郎を、どうして由美は殺すことができようか。由美が宗郎を殺すことは絶対にあり得ない。永遠の愛を誓った宗郎が嘘を吐いたと考えることは、由美にはできない。だから、宗郎を殺すということは、想像することができない。

悪魔が憑依した宗郎の言葉巧みな誘導尋問に惑わされて、絶対に口に出してはいけない言葉を、由美は口に出してしまった。一瞬でも、「宗郎を殺す。」と言葉に出してしまうなんて由美には信じられない。

宗郎に憑依している悪魔はなんて残忍なのだ。由美は、宗郎に憑依している悪魔が憎くなった。由美は宗郎に憑依している悪魔を宗郎から一刻も早く追い出したかった。真実の宗郎に会いたかった。由美は頭の痛みをこらえながら、必死に叫んだ。

「宗郎。宗郎は宗郎なのよ。真実の宗郎に戻って。あなたに憑依している悪魔を追い払って。お願い。由美は宗郎に憑依した悪魔とは話したくない。由美を愛している宗郎と話をしたい。由美を愛している宗郎。お願い。出てきて。由美を愛している宗郎、出てきて。宗郎、宗郎、宗郎、宗郎。」

悪魔払いの儀式を知らない由美は、ひたすら悪魔に憑依されている真実の宗郎に訴え、懇願するだけである。由美は、悪魔を追い払って、由美を愛している真実の宗郎が、由美の前に出てくることを、宗郎に何度も訴え、何度も懇願した。

宗郎に憑依している悪魔の声を、由美は必死に打ち消しながら、

「宗郎、出てきて。」

「真実の宗郎に戻って。」

「宗郎、宗郎、宗郎。」

と叫び続けた。

由美の悲痛な声が薄暗い部屋に充満している時に、

「うう・・・ぼ・く・・は・・む・ね・お・・・」

ベッドの宗郎が苦しそうな声を出した。その声は由美を嘲笑する悪魔の声ではなかった。宗郎の苦しそうな声だった。由美の一途な願いが、真実の宗郎に届いたのだ。

「僕は宗郎という男ではない。」といい続けた宗郎の口から、宗郎が宗郎であることを認める言葉を苦しげに発した。真実の宗郎が悪魔の支配に打ち勝って、由美の前に現れたのだ。

　由美は歓喜し、宗郎の手を握り、「宗郎、宗郎、宗郎。」と、宗郎の名前を何度も呼んだ。

「うう・・き・み・・は・・だ・れ・だ・・うう・・・。」

「由美よ。宗郎。私は由美よ。宗郎、がんばって。」

「うう・・・ゆ・・・うう・・・み・・・か・・・うう・・・・。」

「そうよ。由美よ。宗郎、宗郎、宗郎。」

由美は宗郎の手を強く握り、由美が由美であることを懸命に宗郎に訴えた。

「うう・・ゆ・み・・・・・ぼ・・く・・・は・・・うう・・む・ね・お・・だ・・・うう・・・」

宗郎が由美を認めたことは由美の最上の喜びである。由美は宗郎の手を握り、宗郎を呼んだ。

「宗郎、宗郎、宗郎。」

「うう、あ・・い・・・。」

「宗郎。愛している。愛している。」

「うう、え・・い・・え・・ん。」

「宗郎を永遠に愛している。宗郎、宗郎。」

宗郎は喘ぎながら声を出した。

「うう・・・え・い・え・ん・・・の・・・あ・・い・・・・」

「そうよ。永遠の愛よ。」

「・・・・うう・・・・・」

「宗郎、宗郎。しっかりして。」

「うう・・・え・・い・・え・・ん・・・の・・・あ・・い・・・・」

「永遠の愛。宗郎。永遠の愛。」

「うう・・・ぼ・・・く・・・は・・・む・・ね・・お・・・・うう・・・・ゆ・・・み・・・・ゆ・み・・・・うう・・・・」

「由美はここに居るわ。宗郎。宗郎。宗郎。」

由美は苦しそうにうめく宗郎の手を両手で強く握った。

「・・こ・ろ・せ。」

「むねおー。」

由美の目から涙が零れた。

「・・・こ・ろ・せ・・・・」

「むねおー、むねおー。」

宗郎が心変わりすることを、由美は露ほども疑ったことがなかった。宗郎は由美を裏切るはずがないし、由美が宗郎を殺すことは絶対にあり得ない。由美は、宗郎が嘘を言っているとしか考えられなかった。

「・・・は・や・・く・・・こ・・ろ・・せ・・・・」

「宗郎。嘘を吐いているのでしょう。」

由美の目から止めどもなく涙が溢れた。

「え・い・え・ん・は・・う・そ・・・あ・・い・・は・・う・そ・・・ち・・か・・い・・は・・う・そ・・・こ・・ろ・・せ・・・・」

「嘘、嘘。宗郎が由美に永遠の愛を誓ったことが嘘なんて嘘よ。そうでしょう宗郎。正直に答えて。」

「え・い・え・ん・・は・・う・そ・・・あ・・い・・は・・う・そ・・・ち・・か・・い・・は・・う・そ・・・こ・・ろ・・せ・・・・」

宗郎は、由美を無視して、同じ言葉を繰り返した。由美は、「殺せ。」という宗郎の声に恐怖を抱いた。由美は、恐怖を打ち消すように叫んだ。

「殺さない。殺せない。由美は宗郎を殺さない。由美は宗郎を殺せない。宗郎は由美に殺されない。そうよね。宗郎、宗郎の本心を言って。由美を永遠に愛していると言って。由美が宗郎を殺すことはあり得ないと言って。」

由美の悲痛な叫びに、宗郎は黙った。暫く黙った後に、宗郎は話し出した。

「えいえん・の・あい・ちかい・・が・・うそ・・なら・・ゆみ・は・・むねお・を・・・・ころす・・・ゆみの・・けつい・・・ゆみの・・・うんめい・・・ゆみは・・・むねお・・を・・ころさなければ・・ならない・・・うう・・・」

「嘘よ嘘よ。宗郎が永遠の愛を誓ったことが嘘だったなんて嘘よ。絶対に嘘よ。」

「・・こ・ろ・せ・・・」

「嘘、嘘、嘘・・・」

宗郎は、苦しそうに殺せといい続け、由美は、「嘘、嘘、嘘」を繰り返し、宗郎の殺せという要求を、由美は拒否し続けた。

由美は、永遠の愛を誓ったことが嘘であったと言って、自分を殺せと言う宗郎が、真実の宗郎ではないのかも知れないと疑い始めた。もしかすると、悪魔に憑依された宗郎が、真実の宗郎を演じているのかも知れない。

宗郎の由美への永遠の愛の近いは、絶対真実。永遠に変容しない真実である。それだけが、由美が信じることができる真実である。だから、真実の宗郎が、永遠の愛の誓いが嘘だったと言うことはあり得ない。由美は信じない。永遠の愛の誓いが嘘だったと、真実の宗郎が言うはずがない。言うとすれば、悪魔に憑依された嘘の宗郎が言うだろう。きっとそうだ。

由美は気づいた。宗郎に憑依した悪魔が、永遠の愛の誓いが嘘だったと宗郎の口に言わせ、由美の手で宗郎を殺させようとしていることを。

悪魔の言う通りに、悪魔に憑依された宗郎を殺せば、悪魔に憑依された宗郎と共に真実の宗郎も死んでしまう。

「あなたは嘘の宗郎だ。」

由美の声に宗郎は黙った。由美は黙っている宗郎を凝視した。暫くして宗郎の口が開いた。

「永遠の愛の誓いは永遠という時間の中では瞬間でしかない。」

宗郎の声は、今までのような息絶え絶えの声ではなかった。宗郎の高音の金属音の声は由美の脳に響いた。

「永遠の愛の誓いの真実は、永遠の愛の誓いを発した瞬間の時だけの言葉だけが真実。」

「永遠の愛の誓いはその瞬間だけが真実。永遠の愛の誓いは永遠の中では瞬間でしかない。永遠の中では嘘でしかない。」

「瞬間を永遠だと信じている馬鹿な女。」

「嘘を真実だと信じている愚かな女。」

「永遠の愛を誓う瞬間の言葉が、永遠の時間の中で真実であり続けることを信じている馬鹿な女。」

「真実の宗郎は永遠の愛を誓った瞬間に居ただけだ。」

「真実の宗郎は、今はどこにも居ない。」

「僕は宗郎という男ではない。」

「僕には正和という立派な名前がある。」

由美の予想した通り、宗郎は悪魔を振り払っていなかった。悪魔の憑依を振り払っていなかった宗郎が、悪魔の憑依を振り払った振りをして、真実の宗郎の真似をしていたのだ。由美は、息絶え絶えの宗郎を真実の宗郎だと思い歓喜したが、あれは悪魔に憑依された宗郎が、由美が望む宗郎を真似た演技だったのだ。由美が望む真実の宗郎が消えてしまったことに由美は失望し、悪魔に憑依された宗郎の演技に乗せられたことが恥ずかしくなり、宗郎に憑依している悪魔が憎くなった。

「嘘の宗郎はとこかへ消えて。真実の宗郎を由美に返して。」

と、由美は悪魔が憑依している宗郎に訴えた。

「僕は正和だ。僕は嘘の宗郎でもなければ、真実の宗郎でもない。僕は、宗郎という男とは別の人間だ。愚かな女だ。きみは宗郎という男に逃げられたのだ。きみはそのことを認めるべきだ。僕は愛してもいない女に囚われの身でいるより死んだ方がいい。僕を殺してくれ。」

悪魔に憑依された宗郎は、真実の宗郎の振りをすることを諦めて、今度は宗郎とは別人であると言い、正和という名前の人間の演技を始めた。

宗郎に憑依している悪魔への憎しみ。宗郎に憑依している悪魔に騙されたくやしさ。悪魔に憑依された宗郎への苛立ち。真実の宗郎に会いたいという切望が、由美の心の中で混沌として渦巻いた。

「出て行って、出て行って、出て行って、出て行って。」

と由美は悪魔が宗郎から出て行くように叫び。

「嘘、嘘、嘘。」

と悪魔をののしり。

「宗郎、宗郎、宗郎。」

と由美は泣き喚いた。

叫び、
泣き、
喚き、
半狂乱の由美は、
プラスティックのお椀を放り投げた。

プラスティックのコップを放り投げた。
紙製の皿を天井に放り投げた。
プラスティック製のフォークを放り投げた。
本を放り投げた。
箒を放り投げた。
掃除機を放り投げた。
テーブルをひっくり返し、
椅子を放り投げた、
タンスの引き出しを引きずり出し、

地方小出版流通センター
発行所　ヒジャイ出版
著者　又吉康隆
書名　沖縄内なる民主主義7
定価1620円
本体1500円+税

の下から薬瓶を取り出した。薬瓶から一個のカプセルを取り、宗郎に近づいた。

「止めろ。止めてくれ。」

宗郎の甲高い金属音の声は、由美の行為を止めようとしたが、由美は宗郎の声を無視して、宗郎の顔に近づきカプセルを口に含むと宗郎の口と重ねた。

宗郎は抵抗して、口を閉じようとしたが、看護士の由美は、下あごを掴んで、難なく宗郎の口を開いた。カプセルは由美の口から宗郎の口に移っていった。宗郎の口の中に入って行ったカプセルは、宗郎の筋力を弱め、宗郎がベッドの上の生活を否応もなく続けていくための薬だ。カプセルを宗郎の口に移した由美は、宗郎の髪を撫で、宗郎に毛布を被せた。健やかに眠る子を見守るように、由美は宗郎の側で宗郎を見詰めていた。

朝が来た。由美はゆっくりと立ち上がり、宗郎のベッドから離れてシャワーを浴びた。シャワー室から出ると、淡々とした表情でバスタオルで体を拭いた。朝の由美は、部屋が荒れていることに無関心である。無表情の由美。宗郎を一度も見向かない由美。まるで部屋には由美だけが存在しているような行動をする由美。化粧をして、服を着て、由美は病院へ出かけた。

宗郎は悪魔に憑依され続けたままである。由美の切望する真実の宗郎は、いつまでも由美の前に現れてこない。

由美は、宗郎が悪魔に憑依されたまま永遠に生き続けるのではないだろうかという不安が募ってきた。

由美へ愛を注いでくれる真実の宗郎の魂は、宗郎に憑依した悪魔の恐ろしい魔の妖力によって、宗郎の奥に押し込められ、由美の前には出てこない。

由美は宗郎を愛し、宗郎に愛を注ぎ、宗郎に愛され、宗郎の愛に注がれたい。

しかし、宗郎は由美に愛を注いでくれない。永遠に愛が注がれない日々を、由美は生きていくことができようか。由美は永遠に宗郎の愛を注がれないで生きていくことは、悲しすぎてできない。

愛は、愛し愛されて幸せになる。愛を注いでも、愛を注がれない愛は不幸である。

宗郎に憑依している悪魔を宗郎から取り払うことのできない由美は、愛されない愛に見切りをつけ、新しい愛を育みたいと思うようになった。

新しい愛を育むことができたら、悪魔が憑依した宗郎から由美を解放し、悪魔が憑依した宗郎を由美から解放する。

今日も、由美はアパートに帰ると、荒れた部屋を、いつものように片付けた。

荒れた部屋を片付けていく虚しさと疲労感が、いつものように看護士の仕事で疲れた由美の体と神経を覆って行く。由美は黙々と部屋の片付けをすると、シャワーを浴び、宗郎の裸体を拭いた。

ベッドに横たわる、悪魔が憑依した宗郎は、悪魔が憑依していない宗郎であるかのように、黙って由美に裸体を拭かれた。

由美が求めている、由美を愛している真実の宗郎が現れるに違いないと期待する由美はもう居ない。由美は淡々と宗郎の裸体を拭いた。宗郎の裸体を拭き終えると、椅子に座りコーヒーを飲んだ。

夜の時間が淡々と過ぎていく。

宗郎の手足は紐で縛られた。手足をベッドに縛り付けられた宗郎は、ベッドの上で身動きができない状態にされた。宗郎はリンゲル液を注入され、下腹部強化剤を注入された。宗雄の活力がじょじょに回復してきた。

「き、きみ。なにをしているのだ。」

由美はゆっくりと腰を動かし、上下運動を始めた。

「き、きみは僕を解放すると言ったのではなかったのか。これでは話が違う。」

「由美は由美から宗郎を解放することに決めた。由美にはとても辛いことなの。由美から宗郎を解放することは由美にはとても悲しいことなの。身を切られる思い。でも宗郎は悪魔に憑依されて、由美が会いたい真実の宗郎は、永遠に由美の前に現れない。真実の宗郎に会えるのは永遠に絶望的なの。認めたくない。由美は認めたくない。でも認めなければならない。現実を認めなければならない。」

由美の上下運動は次第に激しくなっていった。

「由美は真実の宗郎と一緒に人生を歩くことができない。それが悲しい現実。由美は真実の宗郎に会うのに絶望するしかないわ。真実の宗郎に会えないのなら。由美は、真実の宗郎の遺伝子をもらう。それしか由美が選択する道はないわ。宗郎に巣くう悪魔でも宗郎の精子の遺伝子までは憑依していないと思う。そうでしょう、宗郎。由美は宗郎と一緒の人生を生きたかった。でも、宗郎と一緒の人生を生きることができない。宗郎に由美の愛を捧げても、宗郎の愛を由美は享受す幸と分かりきっている人生を生きていきたい。

った宗郎に対する宗郎の由美へ由美は悪魔に勝てない。悪魔にはない。真実の宗郎に会う方法に憑依されていない宗郎の純粋

由美は激しく上下運動をした。

「それは困る。君と新しい因縁ができるのは非常に困る。」

宗郎はあわてふためき、宗郎の甲高い声はいっそう高くなった。

「宗郎の愛が欲しい。嘘偽りのない宗郎の愛が欲しい。」

由美は訴える目で宗郎を見、肉体の激しい上下運動を続けた。

「僕は宗郎という男ではない。僕は正和だ。宗郎ではない。宗郎とは別人だ。なぜきみはそんな単純なことを理解してくれないのだ。止めろ。動くのを止めてくれ。」

宗郎は必死に由美の行為を止めようとしても、手足を動かすことのできない宗郎は甲高い金属音を発するだけで、由美の行為を力で止めさせることはできなかった。

「欲しい欲しい。私を愛する宗雄の純粋な愛が欲しい。」

純粋な愛に飢えて、純粋な愛を求めながら、純粋な愛を得ることのできない由美の目からは、とめどもなく涙が溢れていた。

「僕は正和だ。きみは宗郎とは別人の遺伝子を取り込もうしている。そのことを理解するのだ。止めろ。止めてくれ。きみと新しい因縁ができるのは断る。止めてくれ。」

宗郎の甲高い金属音が部屋中に響いた。しかし、動くことができない宗郎は、声で必死に訴えるだけで、宗郎の動けない肉体は、由美の肉体を跳ね除けることはできずに、由美の思うがままにされるだけである。由美の行為は、宗郎の精子が由美の壷の中に放出されるまで続いた。

純粋な宗郎の愛を、由美の胎内に入れる儀式は、その日から毎夜続いた。

純粋な宗郎の愛を、由美の胎内に入れる儀式が始まってから五ヶ月が過ぎた頃に、宗郎の遺伝子が由美の卵子の中に進入して、新しい生命の活動が始まったことを、由美はR産婦人科で知った。

お腹の中に、最愛の宗郎の遺伝子が宿ったことを知った瞬間に、由美は、宗郎を由美から解放し、由美を宗郎から解放した。

宗郎を解放し宗郎から解放された由美は、宗郎がベッドで横たわっている由美のアパートにはもう二度と帰らない。ベットに縛ってある、恐ろしい悪魔が憑依している宗郎に二度と会わない。

由美は、全てから解放されて、新しい愛と二人だけで生きていく。由美は新しい愛の生命と二人だけで生きていく新しい場所に行く。生まれ育った嫌いなこの街の中では新しい棲家は探さない。この街を出て行く。この街を出て、まだ見ぬ、新しい場所に行く。

由美は、愛する宗郎の遺伝子が、由美の胎内で新たな生命活動を始めた喜びを噛み締めながら、街の中を歩いた。

由美を純粋に愛してくれる愛の芽が、由美の胎内にいる。

由美は幸せだった。

由美は幸せに浸った。
由美は幸せに浸りながら街を歩いた。
触れる街の風が心地よい。
行き交う人々が密かに由美におめでとうと言う。
ネオンがひとつひとつ灯っていきながら、
由美におめでとうと拍手をしている。
由美は夕暮れの街を歩き続けた。
歩き続けて気がつくと、
由美は、街の駅に来ていた。
由美は、招かれるように改札口を通り、
由美は、微笑みながらプラットホームに立っていた。
「さあ乗りなさい。」と誘うように、
列車が由美の前に停まった。
もう、この街にも、宗郎にも未練はない。
由美は、
胎内の新しい愛の生命と一緒に、
夕暮れの列車に乗った。
列車は、ぐんぐん駅を離れていく。
列車は、ぐんぐん街を離れていく。
由美は新しい場所に行く。
街なのか、
町なのか、
村なのか、
それは分からない。
とにかく、
新しい生活が由美を待っている。
由美が愛し、由美が愛される、新しい愛の生命が
由美の胎内で育っている。

終わり

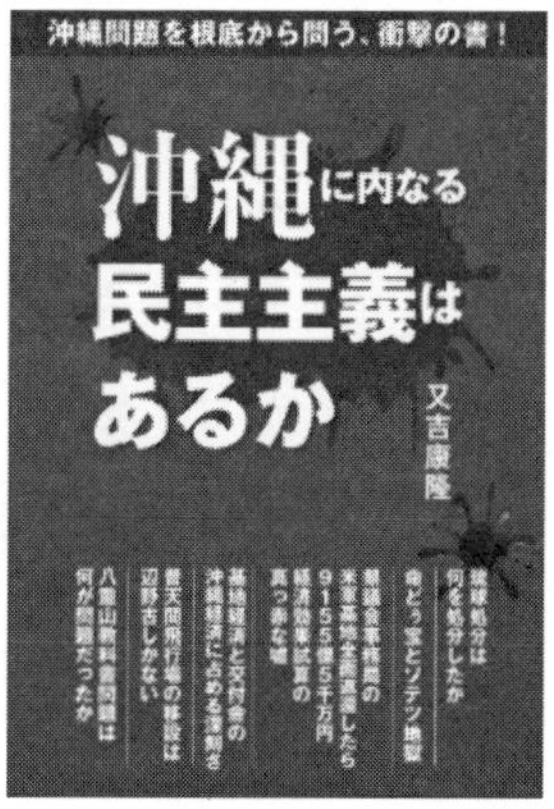

沖縄に内なる民主主義はあるか　A5版　1500円(税抜)

第一章　琉球処分はなにを処分したか
第二章　命どぅ宝とソテツ地獄
第三章　県議会事務局の米軍基地全面返還したら9
　55億5000万円の経済効果試算は真っ赤な嘘
第四章　基地経済と交付金の沖縄経済に占める深刻さ
第五章　普天間飛行場の移設は辺野古しかない
第六章　八重山教科書問題はなにが問題だったか

かみつくA4版　1200円(税抜き)

元県知事・大田昌秀にかみつく　・又吉康隆
ブログ・狼魔人日記　・自衛隊も原発も反対！どさくさまぎれの似非県民大会
ブログ・光と影　・那覇市役所で見た！なんと、観光客にも無料バス券！これ
　がオスプレイ反対県民大会の動員実態
ブログ・沖縄に内なる民主主義はあるか　・宜野湾市の私利私欲が基地周辺の
　危機を拡大した・宜野湾市は子供の人権を守る意思がない
短編小説・１９７１　Mの死
連載小説・バーデスの五日間

新老人ホーム論

平助の遺言

平助の遺言

松雄よ。わしは死ぬことにした。

歩くことができないくらいにヘルニアがひどくなっていたのに、今度は脳梗塞になってしまったのだ。体半分は麻痺して左の手足はもう動かなくなった。ベッドに寝たきりの状態だ。食事さえ介護師の世話になっている。一日中ベッドの上で過ごしている自分が情けない。これでは生きている意味がない。そのう、何ていうか。人間としてな。そう、人間として生きている意味がない。もうわしは人間としての活動ができない、生きた屍だ。体が元気になって再び人間としての活動ができるのなら一生懸命にリハビリをするのだが、もうわしは年寄りだしな。ヘルニアは手術しても治らないと言われているし、体半分の麻痺も治る見込みはない。もうわしは人間として活動することは不可能になってしまった。わしは人間としての活動が出来ないから死ぬことにした。松雄よ。わしの息子よ。勘違いしては困る。わしは人生を悲観して死ぬわけではない。そのことをお前に分かってもらおうと思ってこの遺言を書くことにしたのだ。

わしがマルクス村に来て十年が過ぎた。短い間ではあったが、わしは生まれて始めて人間としての充実した日々をマルクス村で過ごすことができた。人間としての生産活動をする喜びを十年近くもの間体験する幸せをわしは送れたのだからもうこの世に悔いはない。マルクス村の生活は最高だった。充実した日々だった。

わしの自殺を病死したことにしてくれという遺言をマルクス老人ホームの伊礼院長に遺す積もりだが伊礼院長がわしの希望を聞いてくれるかどうか分からない。もし、マルクス老人ホームからわしが病死したという連絡が入ればわしが自殺したことはお前の胸にしまっておいて、ゆりえやたまきやさちえには話さないでくれ。しかし、マルクス老人ホームからわしが自殺したという連絡があれば、ゆりえたちは父親を自殺に追い込んだ子供として自分たちを責めるかも知れない。世間から白い目で見られないかと不安になるかも知れない。わしが気にかかるのはそのことじゃ。松雄よ。もし、わしが自殺したのだということが知れたらこのわしの遺言書をゆりえたちに見せてくれ。わしは孤独に悩んで自殺したのでもなければお前たち子供に不満があって死ぬわけではないということを知ってもらいたいからだ。お前たちになんの恨みもない。世の中を恨んでもいない。わしが自殺するのは人間としての活動ができなくなったからであり、人間として生きることができなくなったからだ。いわば人間としての老衰死だ。動物としてのわしは自殺することになるが、人間としては自然死なのだ。わしはその積もりだ。この世に未練はない。お前たちに対する当て付けや負け惜しみでこの世に未練はないと言っているのではない。わしの正直な気持ちなのだ。お前がわしの自殺する気持ちを分かってくれるのは難しいと思う。でもわしの自殺は嘘偽りのないこの世に生まれたことに感謝を込めた自殺なのだ。そのことを理解してもらうために遺言を書いたのだ。

今のわしは腰は痛いし左足も左手も動かない。一日中ベッドの上の生活はとてもつまらない。左足が動かないのはつまらない。左手が動かないのには苛々する。ご飯を食べて寝そべる。それだけの一日だ。テレビはおもしろくないし本を読んで楽しむ趣味はわしにはない。今のわしは生きる屍なのだ。心臓が動いているだけの動物なのだ。もうわしは人間ではない。人間としての活動ができない哀れなわし。人間として生きている価値がないわし。嘆いているのではない。わしはわしの今の状態を素直に認めているのだ。

第一章

妻の梅子があっけなく死んだ。いつものように一週間に一度やって来る日曜日の朝に、梅子は平助と目覚めのお茶を飲み、それから夫婦二人だけの朝食を済ませ、茶碗や鍋を洗い、洗濯機にスイッチを入れ、家の掃除をやり、洗濯物を干した後に、

「あなた、庭の掃除をお願いね。」

と言って近くのスーパーに買い物に出かけた。平助はゆっくりとお茶を飲んでから小さな庭の掃除を始めた。庭の掃除をしている時に警察からの電話が鳴り、梅子が交通事故に会ったことを知らされ、あわてて病院に駆けつけたが梅子は平助の呼びかけに二度と返事をしなかった。

それから後のことは平助の記憶は途切れ途切れになっている。うろたえて思考

停止になっている平助に代わり、長男の松雄や長女のゆりえ、次女のたまき、三女のさちえが忙しく動き回って梅子の死の儀式は進められ、通夜も葬式も納骨も平助が呆然としている内に全てが進行し全てが終わっていた。

四十九日が過ぎ、一週間毎の儀式もなくなった。平助は寂しい独り暮らしの生活になったが、梅子が家から消えたという実感は平助の心からはなかなか消えることがなかった。早朝に目が覚めて工場に行く準備をする前に食台の前に座りテレビを点けて梅子がお茶を持ってくるのを待つ。暫くして梅子が死んだということを思い出し、台所に行ってやかんに水を入れてガスコンロに火を点ける。梅子が死んだと思い出すまでは梅子は生きていてこの家のどこかに居るという実感が平助にはあり、その実感はなかなか消えなかった。

梅子が生きているという実感が残っている間は、さびしいけれども孤独をそれほどに感じることはなかった。平助の感性の中に棲み続けている梅子が平助の孤独を埋めてくれていた。休みの日にやることもなく一日中家の中でぼんやりと過ごしてもなんとなく家のどこかに梅子がいるような実感があり、深い孤独感に陥ることはなかった。お茶が切れたら「おい。」と梅子を呼び、梅子が居ないことを思い出して平助は立ち上がり台所に行ってやかんで湯を沸かす。家を出る時はいつものように「言って来るよ。」と言い、梅子の返事がないので無意識に家の中の梅子を探す。工場から帰った時は梅子が夕食を準備して待っていると当然のように思い、家に帰った時に庭に洗濯物が干されていないので今日の梅子は洗濯をしなかったのかと思いながら玄関を開ける。誰も居ない、暗く閑散とした家の中を見た時、ああ、梅子はもう家には居ないのだと実感させられる。

日々は過ぎていき、梅子が家に居ないことを何度も思い知らされているうちに、深い孤独がじわりじわりと平助を覆うようになってきた。

梅子が生きていれば温泉旅行を楽しめただろうが、平助一人では温泉旅行をする気にはなれない。梅子は平助が定年退職をしたら北海道旅行や温泉旅行を夫婦で行くことを楽しみにしていた。梅子が生きていれば、あれもできたこれもできたという思いが募り、梅子が死んでしまった寂しさが平助の心に広がり、生き残ってしまった自分の孤独を寂しく感じるようになった。生きている内に梅子を北海道旅行や温泉旅行に連れて行かなかったことを平助はしみじみと後悔した。

梅子の居ない空間の一日はゆっくりと退屈に過ぎたが、ゆっくりした一日なのに、梅子が死んでもう二年も過ぎたのかと平助が驚くほどに日々は早く流れ、いつの間にか梅子の三回忌がやってきていた。梅子の三回忌の年に平助は定年退職し、梅子の三回忌から半年が過ぎた頃に、平助は梅子が入所したいと言っていたマルクス老人ホームのことを思い出し、なぜ梅子はあれほどに平助が定年退職したらマルクス老人ホームに入ろうねと言っていたのかを知りたくなって、平助はマルクス老人ホームに行ってみることにした。生前の梅子は平助が定年退職したら新しい場所で新しい生活を始めたいと口癖のように言い、夫婦の新しい棲家探しをしていた。老夫婦対象の別荘や住宅を調べていたが梅子のイメージに合うものはなかなか見つからなかった。

ある日、梅子はマルクス老人ホームという気に入った老人ホームを見つけたと言って、平助に、

「あなたが停年退職したら一緒にマルクス老人ホームに行きましょうね。」

と目を輝かせながら言い、食台の上にマルクス老人ホームのパンフレットを広げた。足腰が丈夫で元気でいる間は老人ホームに入る気はない平助はパンフレットを見向きもしないで、

「老人ホームに入るのは足腰が立たなくなってからでいい。」

とテレビを見ながら言った。

「それでは遅いの。マルクス老人ホームは足腰がしっかりしている内に入所した方がいいの。」

と梅子は言い、長男夫婦と一緒に住むのがいいのじゃないのかと平助が言うと、

「東京のような大都会には住みたくないの。あなたは東京に住みたいの。」

と聞き、平助が自分も東京には住みたくないと答えると、ほらあなたも私と同じ考えじゃないのと言い、あなたが定年退職するのが待ち遠しいわと言って、屈託なく笑った。屈託のない笑いを残して梅子はあっけなく死んでしまった。あれからもう二年の月日が過ぎている。

夏に移ろうとしている六月のまばゆい昼。乗り合いバスを下りると、バス停留所の時刻表の側にマルクス老人ホームまで一キロという看板が立っていた。見渡すと人家は少なく、山々の連なりが見え、山のふもとからすすきの原野とさとうきび畑が広がっていた。平助はマルクス老人ホームへの道路案内図を見て、マルクス老人ホームへの道を確認してから歩を進めた。十軒ほどの家が並んでいる通

りを抜けると、緑のさとうきび畑が広がり、平助はさとうきび畑に挟まれた道路を黙々と歩いた。針のように皮膚を刺すようになった陽射しが平助を照らし、時々涼しい風が平助の体を掠めていく。歩いているうちに平助の額から汗が流れ出た。額の汗を手で拭い、平助は黙々と歩き続けた。後ろから軽貨物車が近づいて来て平助の側で停まった。

「老人ホームに行くのかね。」

と、運伝手は言った。平助は、

「ああ。」

と言って軽貨物車を通り過ぎようとした。

「私の車に乗らんかね。」

緑の作業帽を被った男が運転席の窓から顔を出して平助を呼び止めた。親しげに声を掛ける初老の男に平助は戸惑った。

「陽射しは強いし、老人ホームまで歩くのはしんどいよ。私もマルクス老人ホームに行くところだ。乗ってよ。」

平助は軽貨物車の助手席に乗せてもらうことにした。

「あんた。マルクス老人ホームに入っているのかね。」

なだらかな坂になっている二車線は緩やかなカーブが続いていた。

「いや。」

平助はぼそっと答えた。

「そうか。友達が入っているのかね。」

平助が返事をしないので運転手はちらっと横目で平助を見た。

「私は宮城という。植木屋をやっている。マルクス老人ホームとは長い付き合いだ。マルクス老人ホームには友達に会いに行くのかね。」

マルクス老人ホームに平助の友人はいない。

「いや。」

軽貨物車は林の腹を数百メートル程削り取った道路を通り抜けて、山の柔らかい陽光に照らされた。

「ああ、あんた新しい入所者なのかね。」

平助は入所すると決めたわけではない。しかし、否定をするのがおっくうだったから平助は返事をしないで黙っていた。平助が黙っているので、話せない事情があるとでも思ったのか宮城は平助に質問するのを止めた。

「あれあれ。」

宮城は道路から百メートル程離れた所にある果樹園を指さした。

「絶品のマンゴーを栽培している果樹園だ。あの果樹園を造ったのが権助さんといってマルクス村に入所している人間なのだ。」

平助は宮城がマルクス村と言ったのを変に思ったが、マルクス老人ホームの俗称だろうとさほど気にはしなかった。平助は運転手の男が指さした方向に目を向けた。山間に土地が開け、大根やジャガイモなどの野菜が植わっている畑の奥にマンゴーの木が整然と並んでいる果樹園が見えた。

「偏屈な老人だが権助さんが作るマンゴーは最高だ。想像をしただけでよだれが出てくるよ。」

と宮城は言った。自分の話に反応して平助が質問をしてくるだろうと宮城は期待したが、平助は黙っていた。

道路は大きな円を描くように左に迂回し、暫くすると三階建の建物が見えた。マルクス老人ホームの本館である。軽貨物車は門を通り抜けてマルクス老人ホームの本館の前に止まった。

「ここがマルクス老人ホームだ。」

軽貨物車から降りた平助が目礼すると軽貨物車は白い煙を吐きながら本館の裏の方へ消えていった。

マルクス老人ホーム本館の透明な自動ガラスドアが開き、平助はマルクス老人ホームの中に入った。ロビーには老人がまばらに行き交っていてちらっちらっと平助を見ながら過ぎていく。

受付けにマルクス老人ホームのパンフを見せながら老人ホームを見学に来たと話したら、受付けの女性は誰の紹介ですかと聞いた。平助は紹介者は居ない、パンフレットを見てマルクス老人ホームに来たのだと答えた。受付の女性は平助にアンケート用紙を渡し、記入するように言った。平助は名前、住所、生年月日、家族、趣味、職業暦、元の会社名、マルクス老人ホームを知ったきっかけ、マルクス老人ホームへの希望などを記入して受付けの女性に渡した。「少しの間お待ち下さい。」と言って受け付けの女性は受話器を取り電話をした。

「暫くの間、向こうの椅子に座ってお待ちください。担当の者が来ますので。」

と丁寧に言って玄関ホールにある椅子を指した。

椅子に座って五分が過ぎた頃、

「宮原平助さんですね。」

と男の声が横で聞こえ、振り向くと白衣の青年が微笑みながら立っていた。

「私は介護師の宮良憲次といいます。宮原さんは当マルクス老人ホームを見学するために来たのですね。済みませんがホームを案内する前に院長との面会をお願いします。どうぞ私の後について来てください。」

平助が椅子から立ち上がると宮良介護人はエレベーターの方に向かった。

「宮原さんはどこからいらっしゃったのですか。」

エレベーターの中で宮良介護師は聞いた。

「T市です。」

「遠い所からわさわざ来ていただいてありがとうございます。当マルクス老人ホームを探すのに苦労はしませんでしたか。」

「い、いや。」

曖昧な平助の返事に、

「そうですか。」

と宮良介護師は微笑みながら言った。エレベーターが止まりドアが開いた。

「こちらの方です。どうぞ。」

宮良介護師はエレベーターを降りると右に曲がり静かな廊下を進んだ。宮良介護師は院長室とプレートが掲げられているドアの前に立つとコンコンとドアを叩き、

「宮良です。入ります。」

と言って院長室のドアを開けて、

「どうぞ。」

と言って、平助を院長室に招き入れた。


伊礼院長は宮良介護師から平助が持ってきたパンフレットとアンケート用紙を受け取ると、アンケートに目を通してから平助をソファーに案内して平助の向かいに座った。宮良介護師は、

「失礼します。」

と言って院長室を出て行った。

「始めまして。院長の伊礼清二です。」

院長の伊礼清二の年齢は四十五歳。伊礼院長は平助が記入したアンケート用紙を見ながら平助と話した。

「宮原平助さん。六十一歳ですね。T市にお住まいなのですか。」

「はい。」

伊礼院長はアンケート用紙をテーブルに置いて平助を見た。

「宮平さんがこの老人ホームに入られようとするのは理由があるのですか。」

伊礼院長に質問されて平助はもじもじした。

「いや、まだ入るというわけでは・・・。」

「ああ、見学に来られたのですね。この老人ホームについての噂を聞いて来たのですか。」

「い、いえ。妻のパンフレットを見て来ました。」

伊礼院長は平助が持ってきたパンフレットを見た。

「このパンフレットを宮平さんの奥様が持っていたのですね。奥様は一緒に来なかったのですか。」

「妻は二年前に死にました。」

平助の妻の梅子が二年前に死んだと聞かされて伊礼院長の動きが一瞬止まった。

「そうですか。それはお気の毒です。奥様がこのパンフレをどこで入手したか宮原さんは知らないのですか。」

「はい。」

「子供さん達はどうしておられるのですか。」


平助には四人の子供がいる。長女は嫁いでR市に住んでいる。次女はM市に三女は隣街のN市に嫁いで住んでいる。長男ははるかに遠い東京都に住んでいる。


「みんな結婚して他の土地に住んでおります。」

「子供と住む予定はないのですか。」

「はあ、長男は東京に住んでおりまして。なかなか会えないもんで。そのう、そういう話はしたことがありません。」

「そうですか。御長男は東京に住んでいるのですか。」

伊礼院長はアンケート用紙にボールペンで記入した。

「梅子の墓のこともあることですし。」

「奥様の墓はどこにあるのですか。」

「まだ、造っておりません。寺に預けたままですわ。」

長男と同居して東京に住むことになると梅子の墓をどこに造ればいいのか。平助は梅子の墓を東京に造ることに抵抗があったし、東京に住むのも嫌だった。

伊礼院長は平助の体を観察してから、

「平助さんは健康であるし、まだ老人ホームに入るには早いです。平助さんはマルクス村に入るつもりで来たのですか。奥様からマルクス村のことを聞いたのですか。」

マルクス老人ホームとマルクス村は同じものだと思っていた平助は戸惑った。

「い、いえ。あのう、マルクス老人ホームとマルクス村は同じものではないのですか。」

「老人ホームとマルクス村は違います。それでは平原さんはマルクス村のことを知らずに当ホームに来たのですか。」

「はあ、とにかく梅子がマルクス老人ホームに入りたがっていましたので、マルクス老人ホームはどんな老人ホームなのかを知るために来ました。」

「そうですか。マルクス老人ホームには主に介護を必要とする人が入所する老人ホームと定年退職をして健康で介護を必要としない方が入所するマルクス村というのがあるのです。」

・・・私たちは松雄の世話になるのは止しましょう。年寄りになってから大都市東京に住むのは怖いわ。東京は物価も高いというし年金で生活するのならマルクス老人ホームよ。あなたと私はマルクス老人ホームのお世話になりましょうね・・・

と、生前の梅子は言っていた。

・・・炊事や洗濯から開放されたい気持ちはあなたにはわからないでしょうね。あなたが定年退職をしたら、私は炊事や洗濯から開放されて好きな趣味を見つけてそれに打ち込みたいわ。・・・あなたに甲斐性があればねえ。私の田舎で小さな商売をして老後を楽しみながら生きていきたいけど。あなたは商売にむいていないしねえ。・・・と梅子は苦笑し、

・・・停年退職をしたらマルクス老人ホームに入りましょう。二人でこの家でなにもしないで生活するよりマルクス老人ホームに入った方が有意義な生活ができるのよ。あなた。このパンフレットに目を通してください。・・・と平助に言った。そして、

「私は染め物をやろうかな。陶芸もいいわ。」と梅子は夢を膨らませていた。

梅子はマルクス老人ホームにあるマルクス村のことを話していたのだ。平助は梅子の話を真面目に聞いていなかったからマルクス村を普通の老人ホームだと勘違いしていた。

「奥様が集めたパンフレットにマルクス老人ホームがあったから来たということですね。」

「はあ。」

「奥様はマルクス老人ホームを訪ねたことはありますでしょうか。」

「はい。梅子はマルクス老人ホームを訪ねています。」

伊礼院長は「ちょっと失礼します。」と言って、受話器を取ると電話を掛けた。

「もしもし、院長だが。宮原梅子さんという人がマルクス老人ホームを訪ねて来たかどうかを調べてほしい。訪問していたら年月日と訪問時間を教えてくれ。」

伊礼院長は受話器を持ったまま黙っていた。十秒ほど経つと返事が来た。

「ああ、そう。最初に訪問してきたのが一九八六年の十月三日の午後三時だね。分かった。」

伊礼院長は椅子に座りパソコンのキーを叩いた。モニターの画面に目次の欄が映り、訪問者の目次をクリックすると訪問者検索の欄が表れ、伊礼院長は宮原梅子と記入してクリックすると、プリンターが作動して梅子のマルクス老人ホーム訪問記録がプリンターから出てきた。

「奥様の宮原梅子さんは四年年前に当ホームを訪問しています。三年前と二年前にも訪問しています。二年前は二回訪問しています。いつも四、五人の女性グループで訪問していましたが二年前の二回目の訪問は一人で来ています。」

梅子は死んだ年にひとりでマルクス老人ホームを訪問していた。伊礼院長は梅子の情報をプリントすると平助の所に戻った。

「先生は梅子とお会いになられたのですか。」

伊礼院長はプリントされた紙をテーブルに置いた。

「一度会いました。梅子さんが最初に来られた一九八六年の十月三日です。五人

で来られた時ですね。五人の御婦人方が訪問して当老人ホームについて私と話をしたことは覚えています。しかし、残念ながら五人の中のどの御婦人が梅子さんであったかは覚えておりません。すみません。」

「先生。梅子はマルクス老人ホームのマルクス村を見るために何度も訪問したのでしょうか。」

「多分、そうでしょう。」

「マルクス村ですか。」

一体、マルクス村とはどんな村なのだろうと平助は思った。

「マルクス村というのは村と言っても本当の村ではありません。」

と伊礼院長は言い、

「本館の裏側には十軒の工房があるのですが、その工房と周囲の畑や山林を総合してマルクス村と呼んでいるのです。この部屋から一望できます。見ますか。」

平助は頷いた。伊礼院長は立ち上がり、平助と一緒に窓の前に立った。

眼下には伊礼院長の言う通り九軒の平屋が並び、西の外れに二階建の建物が立っていた。南の方には平野が広り山林は平野を包むように連なっていた。


「あの平屋はいわゆる物造りをする作業場として造られた工房です。陶器、機織、絵画、彫刻から染物、マジック商品、彫金など様々な物造りをやっています。向こうに見える斜めの建物は登り窯と言いまして陶器を焼く釜です。向かいの山にはキノコ栽培や有機肥料を造る所や炭焼きなどをやる場所があります。西側の二階建ての建物はインターネット専用の建物です。」


マルクス老人ホームは他の老人ホームより趣味の数が多いようだ。梅子はマルクス村を見学しながら自分のやりたい趣味を探していたのかも知れない。平助は伊礼院長の説明を聞きながら梅子がマルクス村の陶器、機織、絵画、彫刻、染物などの工房を回っている姿を想像した。

「平原さんは自分のやりたい趣味がありますか。」

暫くしてテーブルに戻ると伊礼院長は平助に聞いた。貧しい農村で生まれ育った平助は終戦から数年後に小さな製鉄会社に就職し、定年退職するまでずっとその製鉄会社で働き続けた。平助は晩酌をしながらテレビの水戸黄門や大岡越前などの時代劇や野球やプロレスを見るのが楽しみであった。若い頃は釣りを趣味としていて、休みの日には仕事仲間と釣りを楽しんだ。しかし、年を取るにつれて遠出になる釣りも億劫になりやらなくなった。昔に比べて時代劇の番組は減ったが平助の楽しみは相変わらず晩酌とテレビの時代劇を見ることであった。テレビの時代劇鑑賞は趣味というほどのものではない。伊礼院長に趣味を聞かれて、平助は、

「趣味はないです。」

と答えた。

「そうですか。平助さんは物つくりに興味はありますか。」

「物つくりですか。」

平助は物つくりについて考えたことがないので返事に困った。伊礼院長は微笑みながら、

「物つくりというのは人間の生産活動の原点なのです。昔、マルクスという哲学者が人間の生産活動について人間と動物の違いを対比しながらおもしろいことを書いています。平原さんはマルクスという名前を聞いたことはありますか。」

と平助に訊いた。平助はチャップリンとかヘレン・ケラーとかアインシュタインとかの名前にはなんとなく記憶があるがマルクスという名前には全然記憶がなかった。

「ないですなあ。」

「そうですか。それは残念です。マルクス村という名称はカール・マルクスという哲学者の名前に由来しています。ところで平原さんは定年になるまで一生懸命に仕事をしてきました。仕事はなんの為にやってきましたか。」

それは言うまでもない。若い頃は家から独立して生活するためであり遊ぶためであった。結婚してからは家族の生活を支えるために働いた。平助だけでなく他の全ての人間が平助と同じように家族の生活を支えるために働いてきただろう。それ以外の理由があるだろうか。

「家族のためです。子供のためです。」

「そうですね。平原さんは家族の生活のために働いてきました。しかし現在は定年退職をしています。子供たちは大きくなり独立して平原さんが世話をする必要はありません。退職金がありますし年金がもらえるようになりますから平原さんは働く必要もなくなりました。平原さんは働かなくても生活ができるようになったら仕事をやりたいという気持ちは完全になくなりましたか。」

「はあ・・・。」

平助は返事に困った。十六歳の時から六十歳になるまで平助は小さな製鉄会社で

働き続けてきた。製鉄会社の仕事は平助の体の隅々まで浸透していた。仕事をしなくなるということは平助の体のある部分が欠落したように感じる。活力エネルギーが不燃焼状態になりいらいらや虚無感がつのる。家族の生活のための仕事とはいえ四十五年間の人生の大半の時間を仕事に使ってきたのだから仕事は生き甲斐にもなっていた。生き甲斐は続けたいと思うのが人間の本能だ。例え給料は半分に減らされてもいいから平助としては製鉄会社の仕事を続けたかった。四十五年の間を仕事で埋められていた空間は退職した日からぽっかりと空白の穴になり空白の穴を埋める代わりの物はなかった。

「先生。仕事は生き甲斐ですから。本当は死ぬまで仕事を続けたかったです。」

「そうですか。」

若い頃に釣りをしたのは仕事で溜まったストレスを解消するためであった。釣ってきた魚は妻の梅子が上手に料理して家族五人で食した。釣りはストレス解消と暖かな家族の団欒を平助に享受させた。今は仕事もなくなって釣りをする時間はたっぷりとあったが平助には釣りをする気持ちは湧かなかった。ぽっかりと空いた仕事の時間帯を釣りや趣味で埋めることはできない。「なあに二、三年もすれば慣れてきて、暇が暇とは感じなくなる。暇を楽しめるようになるものだ。老人とは暇を楽しむ人種なのだよ。」と七〇歳になる直彦さんは言う。社交的な直彦さんは暇を楽しむ方法を見つけたのかも知れないが、社交的ではない平助は暇を楽しむ方法を見つけることができなかったし、趣味を探す気にもなれなかった。

仕事はない。梅子はいない。孤独で退屈な日々を平助は過ごしている。

伊礼院長は眼鏡を人差し指でぐいっと押して、平助を見つめながら言った。

「平原さん。私の話を聞いてくれませんか。これから話すことはマルクス村のテーマにもなっている内容です。多分、梅子さんが何度もマルクス老人ホームを訪問した理由にも関係すると思います。」

妻の梅子がこの老人ホームに何度も来た理由に関係する話であると言われて、平助は伊礼院長の話に耳を傾けた。

「昔、そう百年以上も前になりますが、マルクスという哲学者が人間と動物の違いを説明しました。人間と動物の違いは見れば分かります。人間は直立して二つの足で歩きますが動物は四本の足で歩きます。人間は毛が薄いが動物は毛深い。そのような見た目のことではなく生活とか活動の違いを哲学的に説明しているのです。平原さんは動物と人間の違いはなんだと思いますか。」

犬や猫と人間は明らかに違う。ライオンや熊と人間も明らかに違う。猿は人間に近い動物であるかも知らないがしかし人間と猿は全然違う。人間と動物の違いを上げれば限りがないが、学校の生徒ではあるまいし、人間と動物の違いを答えなさいと言われて喜んで答える気に平助はならなかった。しかし、伊礼院長は真顔になって平助が人間と動物の違いについて答えるのを待っている。仕方がないので平助は人間と動物の違いのひとつでも言おうとしたが、人間と動物の違いは当たり前のことであって人間と動物の違いについて考えたこともない平助だったから以外と答えるのに窮した。

平助は動物と言われてすぐに頭に浮かぶのは野生のライオンや熊ではなく人間と一緒に住んでいる犬や猫であった。平助と犬や猫との違いを平助は考えた。

「犬や猫は話が出来ない。」

「そうですね。犬は話が出来ません。」

平助は「犬や猫は働かない。」と言おうとしたが、麻薬犬とか盲導犬とかは働いていると言えるかも知れない。平助は暫く考えて、

「犬や猫は家族のために働くことはしない。」

と言った。伊礼院長は苦笑しながら、

「そうですね。犬や猫は家族のためには働きませんね。しかし。」

伊礼院長は中指を曲げるのを止めた。

「ライオンは家族のためにはシマウマなどの動物を捕まえます。ライオンが動物を捕まえる行動は家族のために働くことにならないですか。」

平助はうろたえた。

「そ、そうですね。」

平助は人間と動物の違いが他にないか頭を巡らした。

「動物は火を使わない。」

「そうですね。人間は火を使う。動物は火を使わない。」

伊礼院長は中指と薬指を曲げた。

「動物は道具を使わない。」

「そうですね。人間は道具を使う。動物は道具を使わない。テレビでチンパンジーが石を使ってくるみを割る様子を映して、チンパンジーも道具を使うと言っていましたが、でもあれは特別であって一般的には動物は道具を使わないというこ

とになっています。動物は道具を使わないというのが一般論です。人間と動物の違いは色々あります。直立歩行、言葉を使う、火を使う、道具を使うというようなことが人間が動物と違う点です。でもね平原さんマルクスという哲学者は人間と動物の違いを別の角度から解き明かしているのです。」

いつの間にか平助は伊礼院長の話に真剣になっていた。

「鳥は木の上に巣を造ります。いわゆる家です。ゴリラや蟻やハチなど多くの動物が家を造ります。そこでです平原さん。家を造ることに置いて人間と動物の場合は根本的な違いがあります。分かりますか。」

伊礼院長は言葉を止めて微笑んだ。平助には分からないだろうと言いたげである。そういう意地悪な質問には答えることができないと相場は決まっている。平助は馬鹿にされたようで、なにも言わずにむっとした顔をして伊礼院長を睨んだ。平助が答えそうもないので伊礼院長は平助が答えやすい質問を切り出した。

「平原さんは持ち家があります。その家は平原さんが自分で造りましたか。」

家を自分で作る人間がいるだろうか。掘っ立て小屋のような簡単な小屋なら自分で造ることは有り得るが、家族が住む頑丈で大きい家を自分で造るということはない。伊礼院長の質問は愚問である。

平助が答えないので伊礼院長は話した。


「平原さんの家を造ったのは建築屋さんです。平原さんは建築屋ではないし家を造ることはできません。つまり人間の社会ではそれぞれ専門家がいて、家は家を造る専門家が造ります。でも、動物たちは自分の家は自分で造ります。小枝や葉っぱを集めて造ります。人間の家に比べれば小さくて粗末な家です。だから動物たちは自分の本能だけで家を造ります。

人間の家は家主になる人が直接造ることはありません。設計士が家主の希望を聞いて家主が求める家の設計図を作ります。そしてその設計図を見ながら大工が家を造るのです。一方動物の方は自分で造ります。自分の体の大きさや子供の大きさと子供の数に合った家を造ります。」

伊礼院長は真面目に話しているが、それほど真面目に話すほど内容が深いものではない。つまり誰でも知っている当たり前のことを話している。

「人間は家を造ることにおいて自分の家ではなく他人の家を造ることができるということです。設計士や大工は自分の家ではなく他人の家を造るのです。それに人間は人間以外の動物のためにも家を造ります。犬小屋とか鳥小屋とかですね。しかし、動物は自分の家しか造りません。他の仲間や他の動物のために家を造るということをしません。このことは人間と動物の根本的な違いです。」

平助は伊礼院長が話していることに違和感があった。確かに人間は他人の家を造るが動物は自分だけの家を造る。しかし、それが人間と動物の根本的な違いと言えるのだろうか。それは人間と動物の知能の違いというもので人間の家は高度になり専門家でないと造ることができなくなったのであり、動物は知能が低いから簡素な家を自分で造っている。人間と動物の違いは知能の差なのだ。人間は他人のために家を造り動物は自分のために家を造るということが人間と動物の根本的な違いであるというのは平助には強引なこじつけに思えた。

伊礼院長の話に平助は半分は納得できるが半分は納得できなかった。なぜ伊礼院長は平助に人間と動物との違いの話をするのか、伊礼院長の話す目的はどこにあるのかを平助は見当がつかなかったがいつの間にか平助は伊礼院長の話に引き込まれていた。

「ライオンはお腹が一杯になるとなにもしません。一日中寝そべって欠伸をしながら過ごすのです。つまりライオンはお腹が減ったら食べ物を探して活動するが獲物を捕まえてお腹が満たされるとなにもしないで過ごすのです。他の動物も同じです。草食動物の場合は草は栄養価が低いものだから一日中草を食べています。動物や渡り鳥が長い旅をするのは食べ物を求めるか繁殖のために旅をしているのです。」

伊礼院長は「平原さん。」と言い、平助の顔を見つめた。これから本題ですよというように微かに微笑んだ。

「ライオンは食い溜めをします。腹一杯食べた後はできるだけ激しい運動はしないで寝そべって過ごします。だから一週間は食べなくても平気です。腹を満たしたライオンがなにもしない時間。その時間帯こそが人間の時間帯なのです。」

「人間の時間帯ですか。」

平助は人間の時間帯という言葉の意味が理解できなかった。

「そうです。人間の時間帯です。動物にはない人間の時間帯なのです。ライオンはお腹を満たしたら寝そべるだけです。でも人間はライオンのように食いだめはしません。一日三回に分けて少量ずつ食べます。それはなぜですか。」

伊礼院長は平助に訊いた。

「そりゃあ、仕事をしたり、遊んだりするためです。食いすぎたら体が動けませんから。」

「そうなのです。人間は活動をするのを目的に食事をするからです。腹が減っては戦はできない。だから食べる。しかし、腹を一杯にすると活動ができないし戦もできない。だから腹八分にする。それはライオンと違います。ライオンと人間の違いはお腹を満たした時に活動をするかしないかなのです。ライオンは腹を満たしたら活動をしない。人間は腹を満たしてから活動をする。こうも言えます。ライオンは腹を満たすために活動をする。しかし人間は活動をするために腹を満たす。」

「そうですか。」

平助は「そうですか。」と返事するしかなかった。ライオンがお腹を満たしたらなにもしないで寝そべり、人間は仕事をする。それはその通りであり平助は人間とライオンの違いについて考えたことはないが、それくらいのことはわかっている。伊礼院長の話は驚くような理屈でもない。

「人間が人間として活動できるのはひもじさを克服してからなのです。まあ、そんなことは当たり前と思うかも知れませんが人間の本質はそこにあるのです。鳥は必要が生じた時に巣を造ります。しかし、大工は自分が住む必要のない他人の家を腹が減っていない状態の時に造るのです。これは人間と動物が決定的に違う非常に重要なことなのです。平原さん。」

伊礼院長は少しずれ落ちた眼鏡を人差し指で持ち上げた。

「腹が減っていない時の活動が人間的活動であるが故に人間が有していて動物には有していないものがあるのです。それは美意識です。美しく感じる心は人間にあるものであり動物にはありません。なぜ人間には美意識というものがあるかということを解明するのは色々な理由が考えられ難しいです。しかし、美しいと感じるのは空腹ではないときです。お腹が減って死にそうな時に海や山を見て美しいと感じることはできません。そうではありませんか。もし、ひもじい時に海をみたら魚を見つけて捕まえて食べたい気持ちが高まります。山をみたら食べられそうな草や木の実を探すことに心を奪われます。お腹を満たして食欲がない時に人間は海の美しさや山の美しさを感じることができるのです。そして人間は美意識による創造ができるのです、いわゆる芸術です。美の創造というのは人間にしかできない生産活動なのです。」

伊礼院長は「しかし。」と言って冷めたお茶を飲んだ。

「しかし、人間の社会は人間的なものが動物的になっています。平原さんはなんの為に仕事をしてきたのですか。」

なんの為に仕事をしてきたか。その理由ははっきりしている。給料をもらうために仕事をしてきたのであり、給料は生活のために使う。つまりは生活のために仕事をしたのだ。ローン返済、食事代、衣服代、子供の養育費、洗濯機、ガスコンロ、クーラー、テレビ、箪笥、自家用車、食器など数えればきりがないほど生活必需品は多い。円満な生活を送るにはお金がなければならない。お金をもらうには仕事をしなければもらえない。だから仕事をするのだ。

「先生。わしには四人の子供がおりました。四人の子供が学校を卒業して一人前になるまでわしには親として育てる責任があります。わしら六人の生活が円満にいくようにわしは懸命に仕事をしました。中学しか出ていないわしですから給料も安かったし、とにかくがむしゃらに働くしかなかったです。」

「そうですよね。妻や子供のいる男は自分の家庭のために働かなくてはなりません。ライオンがしまうまを捕らえることと同じで家族の飢えを救うために働かなくてはならない。仕事をするというのは人間的でありながら仕事をする目的は動物と同じです。でもね平原さん。あなたは定年退職をしました。子供も大きくなり面倒を見る必要もなくなりました。定年退職するまでは仕事をしていましたが、定年退職をした今はライオンが腹いっぱいの状態と同じようになにもやっていません。

ゲートボールやダンスを楽しむ老人もいます。海外旅行を楽しむ老人もいます。盆栽や釣りを趣味にして楽しむ老人。温泉巡りや観光を楽しむ老人。定年退職をして余生を色々楽しむ老人が居ます。でもね平原さん。人間は定年退職をした後は余生を楽しむだけでいいのでしょうか。余生というのは生の余りつまり余分な人生として考えられ、人間として活動するのを辞めたということになります。平原さん、それでいいのでしょうか。私は違うと思います。子供を養育する義務から解放されました。家のローンも終わりました。つまり生活のために働くということから開放されたということなのです。つまり生活のために働くという動物的仕事から解放されたということなのです。

人間の動物的義務から開放された老人こそが人間らしい仕事、活動、生産、創造ができるのです。」

平助には伊礼院長の話が急に難しくなり理解できなかった。しかし、老人も仕事をやるべきであるという伊礼院長の説明は定年退職後も仕事をしたいと思っている平助には賛同できる話であった。

「人間も動物も子供を育てるために懸命に働きます。家族の生活を守るために働くのは人間も動物も同じなのです。ライオンはライオンの子孫を残すために、子供を生み子供に食べ物を与え弱い子供を保護し一人立ちできるまで育てる。これは全ての動物の本能です。自分の家族のために働くのは人間の動物的本能です。社会的な労働、生産活動の目的というのは家族の生活のためであるという、動物的な活動と同じものになっているのです。結婚し子供が生まれ家を造っていかなければならないのですから生活のために働くのは当然のことです。生活を豊かにするのが目的だから仕事を好きか嫌いかで選ぶより給料が高いか安いかで選ぶのです。多くの人が生活のために給料が高いという理由で好きでもない職業を選びます。好きではない嫌いな仕事をするのは精神的に辛いことです。

平原さん。人間の幸福とはどんなことですか。愛する人と結婚するということは幸福です。立派な家に住むということも幸福です。妻や子供と楽しく過ごすということも幸福です。しかしそのような幸福追求は好きな仕事をするという人間活動の幸福を犠牲にしてしまうのです。そうは思いませんか平原さん。」

平助は伊礼院長の話に反発した。

「わしが丸橋製鉄会社に就職したのは十六の歳でした。会社に入った頃は一日中鉄くずの山で鉄の仕分けや鉄くずを溶鉱炉まで運ぶ仕事をやったものです。ちっとも楽しくなかった。しかし、最初の頃は辛いと感じますが慣れてくると辛いとは感じません。楽しい時もあります。辛いときもあります。鉄くず係りから鉄筋や鉄板を造る仕事に昇格して新しい技術を覚えるようになると仕事のやりがいも出てきます。仕事とはそんなものだと思います。仕事は生活のための給料をもらうためにやるというのは当然です。好きな仕事でも辛いことはあるし、嫌いな仕事でも続けているうちに好きになるということもあります。好きな仕事をやるということが人間の幸福とは必ずしも言えないと思います。」

「ほう。それはどういうことですか。」

「好きな仕事でも給料が安ければ不幸です。貧乏生活が幸せなんてそれは嘘だ。」

「平原さんの話は尤もなことです。しかし、平原さんの考えが全ての人に当てはまるとは限りません。ある有名な演歌歌手の話ですが。売れない時代は神社の境内で十人足らずの客を前に歌ったり、駅前で歌ったり小さな広場で歌ったりしたそうです。でもその演歌歌手は幸せだったそうです。飲まず食わずの生活が十五年以上も続いたそうです。しかし、彼女は歌い続けました。自分のオリジナル曲を歌っているときが彼女にとって一番幸せだったから貧乏な生活も平気だったのです。結婚をして歌が歌えなくなることを恐れている彼女は今でも独身です。彼女の幸せは結婚して子供を育てることではなく歌手として歌い続けることだったのです。」

「先生。世の中は広い。結婚しない人がいても不思議ではない。でも、そんな人は人間としてどこか欠陥のある人だとわしは思います。そんな人が世の中に多く居ると人類は滅びてしまいます。なぜ世の中には男と女が居るか。それは男と女が結婚して子供を生み育てるためにあるのです。子々孫々を絶やさないためにあるのです。」

現場作業一筋の平助は討論になれていないながらも、丁寧語を織り交ぜながら懸命に伊礼院長に反論した。

「それはそうです。でもね平原さん。結婚して子供を生み育てるのはライオンなどの動物もやります。植物だって子々孫々を絶やさないために種を作ります。人間だけが子供を生み育てるのではありません。むしろ子供を生み育てるのは人間的な活動というより動物的な活動といえます。人間的本能というより動物的本能、生命あるものの持つ本能です。人間も動物なのです。人間の動物的な本能が結婚をして子供を生み育てさせるのです。

結婚をしないで子供を育てることをしなかった演歌歌手は人間として欠陥があったのではなく動物として欠陥があったのです。」

平助は伊礼院長に侮辱されたようで腹が立ってきた。梅子と二十五歳の時に結婚して四人の子供を育てた。小さなアパート暮らしから始まり三十代半ばには長期ローンで一戸住宅も建てた。三人の娘は高校、一人息子は大学まで行かせた。

家が貧しく高校に行けなかった平助は自分の子供を高校、大学まで進学させるのが夢であった。中学卒では給料は安く職業は自由に選べない。中学卒の苦労や惨めさを体験した平助だったからこそ子供には高校や大学まで行かせて「立派な仕事」をして欲しかった。平助の人生は子育てのためのお金を稼ぐための人生だったと言っても過言ではない。家と工場を自転車で行き来し、夜遊びもしないで夜はテレビを見ながらコップ一杯の焼酎を飲んでから眠る。子供たちが大きくなると狭いアパート生活から子供に勉強部屋を与えるために一戸住宅に移った。建売住宅の長期ローンと子供の養育費を中心に家計は組まれ、子供の養育費が高い時期にはタバコと酒を断ったこともある。子供の将来のために身を粉にして働いてきた平助の半生を動物と同じ扱いするのは平助を侮辱するものであった。平助は反論した。

「先生。家族を大切にするのが人間にとって一番大事なことではないですか。先生は仕事もしないで遊んでいる人間の方が人間らしいと言っているが、それはとんでもないことだ。朝からパチンコ屋に入り浸っている人間。花札ばくちをやっている人間。わしに言わすれば歌手とか芸能人とかプロ野球の選手も博打をやっているようなもので。博打をやっているのが人間的で真面目に働いている人間が動物的なんてことは間違った理屈だとわしは思います。そりゃあ動物は博打ができない。博打をするのは人間だけです。でも博打をやるのはまともな人間ではないです。」

伊礼院長は平助の怒りに困惑した。

「パチンコや花札賭博と歌手や芸能人、プロスポーツは違います。」

「いいや違いません。同じです。売れて有名になれば億万長者になれるが、億万長者になれるのはほんの一握りの人間です。売れない歌手や芸能人の方が多い。歌手や芸能人なんて博打打ちと同じです。」

「平原さん。それは誤解です。」

伊礼院長は苦笑いした。

平助の遺言

最初にマルクス老人ホームに行った時、伊礼院長から色々な話を聞いたが、わしには難しくよくてわからなかった。伊礼院長と話している時に株を売買しているというマルクス村の人が入ってきた。老人ホームに入っているのに株の商売をしている人が居ることには驚いた。名前は上原さんと言って、上原さんは癌の末期で余命が一年と医者から宣言されている人間だった。上原さんは伊礼院長と癌の薬のことで話し合っていた。上原さんは株の売買をやるために延命の薬より痛み止めの薬と頭がすっきりする薬を要求していた。それにはびっくりするやら呆れるやら。上原さんは死ぬことに平気でいられるのだ。人間は長生きしたいというのが本能だから上原さんの気持ちはわしには理解できなかった。老人のくせにうそぶいているとしかわしには思えなかった。しかし、延命の薬より頭がすっきりする薬を望む上原さんの生き方に興味が湧いたことも確かにあった。株の商売で金を儲けても死んでしまったら儲けた金を使うことはできない。いや、余命が一年であるなら株の商売を止めて旅行などをして残りの人生を楽しむことが当然なのに上原さんは株の商売を死ぬ寸前までやるというのだ。パソコンの前で株の売買をしながら死ぬのが上原さんの本望であると言っていた。役者が舞台の上で死ぬのが本望であるというのと似ているが、世の中には風変わりの人がいるものだなと思った。しかし、延命を望まないくらい仕事に情熱を燃やすことができる上原さんの生き方が羨ましいとも感じた。

梅子が死んで独りになったわしは上原さんのように生きることができれば残りの人生を退屈しないで生きることができる。旅行をしたり温泉に行ったりゲートボールをするような生活はわしにはできなかった。梅子が一緒なら旅行や温泉に行くのも楽しかっただろうが一人ではちっとも楽しくない。もし、わしも上原さんのように延命を望まないくらい情熱を打ち込む仕事を見つけることができたら、残りの人生がどんなに素晴らしいだろうと考えると、マルクス老人ホームに興味が湧いてきた。わしに情熱が湧いてくるような仕事があるかどうかという不安はあったが、そのような仕事が見つかることに期待するようになった。わしはマルクス老人ホームについてもっと詳しく知ろうと決めたのだ

上原さんは本望を遂げた。余命一年と言われていたのに半年しか命は持たず、パソコンの前で上原さんの命は果てたという噂だ。

第二章

二階に三つの子供部屋。一階には居間、台所、風呂場、夫婦の寝室。妻の梅子、長女のゆりえ、次女のたまき、三女のさちえ、長男の松雄。夫婦と子供四人の六人家族。家族の生活を支えた平助の仕事。それら全てが平助の前から消えて、残ったのは家という物言わぬ空間だけである。平助は朝起きるとテレビを点ける。お茶を入れテレビの前で独りお茶を飲む。テレビは見る気がしない。しかし、テレビの賑やかな音が消えると静寂が家の中を覆い、独りでいることをいっそう感じてしまう。テレビから聞こえてくる笑い声や喧騒が独りでいることを紛らわしてくれる。

二週間後。平助は再びマルクス老人ホームに行った。伊礼院長に会って話を聞くのが目的であったから、マルクス老人ホームに電話をして伊礼院長が平助と面談してくれる日時を決めてから行った。

「人間にとって楽しい仕事と辛い仕事の区別があります。楽しい仕事とは楽な仕事という意味ではないですよ。辛い仕事というのはハードな仕事という意味でもありません。人間は考えることができます。例えば犬小屋を造る時、犬小屋の完成した様子を頭で描くことができます。そして、頭で想像した犬小屋に合わせて材料を集めて犬小屋を作ります。人間にとって楽しい仕事というのは頭で考え、想像したものを作ることです。逆に辛い仕事というのはチャップリンの映画にもあった一日中ねじを回すだけのような単純な強制された仕事です。考えることが禁じられ、ロボットのように単純な仕事をやるのは人間にとって最も辛い仕事なのです。人間の本来の仕事の喜びというのは自分が作りたいものを作ることにあります。そして自分の作品が他人に消化されて喜ばれることが自分の喜びとなるのです。人間は誰でもこの人間の本能が備わっています。私の知り合いの精神分析医の話ですけどね。」

伊礼院長は知人の精神分析医が体験したある患者の話をした。

その患者は四十代半ばの主婦であったが、義母が大怪我をして寝たきりになった。彼女がパートをしている日はホームヘルパーに介護をさせていた。夜や休日は彼女が介護をしていたが、主婦は義母の介護を続けているうちにノイローゼになっていった。寝たきりの義母は大腿骨を骨折していて専門的なリハビリをしなければならないが主婦にはリハビリの知識がないし、リハビリができないことで義母の介護に自信がなくなり、介護の自信喪失からノイローゼになっていると精神分析医は判断した。精神分析医は患者の症状に合わせて治療をしたのだが主婦のノイローゼはひどくなるだけで快方に向かう兆しは見えなかった。ホームヘルパーの介護を義母が嫌がったために、その主婦はパートを辞めて義母の介護をすることになった。ところがパートの最後の日にその主婦は自殺してしまった。

精神分析医は主婦のノイローゼの原因は義母の介護が原因であり自殺する程の問題ではないと考えていたのに主婦は自殺をした。精神分析医は主婦が自殺することを予想していなかったので、なぜ彼女が自殺をしたのか彼女の精神分析をやり直した。すると以外なことが判明した。

その主婦はカラーコピー機の屋台式組み立て工場で働いていた。屋台式組み立てというのは一人で一台のカラーコピー機を組み立てる方式で八〇〇もある部品を一人で組み立てる。八〇〇もある部品を組み立てる作業なのだから大変だろうと思いがちだが、慣れてくると一台のカラーコピー機を自分ひとりで組み立てたのだという達成感があり、ベルトコンベアー式の仕事にはなかった達成感と満足感が得られる。その主婦は自分の作ったカラーコピー機が隣街の図書館に設置されているのを知り、図書館で自分が造ったカラーコピー機を利用している人々の様子を見に行った。自分の造ったカラーコピー機が多くの人に利用されて役に立っていることを知り主婦は非常に感動した。コピー機を利用している老絵描きが主婦の作ったカラーコピー機は他の店のカラーコピー機より遥かに写りがよいから主婦の造ったカラーコピー機を利用していると言ったので主婦は天に昇るほどに喜んだ。それからの主婦はカラーコピー機を組み立てる仕事にますますやりがいが出てきた。

実はノイローゼの深層の原因はやりがいのあるカラーコピー機組み立ての仕事を辞めなければならないことにあったのだ。つまりノイローゼの表層の原因が義母の介護をする自信喪失にあり、他方深層の原因はカラーコピー機組み立て工場を辞めなければならないことにあった。彼女は自分の作ったカラーコピー機が多くの人に利用されているのを実感し、カラーコピー機を生産する喜びを知った。つまり本能としての人間の生産活動の喜びを経験した。その喜びは彼女が理解している以上に彼女の深層の心では強力な喜びだったのだ。だから義母の介護のために仕事を辞めるということを表層心理では納得していても彼女の深層の心ではパートを辞めることを拒否していたのだ。表層と深層の二重構造のノイローゼに精神分析医は早く気づいて義母の介護の問題と仕事の問題の両方をカウンセリングしなければならなかった。しかし、精神分析医がノイローゼの深層の原因を突き止めるのが遅くなり、精神分析医が治療を施す前に主婦は自殺した。

「人間の本能には生産をする喜びだけでなく生産した物が消費者に歓迎されたいというのがあるのです。平原さんには信じられない話かも知れません。自殺した主婦は内気で気が弱く自分に自信がなかった。その主婦が生まれて初めて自分の造ったカラーコピー機がカラーコピー機を使う人々に喜ばれていることを知り、カラーコピー機を造ることに生き甲斐を持った。ささやかな生き甲斐ですが彼女にとってはとても大切な生き甲斐だったのです。人間の本能のことですから社会的な存在価値が小さいか大きいかの問題ではないのです。大小の違いこそあれ人間の心の底には生産活動本能というのが誰にでもあるのです。」

自殺した主婦の話は平助には難しくて理解できなかった。

「家族のために働いてきた仕事が定年退職を迎え、年金生活をするようになった時、人間は強制された動物的労働から解放されるのです。年金と預金があり仕事をしなくても生活ができるから仕事をしないで海外旅行をしたりダンスを習ったりゲートボールを楽しんだりするのもそれはそれでいいと思います。長年の辛い労働から解放されたのですから余生は楽しく遊んで暮らすのもいいでしょう。趣味の盆栽や登山をするのもいいと思います。

しかし、人間の本来の姿は生産活動にあるのです。造りたい物を造る。自由な発想で物を生産する。生活のためや給料をもらうために物を造るのではなく自分の喜びのために物を造るのです。老後というのは社会の役目を終え人間としての存在価値も薄れたように思いがちなのですが、そのように理解するのではなく動物的に強制された労働から解放されて人間的に自由な生産活動ができるチャンスがやってきたと理解するべきなのです。」

「平助さん。百年前にフォードがベルトコンベア式で自動車を生産する工場を作りました。ベルトコンベア式というのは車の骨組みをベルトコンベアに載せて移動させながら車の組み立てを流れ作業で製造することです。エンジンを載せる労働者はエンジンだけを載せ、ドア取り付ける、シートを取り付ける、ハンドルを取り付けるのもそれぞれ分業化しました。そうすることによって車の生産が倍増し値段も安くなったのです。フォードの夢は安い車を作って多くの人が車を持つことでした。ベルトコンベア方式の生産システムは車の生産力とコストを安くすることに成功し、今ではほとんどの人が車を持てるようになりました。

平助さんが退職した会社は鉄筋製造会社です。平助さんは一日中鉄筋を作りました。ビルを作る時には鉄筋を組む人、枠を組み立てる人、モルタルを流し込む人、電気工事をする人、配管工事をする人、内装工事をする人と、ビルが完成するには色々な専門家の分業によって作り上げられます。その方がしっかりしたビルが早く安くできるからです。平助さんは何十年も鉄筋を作り、鉄筋工は一日中何年も鉄筋を組み続け、枠作り大工は年中枠作りをします。鉄筋工も大工も設計図に指示された通りのものを作ります。そこには自分の考えを入れる余地はありません。

自動車工場ではエンジンを載せる人は一日中エンジンを載せ、ハンドルを取り付ける人は一日中ハンドルを取り付けるのです。チャップリンの映画でありました。一日中ボルトを締める仕事をしている男が次第に頭がおかしくなっていくという物語です。人間が歯車の一部にさせられるのがベルトコンベア式の大量生産方式であり、大量生産をするために人間が歯車の一部にされてしまう。単純で味気ない仕事をなぜ人間はやるのでしょう。それは給料をもらうためです。生活のために単純で味気ない仕事を人間はやらなければならないのです。しかし、単純で味気ない仕事が生み出す製品は安くて安定した品質のいい商品で、人間の生活を豊かにするにはとても都合のいいものです。

会社を人間に例えるとすると社長や製品を開発したり設計する研究家が人間の脳の役をやり、直接製品を生産する人は人間の手足の役をやるということになります。脳の部分の人は考える仕事をやり手足の部分の人は肉体を動かす労働をして直接生産をします。ですから、分業化された会社全体は人間のようなものです。人間のように考え、考えたことを行動しているのです。会社は分業をすることによって人間の生活を豊かにする製品を作ります。会社で働く人は給料をもらって自分の生活を豊かにするのが目的です。そのような労働は生産活動は辛く、消費活動は楽しいということになります。

会社をひとりの人間と仮定すると会社という人間には人々が望む製品を作る喜びがあります。しかし、会社の内部は分業社会であり人間の脳の役をする社長は会社が儲かることに喜びを感じ人間の手足の役をする労働者は給料が高くなることに喜び感じるのです。だから、会社の人間には人間として生産する喜びを感じるのは居ないということになるのです。会社で働くとはそういうことであるし、社会人であるということは社会が豊かになるために人間としての生産活動の喜びを犠牲にするということなのです。

定年退職後は働くことから引退するのではなく、社会生活のために働く義務から開放されたのであり決して働くことを引退したのではありません。弁護士や医者に定年退職はない。漁師や農民にも定年退職というものはありません。俳優、歌手、陶芸家、染色家など定年のない職業は多いです。定年退職は企業に雇用されている人間にやって来るものであり人間みんなにやって来るものではありません。

自分の働く喜びを得るための仕事とはなにか。それは自分が社長であり労働者であり販売員でもあるような仕事です。つまりなにを生産をするかを自分で決め、自分で作り、作った品物を直接お客に売るということです。買ったお客の顔が見えるし客の喜びは自分の喜びとなるのです。

自分の働く喜びを得るための仕事とはなにかというと個人企業として生産活動をする仕事ということになります。ですから飛行機とか自動車を作ることはできません。業種は限られてきますが個人企業でできるのは数多くあります。家具製作、人形作り、染物、アクセサリー、彫金、キノコ栽培、果樹栽培などいくらでもあります。その中から自分がやりたい仕事を選択すればいいのです。

マルクス村ではホームページを作製して商品を作った人と商品の紹介を写真と一緒に掲載します。そしてインターネットで国内だけではなく世界中の人に宣伝しています。老人が作ったということで同情をして買うお客も居ますのでマルクス村発の商品はよく売れています。

権助さんのマンゴーは世界中から注文が来てすぐに売切れてしまいます。八代静子さんの肖像画も人気があり注文は殺到しています。

商品を買った人の感想や意見はメールで送ってくるし掲示板に書きこむ人もいます。買った人の感想や意見は必ず製作者に知らせます。作る人売る人買う人が三位一体となっているのがマルクス村の特徴なのです。これが理想の生産と消費の関係です。」

「マルクス村の生産活動はひとりまたは共同作業で造れるものに限られています。個人作業が条件なのです。タンスや木のベッドやテーブルを作っている人がいます。焼き物、機織り、染め物、彫刻。農業では野菜、きのこ栽培、それに果樹園をやっている人もいます。街に出かけてなんでも屋をしている人もいます。手品や芝居や歌を商いにしている人も居ます。それぞれの人がやりがいのある生産活動つまり仕事を見つけてその仕事をやるのです。私たちは仕事がうまくいくようにサポートします。

静香さんは三年前にマルクス村の住人となりました。若い頃には絵画コンクールで最優秀賞をもらう程の才能がありましたが結婚をしてから絵を描くのを止めました。静香さんはマルクス村に来てから肖像画を本格的にやりたいというので肖像画の先生の元で一年間勉強してもらいました。若い頃に最優秀をもらった才能は五十年以上経ても健在でした。今では注文が殺到しています。しかし、静香さんは金儲けが目的ではないのでマイペースで肖像画を描いています。そのことが素晴らしい絵を描くことになり、静香さんの人気はますます高まっています。

もし、平原さんが陶芸をやりたいのなら陶芸の専門家に平原さんを指導させます。そして平原さんが作品を作ったら私たちのホームページに掲載して宣伝します。お客との交渉や発送は私達がやります。お客との対話もできます。」

「老人ホームで商売をするということですか。」

平助の無遠慮な質問に伊礼院長は苦笑いした。

「ううん、まあ。商売をすると言えば言えなくもないのですが、なぜこのようなことをやるのかその意義を知ってもらいたいのです。人間の本来の労働つまり生産活動を経験し、義務としての労働ではなく自由の労働は楽しくてやりがいのあるものであるということを知って欲しいのです。」

伊礼院長の話を聞いて、梅子がマルクス老人ホームに入りたい理由が分かった気がした。

平助の遺言

正直言ってな、停年退職は嫌だった。給料は半分でもいいから仕事は続けたかった。何十年も仕事をやってきたのだ。仕事はわしの体に沁みこんで体の一部になっていたのだ。

マルクス老人ホームに入りマルクス村の住人になったのは仕事をしたかったからだ。しかし、色々な仕事はあったがわしが気に入る仕事はなかなか見つからなかった。木彫りは技が細かいので不器用なわしには向いていない。木工もわしは自身がなかった。機織りとか染め物とかはやる気になれない。インターネットで情報誌や小説や専門誌を発行したり株の売買などをやっている人もいたがインターネットなんかとてもわしにはできない。

マルクス老人ホームでやる仕事はひとりかグループで製作する仕事に限られていた。だから色々な仕事があるわりには職種は少ないので、わしがひとりでやれる仕事は非常に限られていた。わしのような人間ができるのはせいぜい農業くらいだった。仕方がないから野菜作りでもしようかと悩んでいたら、ある日、刀を作りたくなった。子供の頃からチャンバラ映画が好きだったからかも知れない。刀というのは男の憧れるものだ。刀の形や波紋や輝きは美しい。

わしは刀工になりたいと願い出た。するとマルクス村の安村村長は刀工を探してくれた。マルクス村の方針は入所者がどんな仕事を希望しても無理だから止めなさいとは言わずに希望に添って仕事を紹介することだった。刀工の住む家はマルクス老人ホームからおよそ三十キロほど離れた町にあったが安村村長はわしを刀工の家に連れて行き、わしを紹介してくれた。しかし、刀工に会った日にわしは刀工になることをあきらめた。刀を造るのは非常に大変で難しいことを知らされたからだ。でも、刀工はマルクス村の主旨に賛同していてくださってな。刀を造るのは無理でもナイフのような小刀は一年の修行で作れるし、果物ナイフから始めて包丁を作れるようになればいいと助言をして、果物ナイフや包丁なら売れるからと小刀造りを指導しましょうと言ってくれた。

一年の間、わしは刀工の家に泊まりこんで小刀造りの修行をやった。なんとか合格点をもらってマルクス村で小刀造りを始めた。小刀造りの修行から設備を整えるまで百万円くらいの費用が出たが、新しい仕事ができる嬉しさに比べたら安いものだ。本当の人間の生産活動というと大げさであるが、とにかく物を造る喜びを体験できたのは孤独な老人なまま生きていくしかなかったわしにとってはとても幸せなことだった。梅子にも体験させたかった。

マルクス村ではわしらが作った製品はインターネットで売ってくれる。近隣の公民館でフリーマーケットを開いて売ることもあるし祭りや公園で売ることもあった。老人ホームの入所者が作った製品ということで善意の人が買ってくれるからけっこう売れた。テーブルの上にカーペットを敷いて、作った小刀をカーペットの上に並べて売るのだ。始めの頃は気恥ずかしくて自分の店には誰も来てほしくなかった。素人であるわしが手作りした小刀を売るというのも気が引けた。無料同然の品物を高く売っているような気がしてな。客に高いなあと言われると恥かしくて恥かしくてなにも言えなかった。無料で客にあげてさっさと引き上げたい気持ちだった。

最初の頃は恥かしくて客呼びの声が出せなかったどころか客の質問にも答えることができなかった。喋るのは若い頃から苦手だったからのう。しかし、ボランティアの人が対応のやり方を教えてくれて、出店を重ねているうちに少しずつ慣れてきてなんとか客と話せるようになった。

フリーマーケットを続けているとわしの造った小刀を買ってくれた人がやってきて、わしの造った小刀はよく切れると誉めてくれる時もある。その時は本当に嬉しくなるものだ。

製鉄工場の仕事に比べて小刀造りは遊び半分のような仕事だ。工場では鉄屑を大きい溶鉱炉で溶かすが小刀造りは溶鉱炉の何百分の一のおもちゃのような小さな釜で鉄を溶かす。製鉄所では何十メートルもある真っ赤な鉄筋が次々とローラーの上を転がって出てくる。一瞬の油断もしてはならない製鉄工場の仕事に比べて小刀造りはのんびりとした手作業だ。まるでままごとみたいなものだ。仕事のやりがいや充実感は工場の仕事の方が大きい。最初はそう思っていた。でもな、なんていうか。楽そうに思えた小刀造りも工場の仕事とは別な面では工場の仕事よりきつい面があることに気づいたのだ。

工場の仕事は決められたことを守り、鉄屑が溶鉱炉に入ってから鉄筋が作られ、工場から運び出されるまで順調に仕事をこなしていくことが重要だった。気の緩みは事故に繋がるし、油断が生産工程にミスを生み出し工場の機械がストップしてしまう。溶鉱炉の操作を誤ると不良製品を出してしまう。仕事はいつも緊張状態を保ち、仕事仲間との連携をスムーズにすることが大事だった。

工場の仕事は流れ作業をスムーズにこなせばそれで十分だった。鉄筋の品質にわしたち工場の者が気にする必要はなかった。しかし、小刀造りは工場の時は気にする必要がなかった品質というものに責任を持たなくてはならない。切れない小刀を売ったら文句を言われるし売れなくなる。小刀が売れるにはよく切れる小刀を造らなければならない。当然のようだが工場の仕事を長年やってきたわしは当然のことを忘れていた。工場の仕事は指示された通りの仕事をすればいいし指示された通りの鉄筋を生産することが重要なことであった。鉄筋が売れる売れないはわしらには関係がなかった。給料さえきちんともらえればそれで満足だったし、給料をもらうために仕事をやっていた。

自分が造りたいものを造る。人が必要とするものを造る。この二点が大事であると伊礼院長と安村村長はいつも強調していた。自分が造りたいものだけを造るのは趣味であり自分だけが満足するものである。人が必要とするものだけを造るということは自分を犠牲にして給料をもらうのが目的の仕事である。家族の生活のために働くことは人が必要とするものを造って給料をもらうことだ。老人になってリタイアした人は自分が造りたいものを造って趣味を楽しむということだ。その二つは人間の労働としては片方が欠けているということだ。家族がいる時は給料のために働くのは仕方がない。しかし、定年退職した後は自分が造りたいものを造ることと人が必要とするものを造ることを融合させた物造りをすることができる。そのような仕事が人間の生産活動としては一番いいことだと教えられた。

果物専用、野菜専用、豚肉専用、牛肉専用、魚専用、刺身専用と小刀の種類は沢山あり造り方も多種多様だ。よく切れて使いやすい小刀を造るためには毎日が勉強だった。毎日が研究だった。小刀を使う人の意見を聞いて勉強して研究して小刀の質を高めるということは苦しいことではあったが楽しいことでもあった。工場で働いていた時には味わうことができなかった、とても生き甲斐を感じる小刀造りだった。そして質を高めていくと小刀は美しくなるのだ。実に不思議な現象だった。

わしは梅子の導きでマルクス老人ホームを知り、マルクス村の住人となった。マルクス村の片隅で独りでこつこつと小刀造りをやっていたがとても充実した毎日だった。梅子がマルクス村の住人になれなかったことはとても残念だ。梅子はマルクス村に入居して自分のやりたい仕事をしたかったのだろう。

梅子はマルクス村をじっくりと見学したようだ。機織りをしているカツさんが梅子を覚えていた。梅子は機織りの仕方について詳しく質問したらしい。梅子を覚えていたのはカツさんだけではなかった。染め物をしているヨシさん。陶芸をしている文太郎さん。指輪造りをしているりんさんたちも梅子を覚えていた。梅子はどんな仕事をしたかったのだろう。機織りか染め物かそれとも陶器造りか。わしと梅子の作業場を建てて、一緒の場所で仕事をしたらもっと楽しくて充実した日々が過ごせたに違いない。

今なら

わしが梅子に

お茶を入れてあげることができる。

梅子が生きていて一緒に仕事ができていたらどんなに素晴らしいことだったろう。梅子が根を詰めて機織りをしていたらわしが梅子にお茶を入れる。今はそれができる。わしは梅子にお茶を入れたことが一度もなかった。夫の領分と妻の領分があって、お茶を入れるのは妻の領分と考えていたから梅子が家に居る時はわしはお茶を入れる気は起こらなかった。わしはそれを当然だと思っていたし習慣になっていた。結婚して子供が生まれ、子供を育てるために新居を立てた。家庭の生活がうまくいくために仕事を頑張っている頃のわしには梅子にお茶を入れるという気持ちが湧いてこなかった。子供が独り立ちして、わしと梅子の親としての役目が終わり、マルクス村でわしと梅子の新しい人生が始まっていたら「わしが梅子にお茶を入れてあげることができ」ただろう。しかし、梅子はもうこの世には居ない。

わしは工場にこき使われ、工場にこき使われたわしに梅子はこき使われてきたのではないだろうか。太平洋戦争に敗れ、誰も彼もが貧乏だった時代に育ち、一軒家を持つことが夢であり、子供に立派な教育を受けさせ一流の会社に就職させるのがわしたち世代の大きな夢であったから、お前が東京の会社に就職して、ゆりえ、たまき、さちえも高校に進学し銀行や建設会社に就職できたのだからわしと梅子の夢は実現したと言える。だから、「わしは工場にこき使われ、工場にこき使われたわしに梅子はこき使われてきたのではないだろうか。」という考えは後悔をしているわけではない。わしは梅子とお前達との暮らしは幸せだったと思っている。梅子に感謝しているし幸せな家庭を築いているお前達にも感謝している。しかし、マルクス村に入所して小刀造りを体験してみると、梅子と結婚をしてお前たちが生まれてからわしが定年退職するまでの間は「わしは工場にこき使われ、工場にこき使われたわしに梅子はこき使われてきたのではないだろうか。」というのがわしの素直な感想だ。梅子はわしにこき使われたままで死んでしまった。こき使われる人生から開放される前に死んでしまった。そのことが悔やまれる。

梅子にはわしと一緒にマルクス村に入所して梅子がやりたい仕事をやってもらいたかった。ユリさんやキクさんが工房で仕事をしている姿を見ていると梅子が機織りをしているような錯角に陥る。黙々と機織りをしている梅子。洗濯や食事の準備や買い物や掃除やわしにお茶を出すなどの家庭の雑用に追われることのないゆったりとした時間が流れる世界で黙々と機織りをしている梅子の姿を思い浮かべてしまう。家族を守りお前たち子供を育てるのが梅子の幸せであった。しかし、もう一つの幸せをマルクス村で梅子は見つけることができただろう。

実は、梅子と大喧嘩したことが一度ある。離婚をするぞと脅したくらいの夫婦喧嘩だった。お前が東京の大学に合格して二年目の時だった。末っ子のさちえが中学生になり子供に手が掛からなくなったからという理由で梅子は小料理屋で働きたいと言い出したのだ。夜の仕事をするのにわしは大反対した。梅子は老後のためにお金を蓄えたいとか子供の養育費や家のローン返済を楽にしたいとか色々な理由をつけてきた。それなら昼の仕事をすればいいとわしが言うと梅子は昼はパートしかないし収入が少ないから収入が昼のパートの二倍近くもある小料理屋で働きたいと引き下がらなかった。パートの収入が二倍近くもある小料理屋にこだわったことにわしのプライドは傷ついた。まるでわしの収入が少ないから小料理屋の仕事をすると言っているようなものだ。わしは激怒した。小料理屋で働くなら家を出て行けとまで言った。

定年退職したらわしと二人で小さな小料理屋をやっていきたいからとも梅子は言ったがプライドを傷つけられたわしには聞く耳を持たなかった。小料理屋のことで夫婦喧嘩したのは一週間だった。梅子は小料理屋で働くことを諦めたようでその後は小料理屋の話はしなくなった。

今から考えると、梅子は情熱を傾けることができる仕事をしたかったのだろう。しかし、四十歳を過ぎた女が会社の正社員になれるはずもないしその能力もない。梅子はスーパーのパートや生命保険のバイトのようなものではなく本格的な仕事をしたかったに違いないが、昼の仕事で梅子が本格的にできる仕事は見つかるはずはない。だから梅子は小料理屋を選んだのだろう。梅子は料理が得意だったしわしと違って世間付き合いもよかった。小料理屋なら本気になってできる仕事と考えたかも知れない。

短気を起こさないで梅子に小料理屋の仕事をさせてあげればよかった。ゆりえとたまきは高校生でさちえは中学生だったからウメ子が夜の仕事をしても困ることはなかった。わしの浅はかな男の意地が梅子の夜の仕事を許さなかった。あの時、梅子が小料理屋の仕事をするのを許しておけば、定年退職した後にわしと梅子は小料理屋をやっていたかも知れない。

マルクス村に入居できなかった梅子が哀れだ。とても残念だ。

でも、今さら嘆いてもどうしようもない。

終章

平助の小刀造りは三年が過ぎる頃にはインターネットで売れるようになり注文に追いつけない程になった。始めの頃はよく切れる小刀造りに情熱を傾けていたが、客との対話を重ねる内に、果物、魚、野菜、豚肉、牛肉を切るのに適した小刀を造ることに興味が拡大した。

しかし、好事魔多し。マルクス村に入所して七年目の冬に平助は椎間板ヘルニアを患った。平助の小刀造りは腰の痛みの影響で困難になった。しかし平助は小刀造りを止めることはしなかった。小刀の生産量は減ったが平助は腰の痛みに耐えながらも小刀造りを続けた。

平助がマルクス村に来てから九年目の春に平助の小刀造りに終止符を打つ時がきた。平助は脳梗塞になり命は助かったが左手と左足が動かなくなりベッドの上の生活になった。平助は小刀造りができなくなり、ベッドの上で毎日を過ごすようになった。

平助の遺言

わしは人間として生きることができなくなった。絵を描く人間であるなら右手だけで絵を描くことができるから人間としての活動ができる。小説などを描く人は右手だけ動かすことができるならパソコンを利用してベッドの上の生活でも人間としての活動をやっていける。しかし、小刀造りは腰が駄目で左半身が麻痺している人間にはできない。ベッドの上で動けない体にいらいらしながら余命を長らえているのは辛い。毎日、小刀を造っている夢を見て、夢から覚めて空しい気持ちになる。

日増しに梅子に会いたい気持ちが募ってくる。梅子に会いたい。梅子に会って夫婦の語らいをやりたい。梅子にマルクス村の話を一杯やりたい。マルクス村に導いてくれた梅子に感謝の気持ちをこめてな。

わしはひとりぼっちだ。このひとりぼっちの心を埋めることができるのはこの世にはひとりもいない。わしのひとりぼっちの心を埋めることができるのはあの世にいる梅子しかいない。

梅子に
お茶を入れて
あげたい。
一日も早く
梅子に会って
わしの感謝を込めて
梅子にお茶を
入れるのだ。
梅子は
おや、まあ。
あなたがわたしにお茶を
入れるなんて
奇跡だわ。
と言って、
笑い転げるだろう。
梅子は
快活に
愉快に
笑い転げるだろう。
わしの感謝を込めて
入れたお茶を
飲みながら。

あの遠い夏の日よ

遠い遠い
あの夏の日よ

俺は
酔いどれて
あてもなく
夢もなく
お前と生きていた

落ちこぼれの俺
負け犬の俺
酔いどれて
喚いて
よたよた歩き
生きていく目的を見つけられず
オンボロなトタン屋根の部屋で
お前の体を抱いて
お前の体を愛して
お前の心から逃げていた

遠い
遠い
あの夏の日よ

砂浜
満月は
俺とお前を照らし
打ち寄せる波は
俺の心を嘲笑っていた
俺は六本目のバドワイザーを飲み干し
お前は一本目のバドワイザーを膝の上に置いたまま
「夢が欲しいね」と呟いた

しかし、
お前と酒があれば
俺の日々は満ち足りていた
夢という言葉は
負け犬の俺には虚ろごとだった

お前が去っていった
遠い遠い
あの夏の日よ

飲んだくれの俺は
お前の悲しみを知らず
恨みの愚痴を
那覇の迷路で吐き続け
酔いどれて
躓き転び
お前の居ない
心の空白に
たまらなく淋しく
たまらなく淋しく

お前の居ない日々は流れ
それでも
俺は生きていて・・・

俺とお前の
遠い遠いあの夏の日よ

今でも
俺はお前に会いたいよ

ひとりっ子

星を数えて
過ごす夜
母さん帰り
遅い夜
涙が流れて
止まぬ夜

夜の星空
夜の北風
びゅうびゅう吹いて
涙溢れる
ひとりぼっちの夜
母さん帰り遅い夜
北風吹いて、
寒いのに
あの子は
窓を開けて
かあさん帰り待っている
星空
北風
寒い夜
あの子は待っている
母さん帰り待っている
母さん帰り待っている
北風吹く

夜の家
あの子はひとり
ひとりっ子
さびしく今日も
母を待つ

河を渡ろう

黄金の色が河の面
面は金になる

まぶしい夕日

ミホ、時間が止まったぞ
今なら河を渡れる
黄金の河面を渡れる

行こう

オレはミホの手を引っ張る

バカね

河は河
夕日の光りが河面の色を変えただけ

河はＨ２Ｏ
どのような色を呈しても
河は水
渡ることは不可能よ

あなたはバカねえ
見掛けを信じるなんて

そうじゃないそうじゃない

今
河は黄金の真っ最中

オレとミホが河に足を触れる瞬間まで
河は黄金なのだ

なぜミホは
その真実を知らないのだ
事実と真実は異なるもの
事実の集積の先に真実なんてありはしない
事実の路の果てに真実なんてありはしない

真実は虚ろを信じる心の中にある
真実は見掛けに希望する向こう側にある

真実に触れた瞬間に絶望する

だから
ミホよ
黄金の河を渡ろう

あなたはバカよ
笑いながら
オレの真実を拒否するミホ

そんなミホを
オレは

殺したくなる

オレは河原を下る
下る
下る
絶望に触れる瞬間に向かって
下る
下る
下る
今　オレは
真実の瞬間を生きている

幸せなのか
不幸なのか

ミホよ
バイバイ

河原のタンポポ

河原には
春になりかけの風が吹いていた
土手のタンポポはつぼみも出せずに
小刻みに踊っていた

ミホは

あなたは幸せものだね
と言う

なぜ　オレが幸せものなのか
と　オレは聞かない

ああ

と　オレはつぶやきながら

夕暮れの河の渦巻きに飛び込みたくなる

オレは幸せものさ

死にたくなる感情や殺したくなる
感情が
あるもの
ミホは医者
オレより金があり
オレより他人に尊敬され
オレより心が美しい

でも、死にたくなる感情を持てない哀れな女
でも、殺したくなる感情を持てない哀れな女

別れの潮時だな

ミホ

タンポポがつぼみを出せずに

プルプル震えているよ
そんな
河原の夕暮れだった

雨

雨が降る
冷たい雨
さびしそうに
誰も居ない野山に降る
五月の雨
空よ
オレもひとりさ

だから
泣くな
空

長編小説

台風十八号とミサ 第一回

プロローグ

一

二〇〇四年、八月の半ば、赤道近くの南太平洋上で低気圧が発生した。低気圧は次第に発達して最大風速が二十五メートルを越した。台風十八号の誕生である。ラジオ・テレビでは「南太平洋上の低気圧が発達して今年十八番目の台風になりました。」と報道し、新聞の天気図では台風十八号と表記されるようになった。台風十八号は南太平洋上を西北西にゆっくりと進みながら次第に勢力を増していき、航空写真で台風の目がはっきりと分かるくらいに大型で強力な台風に発達した。

台風十八号は発生した直後は西北西に進んでいたが、次第に北よりに進路は変わり北西の方に進むようになった。台風十八号が進んでいる北西の方角にはジャパン国の南端にあるウチナー島があった。台風十八号は北西への進路を維持し、ウチナー島に向かって直進し続けた。

台風十八号はウチナー島を直撃し、台風の目が通過するとラジオやテレビで予報している。台風十八号の中心気圧は八百五十ヘストパスカルまで下がり、中心付近の最大風速は四十メートルになった。台風十八号のような超大型台風がウチナー島を直撃するのは久しぶりである。

ラジオやテレビは盛んに超大型台風十八号による被害は計り知れないだろうと警告を発し、急いで台風対策をするように忠告した。

目が上陸する台風が一番恐ろしい。目が上陸する台風は被害が甚大になる。台風十八号の目がウチナー島を通過するということは台風十八号が襲来してから去っていく間にウチナー島は三百六十度の方向から猛烈な暴風雨に襲われるということである。四方八方から激しい風雨に襲撃されて家や建物は壊され、川は氾濫し、山は崩れ、大木でさえも四方八方から襲い掛かる暴風雨に耐えることができなくて倒されてしまうだろう。農作物は壊滅を免れない。恐ろしい超大型台風十八号のウチナー島直撃である。

ウチナー島の人々は超大型台風十八号の来襲に恐怖していた。商店はシャッターを下ろし、あちらこちらの家々からは板を張り付ける音が聞こえ、港では漁船を陸に上げて頑丈な綱で縛った。家々では庭の木の枝を切り落とし、風に飛ばされそうな物はすべて物置に入れた。

ウチナー島の人々が台風十八号に慄き、台風対策に懸命になっている最中に、台風十八号のウチナー島直撃を密かに歓迎している男がいた。男の名前は梅沢という。

梅沢は台風の目がウチナー島を直撃するのをずっと待ち望んでいた。梅沢にとって台風の目のウチナー島襲来は千歳一遇のビッグビジネスのチャンスであった。台風十八号がウチナー島を直撃することを知った時に梅沢はほくそ微笑んだ。待ちに待った台風の来襲である。

梅沢はウチナー島に駐留しているアメリカ軍が台風の対策に右往左往しているどさくさに紛れて、アジア最大の弾薬庫であるカリーナ弾薬庫から核爆弾搭載可能な五基の高性能のミサイルを盗み出そうというとんでもない計画を立てていたのだ。梅沢の奇想天外な計画は台風の目がウチナー島に上陸しないと実現できない計画であった。

二

カリーナエアーベースはカリナーシティー、コザシティー、チャタンシティーにまたがった総面積は、約十九・九五キロ平方メートルである。カリーナエアーベースは四〇〇〇メートルの滑走路を二本を有し、二百機近くの軍用機が常駐する極東最大の空軍基地である。なお、成田国際空港と関西国際空港には四〇〇〇メートル級の滑走路が一本ずつしかないため、二本あるカリーナエアーベースは日本最大の飛行場ということになる。カリーナエアーベースは面積においても日本最大の空港である東京国際空港（羽田空港）の約二倍である。カリーナエアーベースはアジア最大のアメリカ空軍基地である。ベトナム戦争ではB―52重爆撃機がカリーナエアーベースから南ベトナムに飛び立ち、ベトコンが潜むメコンデルタの密林に爆弾や枯葉剤を雨あられのように落とした。アフガニスタン侵攻の時にもカリーナエアーベースから戦闘機や爆撃機が飛び立った。イラク戦争の時にも多くの戦闘機や重爆撃機がカリーナエアーベースから飛び立ちイラクを攻撃している。

カリーナエアーベースがあるウチナー島は北朝鮮から中国、ベトナムに対して扇形の要の位置にあり、アメリカ国家にとってウチナー島のアメリカ軍事基地はアジア全体に睨みを利かす軍事戦略基地として最重要な存在であり、その中でもカリーナエアーベースは中心的な役割を担っている。

カリーナエアーベースには滑走路、戦闘機の格納庫、洗浄室、エンジン調整室、基地司令部、兵舎、通信施設、だけではなく、カリーナエアーベースに勤務する多くのアメリカ兵とその家族が生活している広い居住区があり、居住区には家族住宅、病院等があり、幼稚園、小・中高校、図書館、野球場、ゴルフ場、映画館、カミサリー（スーパーマーケットのようなもの）、ボーリング場等の教養娯楽施設も完備されていて現代的なタウンになっている。カリーナエアーベースのタウンには九千人以上の兵士と家族が生活している。

カリーナエアーベースの北方にはカリーナ弾薬庫が隣接している。ベトナム戦争、アフガニスタン侵攻、イラク侵攻の時に、カリーナエアーベースから飛び立つ戦闘機にはミサイルが装備され、重爆撃機にはクライスラー爆弾や大型爆弾が積み込まれていた。それらのミサイルや爆弾を格納しているのがカリーナ弾薬庫である。カリーナ弾薬庫はカリーナエアーベースになくてはならない存在である。総面積はカリーナエアーベースよりも大きい約二十七平方キロメートルの広大な森林地帯にある。カリーナ弾薬庫はカリーナエアーベースに必要な弾薬を貯蔵しているだけではない。アメリカ空軍、アメリカ海兵隊、アメリカ海軍、アメリカ陸軍などあらゆる軍隊で使用する兵器を貯蔵していて、アジアから中近東にまたがる広大な地域で活動しているアメリカ軍が使用する弾薬類の補給基地として、きわめて重要な役割を果たしている。

広大な森林地帯のカリーナ弾薬庫の奥深くには梅沢という男が盗もうとしている五基の核爆弾搭載可能な高性能ミサイルがひっそりと眠っている倉庫があった。

三

二〇〇四年九月四日。台風十八号がウチナー島に上陸する二日前。気象予報は台風十八号がウチナー島に二日後には上陸するだろうと報じた。台風十八号の動きに注目をしていた梅沢は台風十八号が二日後にウチナー島に上陸すると確信した時にカリーナ弾薬庫からミサイルを盗む準備に取り掛かった。梅沢はリストアップしている五十人の日本、中国、フィリピン、台湾、香港、インドネシア、タイに在住している男達にカリーナ弾薬庫から五基のミサイルを窃盗するのに必要な者を選んで次々と電話をした。

電話では仕事の内容は秘密にした。それはいつものことである。梅沢の仕事は犯罪であり、依頼した人間が警察に密告したら万事休すである。梅沢は依頼する仕事の報酬を五十万円から百万円に決めた。一日だけの仕事の報酬としては今まで依頼した仕事の中でもかなり高い方である。しかし、成功した時の梅沢の儲けは莫大でありそれくらいの報酬はむしろ安いくらいであった。

梅沢は仕事がキャンセルになる場合の可能性があるということも仕事を依頼する人間に告げた。過去に台風の目がウチナー島に上陸するという予報があり、梅沢はミサイルを盗み出すためのメンバーを集めたが梅沢の計画をあざ笑うかのように台風の目はウチナー島に上陸しなかった。そんなことが三度あった。今度の台風十八号が百パーセント確実にウチナー島を直撃する保障はない。相手は大自然である。台風十八号がウチナー島に向かっていると気象庁が予報していても途中で台風十八号の進路が変わりウチナー島を直撃しないこともありえる。台風の目がウチナー島から外れたら梅沢が計画しているミサイル窃盗は断念しなければならない。しかし、仕事がキャンセルになったからといって報酬がゼロというわけにはいかない。梅沢は仕事がキャンセルになった時には一日五万円として五日から七日までの三日分の報酬の十五万円は保証することを約束した。

梅沢が最初に電話をしたのはガウリンだった。ガウリンは梅沢の依頼で東南アジアの国々からジャパンに麻薬の密輸出をする仕事をしていて、梅沢にとって信頼できる人間の一人だった。それにガウリンはウチナー島のことをよく知っているし、ジャパン国の運転免許も持っている。ガウリンは今度の仕事に必要な人間であった。

「ガウリン、梅沢だ。」

「ああ、梅沢さんですか。」

ガウリンの疲れた声が聞こえた。

「昨日、三十キロのヘロインを隠したコンテナを貨物船に乗せ、日本に送り出しました。今度はバナナの中に隠しました。コンテナの底には腐ったバナナを混ぜてその中にヘロインを隠しました。必ず梅沢さん指定の倉庫に届きます。」

ガウリンは梅沢が電話したのはヘロインの送り出しについての確認のためだと思ったようだ。

「そうか。ご苦労。しかし、電話したのはそのことについての話ではない。別の話をするために電話した。」

「そうですか。別の話とはどんな話ですか。」

「新しい仕事の話だ。」

「え、新しい仕事ですか。」

ガウリンは浮かない声をした。

「そうだ、明日までにウチナー島に来てもらいたい。」

「え、ウチナー島にですか。」

「そうだ。明日までにウチナー島に来い。」

ガウリンは暫く黙っていた。

「梅沢さん。ウチナー島に行くのはキャンセルしたいです。私は一ヶ月もフィリピンで動き回りました。今度の仕事で疲れました。私はインドネシアに帰って暫くの間は休みたいです。キャンセルが駄目なら、せめて一週間くらい待ってくれませんか。」

「駄目だ。今度の仕事は待ったなしだ。明日までにウチナー島に来るんだ。」

「他の人間に頼んでください。私は休みたいです。」

ガウリンはウチナー島行きを渋った。

「ガウリンはウチナー島に何度も来たことがあるからウチナー島についてよく知っている。それにガウリンは日本の自動車運転のライセンスも持っている。今度の仕事にはガウリンが必要なのだ。」

「しかし、梅沢さん。私は一ヶ月間もフィリピンに居て、ヘロインの調達から送り出しまでやりました。今度の仕事で疲れました。インドネシアに戻って休みたいです。家族にも会いたいです。」

「それは分かる。しかし、今度の仕事はどでかいし、どうしてもガウリンが必要だ。」

「そうですか。」

ガウリンはどうしようか悩んでいるようだ。

「成功報酬一万ドルでどうだ。仕事は六日か七日の一日だけの仕事でだ。」

「え、一万ドルですか。たった一日の仕事で本当に一万ドルをくれるのですか。」

報酬が一万ドルであると聞いてガウリンは驚きの声を発した。そして、二年前にも同じ内容の仕事の話があったのをガウリンは思い出した。

「もしかすると二年前と同じ仕事ですか。二年前は途中で梅沢さんがキャンセルしましたよね。」

梅沢は苦笑した。

「ああ、二年前と同じ仕事だ。条件も同じだ。一万ドルは仕事が成功した時に払う。状況によっては二年前と同じように仕事をキャンセルする場合がある。その時にはウチナー島に滞在する三日間の日当の合計として千五百ドルの報酬をやろう。」

「そうですか。二年前と同じ仕事ですか。」

「ああ、同じ仕事だ。」

「二年前と同じようにキャンセルになるのではないですか。」

ガウリンは仕事がキャンセルになり千五百ドルの報酬をもらうよりはインドネシアに帰りたかった。

「今度はキャンセルにならない可能性が高い。」

「どんな仕事なのですか。」

「それは二年前と同じで言えない。」

「そうですか。」

ガウリンは梅沢の仕事の依頼を断ろうと思ったが、

「ガウリン。私とお前の仲だ。断ることはできないよ。」

と梅沢は言った。ぞくっとする氷のような梅沢の声だった。梅沢の声を聞いてガウリンは断ることができないことを悟った。

「分かりました。私はウチナー島へ行きます。」

「そうか。急いで来てくれ。」

「はい。」

ガウリンは荷物をまとめるとホテルを出て、マニラ国際空港に行くためにタクシーに乗った。


ミサイル窃盗を成功させるには大型クレーンを運転できる人間はなくてはならない存在である。短時間で手際よく仕事のできる熟練の運転手が必要だった。

梅沢は大型クレーンを運転できる人間をピックアップしてあり、腕の立つ人間から順番に電話をかけて明日中にウチナー島に来るように仕事の依頼をしたが、最初に電話をした男は中国でダム建設の仕事をしているという理由で梅沢の仕事の依頼を断った。次に電話した人間は中近東のサウジアラビアに居て二日以内にウチナー島に来ることができないという理由で断わった。梅沢は三人目の人間に電話をした。三人目の人間の名前はハッサンと言い、インド国籍の人間だった。

「やあ、ハッサン。元気か。梅沢だ。」

「梅沢さん。なにかいい仕事ないですか。」

「仕事をしていないのか。」

「道路工事の仕事をしているが給料が安いです。梅沢さん。給料の高い仕事が欲しいよ。梅沢さん。なにかいい仕事はないですか。」

ハッサンの話を聞いて梅沢はほっとした。ハッサンは今度の仕事に飛びついてきそうだ。

「ハッサンは今どこに居るんだ。」

「台湾に居る。」

台湾なら一日あればウチナー島に来れる。

「ハッサン。一日で七千ドルの仕事がある。」

「え、七千ドルですか。やるよ。どんな仕事だ。」

「仕事の内容は今は言えない。」

「一日で七千ドルの報酬があるならやばい仕事に決まっている。そうだよな梅沢さん。仕事の内容は聞かなくていい。俺は仕事をやるよ。」

「それじゃあ決まりだ。しかし、断っておくことがある。この仕事は状況によってはキャンセルになる時もある。その時は一日五百ドル出す。」

「日当が五百ドルなら喜んでやるよ。」

「そうか、わかった。仕事の現場はジャパン国のウチナー島だ。ハッサンはウチナー島を知っているか。」

「知らない。」

「ウチナー島はジャパンにある。」

「ジャパンにあるのか。」

「そうだ。ジャパンの南端にウチナー島はある。台湾からはウチナー島には直行便がある。調べれば簡単に探せるはずだ。ハッサン。今度の仕事は明日までにジャパンのウチナー島に来るのが条件だ。ハッサンは明日までにウチナー島に来れるか。」

「行けるよ。」

「そうか、それなら決まりだ。」

「梅沢さん、お願いがあります。弟のシンも連れて行きたいですが。」

「え、弟も一緒なのか。」

「はい。」

「何才だ。」

「十九才です。」

「十九才か。」

梅沢はハッサンの弟が十九歳と聞いて迷った。

「お願いだ。梅沢さん。シンも雇ってくれ。」

ハッサンは何度も頼んだ。

「シンは英語を話せるか。」

「話せます。」

英語が話せるなら他の人間との共同作業ができる。

「まあ、いいだろう。シンには五千ドル出そう。それでいいか。」

「それでいい。ありがとう梅沢さん。」

「ウチナー島に来る日時が決まったら連絡してくれ。空港に迎えに行くから。」

「これからジャパンのウチナー行きの切符を買いに行く。」

「そうか。ウチナー島で待っているよ、ハッサン。」

梅沢はハッサンとの交渉を終えた。

　梅沢はクレーンの運転手を一人確保した。しかし、一人では心細い。なにしろ激しい暴風雨の中の仕事だ。どんなアクシデントが起きるか分からない。予備の人間を準備しておく必要がある。

　梅沢はメモ帳からジェノビッチの電話番号を探し、ジェノビッチに電話をした。ジェノビッチはクレーンの運転ができると聞いたことがあったので、クレーン操作のできる人間として梅沢はジェノビッチをピックアップしてあった。ジェノビッチはヨーロッパからジャパンに出稼ぎに来ている人間である。ジェノビッチとは半年以上電話をしたことがないが、まだジャパンにいるはずだ。

「やあ、ジェノビッチ。梅沢だ。」

「やあ梅沢。いい仕事はないかい。」

「ジェノビッチはまだジャパンに居るか。」

「ああ居るよ。ジャパンでは期待していた程は稼げないからチャイナのシャンハイに行こうかとミルコと相談しているんだ。」

「ミルコとまだ一緒なのか。」

「ああ。」

「ジェノビッチはクレーンの運転ができると言っていたよな。」

「ああ、できるぜ。」

「一トンの荷物をクレーンで移動したことはあるか。」

「一トンくらいの荷物なら何度もクレーンで運んだ。」

「そうか、ジェノビッチに七千ドルの仕事があるが乗るか。」

「え、七千ドルだって。何日間で七千ドルなんだ。一ヶ月間でか。」

「いや、二、三日だ。実際に仕事するのは数時間だけだ。」

「え、たった数時間で七千ドルか。殺しか。」

梅沢は苦笑した。

「いや、殺しの仕事じゃない。物を運ぶ仕事だ。クレーンを運転する人間が必要だからジェノビッチに電話したんだ。」

「クレーンの運転なら任してくれ。そんなうまい話だとするとその仕事はヤバイ仕事だということか。」

「まあそういうことだ。断るか。」

ジェノビッチは笑った。

「断るはずがないだろう。」

「仕事の内容について今教えるわけには行かないが、仕事をすれば七千ドルの報酬をやる。」

「二、三日で七千ドルがもらえるなんて、こんないい仕事はめったにない。ぜひやらしてくれ。」

「ミルコも雇いたいが、ミルコはやるかな。」

「あいつが断るなんて考えられない。」

「そうか。それじゃ、ミルコに仕事をするかどうかを聞いてくれ。もし、ミルコがオーケーなら私に電話しろ。しかし、明日中にウチナー島に来れないと雇うことはできない。」

「ウチナー島ってどこにあるのだ。」

「ジャパンの南端にある小さな島だ。ジャパンの人間に聞けばすぐ分かる。」

「そうか。」

「しかし、ことわっておくことがある。この仕事はキャンセルする場合がある。その時は一日五百ドルの報酬になる。その条件でどうだ。」

「交通費も含めてか。」

「いや、交通費は別だ。」

「つまり飛行機料金は梅沢が出すということかい。」

「そうだ。」

「一日五百ドルなら悪くない。ミルコと一緒に明日ウチナー島に行くよ。」

「ウチナー島で待っている。」

梅沢は電話を切った。

これでクレーンの運転手はハッサン、ジェノビッチの二人を確保できた。ミサイルをカリーナ弾薬庫から盗み出すのだから色々なアクシデントが起こるのは覚悟しなければならない。クレーン運転手が怪我をすることもあり得ることだ。それでも二人のクレーン運転手が居れば大丈夫だろう。

梅沢は梅津に電話した。梅津は梅沢の依頼で不良自衛隊員から銃火器などを買い集めて、梅沢に売っている人間である。

「梅津。梅沢だ。」

「あ、梅沢さん。すみません。」

梅津は申し分けなさそうに言った。

「対戦車バズーカ砲はなかなか手に入れ難くいです。色々知り合いの自衛隊員に話を持ちかけているんですが。対戦車バズーカ砲の話をするとみんなびびるんです。」

梅津は対戦車バズーカ砲を入手していないことを梅沢に謝った。

「電話したのはそのことではない。梅津よ、直ぐにウチナー島に来てくれ。」

「え、ウチナー島にですか。」

「そうだ。来てくれ。」

「直ぐにですか。急ですね。」

「そうだ。梅津はウチナー島に行ったことはあるか。」

「いや、ありません。」

「そうか、ナーファ空港に仲間を行かすから、到着時間が分かったら電話をしてくれ。」

「そんなに急ぐ仕事なのですか。」

「ああ、そうだ。その代わり仕事の報酬は大きいぞ。百万円の仕事だ。」

「え、百万円。」

梅津は百万円という大金の報酬に絶句した。

「ほ、ほんとうに百万円をくれるのですか。」

「ああ、ほんとうだ。しかし、仕事が成功すればという条件だ。」

「それは当然ですよ、梅沢さん。分かりやした。これからウチナー島に行きます。」

「ああ、そうしてくれ。」

梅沢は梅津との交渉を終えて電話を切った。

梅沢は大城に電話をした。大城はウチナー島に住んでいる人間である。ウチナー島については梅沢よりも詳しい。大城は不良アメリカ兵と親しくしていて彼らがアメリカ軍から盗んだ銃火器を買い集めて梅沢に売る商売をしていた。

カリーナ弾薬庫からミサイルを盗む計画は大城が「ミサイルを盗めると豪語しているアメリカ兵が居る。」という情報を梅沢に話したことから始まっていた。

梅沢は大城の話に半信半疑だったが大城は「ミサイルを盗めると豪語している」アメリカ兵を梅沢に会わせた。アメリカ兵の話には信憑性があった。ミサイルの種類、大きさ、重さ、ミサイルを保管している倉庫、合鍵を作る方法などの詳しい話を聞いた梅沢はアメリカ兵の話を信用して、ミサイルを盗み出して日本国外に運び出す方法を研究しながら、ミサイルを買ってくれる国際的な武器商人を探した。ミサイルを買うという国際的な武器商人はすぐに見つかった。その人物はミスター・スペンサーと呼ばれている男でアジアから中近東、アフリカ一帯で武器売買の商売をやっている人物であった。梅沢はその国際的武器商人スペンサーからミサイルを一基一億円で買うという確約を取った。

それからの梅沢はカリーナ弾薬庫から盗み出したミサイルを国外に運び出す研究に没頭した。そして、台風の目がウチナー島に上陸した時にミサイルをカリーナ弾薬庫から盗み出して国外に運び出す計画を立て、ミサイルを運び出すための器材を準備したのだった。大城が居なければカリーナ弾薬庫からのミサイルを窃盗する計画は生まれなかった。

「大城。梅沢だ。」

「おお、梅沢さんか。」

「今度の台風十八号はウチナー島に上陸しそうだな。」

「そうだな。俺も気象予報には注目していた。梅沢さんからの電話を今か今かと待っていたよ。」

「そうか。例の仕事を決行するぞ。」

「やっぱりな。決断したんだ。」

「ああ、決断した。」

「いよいよか。しかし、ミサイルを盗むことが現実になるなんて信じられないな。感動ものだよ。こんなスケールのでかい泥棒は一生に一度しか俺にはないだろうな。俺が冗談半分で持ち込んだミサイルを盗む話を本当に実現するとはなあ。俺はまだ信じられないよ。梅沢さん。あんたはすごいよ。」

大城はミサイルを盗むのを現実化した梅沢に感心した。

「しかし、台風十八号がすんなりとウチナー島に上陸するのは百パーセントの確立ではない。今度こそ上陸してほしいよ。」

「俺の感では、今度は確実に台風の目はウチナー島に上陸するね。今度こそミサイルを盗めるよ。」

「そうあってほしいよ。ところで大城。頼みがあるんだ。」

「どんな頼みか。」

「お前のアパートに二、三人の仲間を泊めてくれないか。」

「え、俺のアパートにか。」

「ああ。」

「ううん、俺のアパートに他人を泊めるのか。それは困るなあ。他の人間に頼んでくれないかな。俺は知らない人間と寝泊りするのは嫌いなんだ。ホテルに泊まらせたらいいじゃないか。去年はホテルに泊めただろう。」

「前はホテルに泊めた。しかし、ホテルに泊めると名前の記録が残るし顔もホテルの人間に覚えられる。それはまずいと考えた。だから今度はアパートや自動車モーテルに泊めるつもりだ。行動も素早くできるようにジャパンの運転免許を持っている人間を中心にグループを編成するつもりだ。今度の仕事は台風が相手だ。台風の動きに迅速に動けるシステムを作らないと失敗する恐れがある。」

「なるほど。梅沢さんは頭がいい。」

「だから、グループはいつも一緒に行動してほしいのだ。大城、断らないでくれ。それなりに礼はするから。」

「なるほどな。梅沢さんの言う通りだ。そうだよな。今度の仕事は特別だからな。今度の仕事はスケールがでかいから仕事に参加する人間も多いだろうな。梅沢さん。何人がこの仕事に関わるのだ。」

「合計すると三十名以上になる。」

「そいつはすげーや。その三十名の人間を台風の目がウチナー島に入った数時間に一気に動かすのだろう。とても俺には真似のできない芸当だ。梅沢さん、承知した。俺のグループの人間は俺のアパートに泊めるよ。しかし、言っておくが、もてなしは一切しないよ。俺は人をもてなすのが苦手なんで。」

「それは仕方ない。お前は一匹狼だからな。しかし、今度の仕事は多くの人間の連係プレーで成功する。仲間同士の不協和音があっては仕事はうまくいかない。この計画を詳しく知っているのは私と大城だけだ。だから大城はリーダー的な立場だからな。それを忘れないでくれ。」

「うう。梅沢さんにそんな風に言われると気が重くなるなあ。俺はリーダーなんかになりたくないよ。」

「あはは。とにかく、大城よ。大城のアパートに泊まる連中は今度の仕事の仲間だからな。喧嘩はしないでくれよ。いいか。」

「俺は短気な男だからなあ。でも今度の仕事はスケールがでかいし一生一度の仕事だからな。ぜひ成功したい。梅沢さんよ。俺は仲間と喧嘩するような馬鹿なことは絶対にしないよ。約束するよ。」

「そうか。じゃ頼むよ。大城の部屋に泊める予定の人間がウチナー島に到着したら連絡する。」

「分かった。」


梅沢はピックアップしていた五十人の人間に優先順位に従って次々と電話を入れた。ガウリン、ミルコ、ジェノビッチ、ハッサン、シン、梅津、大城の他にベトナム人のホアンチー、フィリピン人のピコ、香港からはトンチーとルーチンなどの男たちが梅沢の誘いに乗り、仕事の内容を知らないままに翌日までにウチナー島に来て、ウチナー島で梅沢と一緒に仕事することを承知した。

梅沢はミサイルをカリーナ弾薬庫から盗み出すグループのリーダーのウィンストンに電話をした。

「ミスター・ウィンストン。梅沢だ。」

「おお、ミスター。ウメザワ。」

「カリーナ弾薬庫からミサイルを盗み出す手筈は大丈夫だろうな。」

「大丈夫だ。ミスター・ウメザワの準備はオーケーですか。」

「ああ、準備はできた。ミスター・ウィンストン。お前がミサイルをカリーナ弾薬庫から運び出すことに失敗すれば元も子もないからな。絶対に失敗をするなよ。」

「大丈夫だ、ミスター・ウメザワ。作業に馴れた連中だからミサイルをトレーラーに乗せるだけの仕事は造作もないことだ。カリーナ弾薬庫からカリーナエアーベースに出て、カリーナエアーベースの第三ゲートから運び出す予定だ。私の仕事はカリーナ弾薬庫の倉庫でミサイルをトレーラーに載せてカリーナーエアーベースの第三ゲートに運び出すまでだ。そうだよな、ミスター・ウメザワ。」

「そうだ。第三ゲートからミサイルを出してもらわないと私の仕事はおじゃんになる。」

「完璧にやるから案ずることはないよ、ミスター・ウメザワ。」

「わかった。それじゃ、ミサイルを第三ゲートから運び出す時間が決まったら連絡する。台風十八号がウチナー島に上陸する時間がはっきりしないと決めることができない。ミスター・ウィンストンも台風十八号の動きに注意してくれよ。」

「ああ、気象予報をずっと聞くよ。」

「そうしてくれ。それから、いつでも携帯電話を取れる状態でいろよ。」

「もちろんだ。」

「じゃな。ミスター・ウィンストン。」

梅沢は電話を切った。


梅沢は金城に電話した。金城は自動車の修理工場を経営している人間である。梅沢が盗難車も含めて色々な中古車を輸出する時に自動車の修理、解体、切断、組み立てを金城に依頼している。自動車については梅沢の要求をなんでも応じてくれるのが金城であった。

「金城。梅沢だ。」

「ああ、梅沢さん。」

「シーモーラー五台を運び出す準備をしてくれ。」

梅沢はシーモーラー五台を金城の修理工場の近くにある倉庫に置いてあった。

「いつシーモーラーを使うのですか。」

だ。」

「明後日になるだろうな。はっきり言えば台風十八号がウチナー島に上陸した時

「台風十八号がウチナー島に上陸した時ね。」

「そうだ。台風十八号の進路と時速が関係するからその日にならないと正確な時間は言えない。」

「まあ、梅沢のやる仕事だから驚きはしないよ。」

梅沢は苦笑した。

「ところでシーモーラーを載せるトレーラー五台と運転手の手配は大丈夫か。」

「私の会社の従業員がトレーラーの運転はできるし、トレーラーの準備もすぐできる。」

「シーモーラーは私が指示する場所に運んでくれるだけでいい。場所は一般人が入ってはいけない場所だから、運んだらお前らは直ぐに引き上げるのだ。」

「前にも聞いたが、シーモーラーでなにをするつもりなんだ。やっぱり私には教えないか。」

「そうだ。金城は聞かない方がいい。」

「しかし、知りたいな。」

と言って金城は笑った。

「仕事が成功したら後で教えるよ。」

梅沢は笑いながら言ってから、

「シーモーラーの準備を頼むよ。」

と言った。

「承知した。」

金城の返事に、「頼むよ。」と言って梅沢は電話を切った。

梅沢は金城との電話を切ると具志堅に電話した。具志堅はトレーラーで自動車や重機などを運ぶ商売をしている。

「やあ、具志堅。梅沢だ。」

「梅沢さん。仕事ですか。」

「そうだ。クレーンを運んでほしい。」

「へえ。どこのクレーンを運ぶのですか。」

「オーケー重機社のクレーンだ。」

「どこに運ぶのですか。」

「今は場所については言えない。運ぶのは明後日になるが運ぶ時間はまだ決まっていない。明後日に私が指示した時間にオーケー重機社の大型クレーンをある場所に運んでほしい。オーケー重機社からクレーンを運び出す時にはこっそりと運び出さなければならない。」

「こっそりとか。」

「そうだ。クレーンに鍵はつけておく。そういうことでオーケー重機社の社長と話はついている。」

「わかった。」

「とにかく、明後日はいつでも行動できるようにしてくれ。」

「回収はいつやるのか。」

具志堅の質問に梅沢は苦笑した。

「回収はなしだ。具志堅、察しがつくだろう。」

「まあな。」

「オーケー重機社の社長はそのクレーンは盗まれたと警察に報告することになっている。」

「そういうことか。」

「そういうことだ。」

梅沢は笑いながら具志堅との電話を切った。

梅沢はミスター・スペンサーに電話した。ミスター・スペンサーはアジア・アフリカ一帯で武器の売買をしている武器の大商人であり、ミスター・スペンサーが梅沢からミサイルを一基一億円で買う約束をしている。

「ミスター・スペンサー。梅沢です。」

「オー、ミスター・ウメザワ。」

「台風十八号は八十パーセント以上の確立でウチナー島を直撃します。私が企画した計画をいよいよ実行する時がきました。ミスター・スペンサーの協力をお願いします。」

「フフフフフ、ミスター・ウメザワはおもしろい計画を立てる。私の方は準備オーケーですよ。」

「ありがとうございます。この計画が成功すればミスター・スペンサーとの取引をもっと増やしてくれませんか。」

「よろしいですよ。」

「それでは失礼します。」

梅沢はカリーナ弾薬庫からミサイルを盗む手配の全てを終わった。後は台風十八号がウチナー島に上陸するのを待つだけである。

カリーナ弾薬庫からミサイルを盗むことができると豪語しているアメリカ人が居ると大城から聞いたのは六年前であった。しかし、カリーナ弾薬庫からミサイルを盗むことはできても四方を海に囲まれたウチナー島から国外にミサイルを運び出すことは不可能である。梅沢は大城からカリーナ弾薬庫からミサイルを盗むことができるアメリカ人が居ることを聞いてもミサイルを盗みだすということに興味は湧かなかった。

梅沢がミサイル窃盗を真剣に考えるようになったのは国際的な武器商人ミスター・スペンサーがミサイル一基を一億円という莫大な値段で買うことを知ってからである。梅沢はミスター・スペンサーに会ってそれが事実であることを確認した。

それからの梅沢はウチナー島からミサイルを運び出す方法を真剣に考えミサイル窃盗の企画を練り上げた。企画をミスター・スペンサーに説明するとミスター・スペンサーは梅沢の企画を賞賛し協力を約束した。

梅沢は二年を掛けて機材や人材の確保に奔走した。そして、三年前から台風がウチナー島に上陸するのを待った。台風がウチナー島上陸する可能性があったのが過去に五回あり、ミサイル窃盗のためにメンバーをウチナー島に呼んだのが三回あった。しかし、それらは全て期待はずれに終わった。

ウチナー島に来襲する台風に期待しそして失望したことが過去に五回あったが、どうやら今度の台風十八号は梅沢の希望を叶える台風になりそうである。台風十八号がウチナー島を直撃する確率は日に日に高くなってきて、ミサイルを盗み出す時が刻々と迫ってきた。梅沢は一時間毎に電話で台風情報を聞き、台風十八号がウチナー島に上陸するのを今か今かと待った。

そして、とうとうその日がやってきた。

二〇〇四年、九月六日の朝に台風十八号はラジオやテレビが予報した通りに、ジャパン国の南端に浮かぶウチナー島に上陸を始めた。ウチナー島の空はどんよりと曇り時々激しい雨が降り風も強くなっていった。

梅沢が待ちに待っていた台風の到来である。梅沢の計画は開始された。

四

カリーナ弾薬庫の広大な森林地帯の中に弾薬倉庫は木々の緑葉に覆われて潜むように散在している。弾薬倉庫の中でも山の斜面を削って建てた特別に大きな弾薬倉庫が森林地帯の奥にあり、その弾薬倉庫には五基の高性能弾道ミサイルが格納されていた。

二〇〇四年九月六日。朝。高性能弾道ミサイルが格納されている弾薬倉庫の前に一台の大型トレーラーと三台の自家用車が停まった。

弾薬倉庫の周囲にはもくもうの木やすすきがうっそうと茂り五、六メートルも伸びたもくもうはウチナー島に上陸しつつある台風十八号の強風に大きく揺れて枝は今にも折れそうである。

自家用車から下りた三人の男たちは弾薬倉庫のシャッターの前に来た。一人の男が弾薬倉庫の裏に回り、密かに作った合鍵で裏口のドアを開けて弾薬倉庫の中に入った。窓のない弾薬倉庫の中は暗闇であった。男は懐中電灯を点けた。すると目の前に二段に積まれているミサイルが見えた。

「こいつをトレーラーに乗せるのか。」

男は独り言を呟きながらミサイルを電灯で照らした。ミサイルは下に三基上に二基と二段に積まれていた。

ミサイルの長さは九八〇センチメートル、直系は八七センチメートルであった。核爆弾搭載可能のミサイルは到達距離が五〇〇キロメートルのＡＮＮ―Ｘ２と呼ばれている高性能弾道ミサイルである。男は懐中電灯で弾薬倉庫の壁を照らしてブレーカー盤を探した。奥の壁にブレーカー盤があるのを見つけた男はブレーカー盤の方に行き、ブレーカーのスイッチを上げた。それから、ドアの方に行き、スイッチを上げると弾薬倉庫の中が明るくなった。男は正面の壁に行き、スイッチを上げると弾薬倉庫のシャッターが金属の擦れる音を発しながらゆっくりと上がっていった。

シャッターが上がり終えると、恰幅のいい男が大型トレーラーの運転席に来て

「ロバート。トレーラーを中に入れろ。」

とトレーラーの運転手に指示した。その男がグループのリーダーのウインストンである。

トレーラーはゆっくりとバックしながら弾薬倉庫の中に入った。

「ようし、ここで停まれ。」

トレーラーは運転台が倉庫に入る直前に止まった。

「ようし、ミサイルをトレーラーに乗せろ。」

五人の男達は慌しく動いた。靴音やウィンチの動く音や金属と金属の軋む音がコンクリートの壁にこだました。弾薬倉庫のミサイルは次々とトレーラーに積まれていった。

「このミサイルは廃棄処分予定のミサイルだ。弾頭の爆弾は外してあるし、燃料も抜き取ってある。ミサイルが爆発することはない。少々乱暴に扱っても大丈夫だ。作業を急ぐのだ。」

ウインストンは仕事を急がせた。

ミサイルはトレーラーの床に置かれた固定用の台に三基が並び、三基の上に設置した固定用の台の上に二基が並んだ。ミサイルは高さが約四メートルの台形の形に積まれた。

「ようし、カバーを被せろ。ミサイルが見えないようにしっかりと被せるんだ。」

積み終えた五基の弾道ミサイルには緑色のカバーが被せられた。

「ようし。作業は終わりだ。ロバート。トレーラーを倉庫から出せ。」

ロバートはトレーラーの運転席に戻りエンジンをかけた。五基のミサイルを載せた大型トレーラーは弾薬倉庫からゆっくりと出た。急に降ってきた強烈な雨がミサイルを覆ったカバーに当たり、バババーと音を立てた。

トレーラーが弾薬倉庫から出ると、シャッターがきしみ音を発しながらゆっくりと下りていった。

「私達の仕事はミサイルをトレーラーに乗せるまでだ。これで私達の仕事は終わりだ。後はロバートとジョンソンの仕事だ。」

ボブはジョージに、

「今日はタイフーンで仕事は休みだ。家でウイスキーでも飲むか。ジョージはどうするんだ。」

と聞いた。

「俺は映画でも見るよ。ウインストンはこれからどうする。」

「そうだな。家に帰ってから考えるよ。」

「じゃな、ウインストン。」

と言ってボブとジョージは車に乗ると去って行った。

ウインストンは携帯電話を出して梅沢に電話した。

「ハロー。私はウインストンだ。ミスター・ウメザワ。聞こえるか。」

「おう、ミスター・ウィンストン。梅沢だ。」

「ミスター・ウメザワ。ミサイルをトラックに乗せ終わった。これからカリーナエアーベースに向かって出発する。」

「トラブルはなかったか。」

「トラブルはない。仕事は順調だった。」

「そうか。安心した。」

「トレーラーを運転しているのはロバートだ。助手席にはジョンソンが乗っている。二人がミサイルを運ぶ。三十分以内にはカリーナエアーベースの第三ゲートに着くだろう。ミスター・ウメザワの準備はオーケーか。」

「ああ、オーケーだ。」

「そうか。これで私の役目は終わりだ。後はロバートと連絡をしてくれ。それじゃ、電話を切るよ。」

ウインストンは電話を切ると、大型トレーラーの運転台に近づき、ハンドルを握っているロバートに声を掛けた。

「ロバート。」

ロバートの顔は強張っていた。ウインストンは運転台に上って来て、

「緊張しているのかロバート。緊張していると事故を起こすぞ。もっとリラックスしろ。」

と言いながらロバートの頬を軽く叩いた。

「は、はい。」

ウインストンはロバートに携帯電話を渡した。

「ロバート。カリーナエアーベースに出たらミスター・ウメザワに連絡することを忘れるな。第三ゲートに到着する時間を伝えるんだ。その後はミスター・ウメザワの指示に従って行動するのだ。なにしろ、この大型トレーラーが第三ゲートを出てどこに行くか私はミスター・ウメザワに教えられていない。トレーラーの行方はミスター・ウメザワだけが知っている。それからなロバート。第三ゲートの歩哨に積み荷のことを聞かれたらこの証明書をみせながら交換済みの古い土管だと言え。それで全てＯＫだ。歩哨がカリーナエアーベースから出て行く積み荷をいちいち調べることはしないから心配するな。ゲートの歩哨はテロ侵入を用心してカリーナエアーベースに入って来る車を厳しくチェックしているだけだ。

カリーナエアーベースから出て行く時の車はフリーのようなものだ。それにタイフーンが接近しているからタイフーンのことが気になって積み荷には無警戒になっている筈だ。お前もタイフーンを気にしている振りをするんだ。タイフーンが来る前に急いで土管を集積所に運ばなければならないと話すんだ。それで絶対にゲートを出れる。分かったなロバート。」

「は、はい。」

ロバートの声は緊張の性で固かった。ウインストンはロバートの緊張した返事に苦笑した。

「ロバート。もっとリラックスしろ。緊張していたら歩哨に怪しまれるぞ。ほれ、ガムでも噛みな。」

ウインストンはポケットからチューインガムを出してロバートにあげた。

「ロバート。後は頼むぞ。」

「はい。」

ウインストンはトレーラーから下りた。トレーラーはゆっくりと弾薬倉庫を離れていった。トレーラーが車道に出ると、

「さて俺もさっさと引き揚げるとしよう。」

と言い、ウインストンは自動車に乗って去って行った。

五

二〇〇四年九月六日。朝。台風十八号はウチナー島に接近してきていた。空は黒い雲が激しく蠢いて移動している。時おり激しい雨が降ったりしている。大城が住んでいるアパートはギノワンシティーのフテンマヘリコプター飛行場に隣接する住宅街の一角にあった。

大城のアパートから百メートルほど離れた道路沿いに一台の車が停まっていた。車の中には二人の男が乗っている。助手席で仮眠を取っているのが鈴木であり運転席で大城の部屋をじっと見張っているのが斎藤であった。大城の部屋を見張っていた斎藤が助手席で仮眠をしている鈴木の肩を揺すった。

「鈴木君。大城達が出て来たぞ。」

コンクリート建ての家やアパートが密集しているギノワンシティーのフテンマヘリコプター飛行場に隣接する住宅街の狭い道路に車を停車して鈴木と斎藤は昨夜から大城のアパートを見張っていた。ワイパーが動いていないフロントガラスは雨の滴がいくつもの筋となって流れ、外の景色が歪んで見える。

鈴木は斎藤に肩を揺すられて起き上がり目を開くとフロントガラス越しに百メートル近く離れた古い三階建てアパートの二階を見た。フロントガラスの向こうに大城と梅津とハッサン、シン兄弟の四人の男がアパートの二階から下りて来た。

アパートは大城が借りているが二日前に梅津が東京からやって来て大城のアパートに泊まった。昨日の夕方にはハッサンとシンが台湾からやって来て大城のアパートに大城や梅津と一緒に泊まった。

大城達の見張りをしている斎藤と鈴木は防衛庁の武器盗難特別捜索班に属している防衛庁の職員である。

二日前に東京からウチナー島にやって来た梅津は関東一帯の自衛隊基地に所属している不良自衛隊員が盗み出した拳銃や自動小銃などの武器を買い集めているという噂があり、鈴木は二ヶ月前から梅津の身辺調査をやっていた。梅津は鈴木が尾行を始めてから数人の自衛隊と接触をしていて、自衛隊員と一緒にスナック等で飲食もやっていた。しかし、梅津が自衛隊員と拳銃や自動小銃等の取引をしている現場を押さえることはまだできなかった。

二日前に、都内のパチンコ店で昼間からパチンコに興じていた梅津に電話が掛かってきた。電話の声を聞いて梅津は急に神妙になり、話しながら電話の相手に何度もおじぎをした。梅津は電話を終えると急に慌しい行動を取った。

携帯電話をポケットに入れた梅津はパチンコの玉を隣りの人間にあげてパチンコ店を出るとタクシーを拾って羽田空港に向かった。そして、ウチナー島行きの旅客機に乗った。梅津を調査していた鈴木も梅津を尾行してウチナー島にやってきた。

梅津とハッサン兄弟を自分のアパートに泊めている大城という男はウチナー島在住の男で、彼も梅津と同じように自衛隊員やアメリカ兵から拳銃や自動小銃等の武器を買い集めているという噂のある人物であった。大城は拳銃の不法所持でウチナー警察に逮捕されたこともある。運転席に座っている斎藤は一ヶ月前から大城の身辺調査をしていた。

ウチナー島には二人の武器盗難調査隊員が配置されていた。斎藤はウチナー島の中北部の自衛隊員やアメリカ兵から拳銃や自動小銃等を買い集めていると噂のある人物を調査していて、もう一人の天童は南部一帯の自衛隊員を調査していた。最近の斎藤は中部で暗躍しているという情報がある大城の調査を集中的にや

っていた。鈴木が調査をしている梅津が二日前にウチナー島にやって来て大城と合流したことで、東京から梅津を尾行して来た鈴木と大城を調査していた斎藤は合流し、一緒に二十四時間張りつきで大城と梅津の調査を遂行することになった。

六

梅沢から大城に電話が掛かってきた。

「大城。那覇空港に梅津という男が午後五時十分にやって来る。迎えに行ってくれないか。」

「俺のアパートに泊める人間か。」

「そうだ。梅津の電話番号を教えるから書きとめてくれ。」

梅沢は梅津の電話番号を大城に教えた。

「どんな奴だ。」

「どんな奴だと聞かれても困る。まあ、普通の人間だと言うしかできないな。」

「梅沢さん、断っておくけど、俺はちやほやした接待はしないよ。仕事だから仕方なく俺の家に泊めるだけだからな。その梅津という奴にも梅沢さんから俺の考えをちゃんと伝えてくれよ。」

梅沢は苦笑しながら、

「分かった。伝えるよ。」

と言って電話を切った。

ナーファ空港のロビーに下り立った梅津は電話を掛けた。すると同じ空港ロビーにいた大城の携帯電話が鳴った。大城は携帯電話のモニターを見た。モニターに映った電話番号は梅津の電話番号であった。

「もしもし、大城だ。」

「大城さんか。俺は梅津だ。今、どこに居るか。」

「ロビーに居る。」

ロビーで立ち止まった状態で携帯電話を耳に当てていたのは大城と梅津だけだった。二人は電話で話し合いながらお互いの存在を確認し合った。

「あんたが梅津か。」

「そうだ。あんたが大城さんか。」

「そうだ。」

「梅沢さんから聞いていると思うが、俺は梅沢さんに頼まれて仕方なくあんたを俺のアパートに泊める。それだけだよ。俺はあんたをお客さん扱いはしないよ。」

「それでけっこうだ。」

ロビーで顔を合わせた梅津と大城は笑顔で挨拶することもなく、一度握手したきりで親しそうに会話を交わすことはなかった。

二人はナーファ空港の駐車場に行き、大城の車に乗った。ナーファ空港を出て国道五八号線に入った時、

「腹が減っているか。」

と、運転している大城は助手席の梅津に聞いた。

「ああ、減っている。」

「俺も腹が減っている。それじゃあ、飯でも食おう。」

梅津と大城はウチナー島の中心都市であるナーファシティーのレストランで食事を取った。

「梅津はスラグマシンをやるか。」

レストランを出ながら大城は梅津に聞いた。

「スラグマシンは余りやらない。しかし、パチンコは好きだ。毎日やっている。」

大城が微笑した。

「そうか、そいつはよかった。俺はこれからウラシーシティーのパチンコ店にスラグマシンをやりに行く。お前も行くか。行かないならウラシーシティーに連れて行くからそこで適当にぶらぶらしてくれ。スラグマシンが終わったら迎えに行く。」

「俺もパチンコ店に行く。」

大城と梅津はウラシーシティーのパチンコ屋で夜遅くまで梅津はパチンコに興じ大城はスラグマシンに興じた。パチンコ店で遊ぶのが二人の共通点のようだ。大城と梅津は夜遅くまでパチンコとスラグマシンを興じた後はウラシーシティーのラーメン屋で食事を取った。

大城はスラグマシンをやった後にラーメンを食べ、それから馴染みのスナックに行くのが習慣であったが、梅津と一緒にスナックに行く気にはならなかった。大城はスナックに寄らずに梅津を連れてギノワンシティーの大城のアパートに帰った。

「大城はラーメンを食べた後にスナックに行くのが習慣ですが、今日は行かなかった。梅津がスナック嫌いなのかな。」

「そんなことはありません。梅津も毎日スナックに行っています。変ですね。」

梅津と大城はほとんど毎日スナックやバーに通っているのに今日に限って行かなかった。

「そうかも知れませんね。」

「大城と梅津はお互いに酒を酌み交わす気になれないのかな。」

二人の会話の少ない不自然な行動を観察して、梅津と大城が合流したのは二人が親しい間柄であるからではなく二人に共通する何者かの指示によるであろうと鈴木と斎藤の推測は一致した。そのことをはっきりさせたのは大城と梅津がハッサンとシンを迎えに行った時だった。


翌日の早朝に梅沢から大城に電話があった。

「今日の午後三時に台湾からハッサンとシンがナーファ国際空港に着く。迎えに行ってくれ。」

「台湾からか、台湾人にしては名前が変だな。」

「ハッサンとシンは台湾人ではない。インド人だ。」

「インド人だって。俺はインドの言葉を話せない。」

「心配するな。ハッサンは英語が話せる。」

「そうか。」

「よろしく、頼む。」

「分かった。」

大城の返事を聞いて、梅沢は電話を切った。


梅津がウチナー島に来た翌日の大城と梅津は午前中は昨日と同じウラシーシティーのパチンコ屋でスラグマシンとパチンコに興じていたが、午後になるとパチンコ屋を出てナーファ国際空港に向かった。二人はロビーに出て来た白いターバンを巻いたインド人を探した。梅沢の電話ではハッサンとシンを見つけやすいために二人は白いターバンをやることになっているという。大城と梅沢はロビーに出て来る外国人を見ていたが、梅津が白いターバンを巻いた若いインド人を見つけて大城に耳打ちした。

「大城。あのターバンをやっている二人がハッサンとシンではないか。」

「そうだろうな。」

大城は梅津の言葉に頷いた。白いターバンを巻いたインド人は立ち止まり周囲を見回した。大城は白いターバンを巻いたインド人に近寄っていった。

「ソーリー。アー　ユー　ハッサン。」

と大城が言うと、ハッサンが、

「イエス。」

と答えた。

予想通りターバンを巻いていた二人はハッサンとシンであった。大城は梅沢に頼まれてハッサン兄弟を迎えにきたと話し、自分の名前を紹介した後に梅津を呼んで梅津を紹介した。四人はお互いに自分の名前を紹介し合って軽く握手を交わした。ハッサン、シン兄弟は握手をする時に親しみを込めた笑顔を作ったが、大城と梅津はにこりともしないで握手をした。

大城は握手をした後は、「ついて来い。」と言うと、ハッサン兄弟を背にしてさっさと歩き出した。あっけに取られているハッサンに梅津は手を振って着いて来るように合図した。ハッサンとシンはロビーを出る時に梅津と大城がハッサンとシンを見つけるための目印に使った白いターバンを取った。

ロビーを出て、四人は駐車場にある大城の車にやって来た。大城は運転席に乗るとドアのロックを解いてハッサン兄弟を見向きもしないでハンドルを握りエンジンを始動した。梅津はハッサンに後ろに乗るように指示してハッサンとシンが車に乗るのを確認してから助手席に乗った。大城の無愛想にハッサンは呆れたように肩をすくめた。

「アー　ユー　ハングリー。」

大城はハッサンに聞いた。ハッサンとシンを顔を見合わせた後にハッサンが、

「イエス。」

と答えた。

「こいつらにはなにを食わせはいいのかな。」

大城は梅津に聞いた。

「インド人だから、カレーがいいじゃないのか。」

「それじゃあ、インドカレーを食わすことにしよう。」

大城はハッサン兄弟をナーファシティーのインドカレー専門店に連れて行った。それが大城のハッサン兄弟への唯一の接待だった。

インドカレー専門店を出た大城は昨日と同じウラシーシティーのパチンコ屋に直行した。車を運転しながら、

「ハッサン。パチンコを知っているか。」

と聞いた。

「ノー。」

とハッサンは答えた。

「スラグマシンを知っているか。」

と大城は言い、ハッサンが返事に困っていたのでスラグマシンについて説明した。

「知ってはいるがやったことはない。」

大城はハッサンの返事を聞いてがっかりした。

「こいつらはパチンコを知らないしスラッグマシンはやったことがないらしいぜ。」

「それじゃあ、パチンコ店に行くのは止めるか。」

「冗談じゃないよ。お前とハッサンとシンと俺の四人でどこに行けばいいと言うんだ。俺は四人であっちこっちうろうろするのはごめんだ。俺はパチンコ店以外に行く所はない。お前がハッサンたちとどこかに行きたいならこの車を貸すぜ。」

「馬鹿言え。俺も後ろの二人と一緒にぶらぶらするのはやりたくない。」

「それじゃあ、パチンコ店に行くしかない。」

「そういうことだ。」

大城と梅津は笑った。大城の車はウラシーシティーのパチンコ屋に向かった。

　大城の車はパチンコ店の駐車場についた。車から下りた大城はハッサンにパチンコ店に一緒に行こうと誘った。

「ハッサン。俺はパチンコ店でスラグマシンをやる。梅津はパチンコをやる。お前たちもやったらどうだ。」

　大城に誘われてハッサンは迷っていたが、車から出てシンと一緒に大城たちの後ろをついて行った。大城、梅津、ハッサン、シンはパチンコ店に入って行ったが、暫くすると耳を押さえながらハッサンとシンはパチンコ店から出て来た。ハッサンとシンを追って大城もパチンコ店から出て来た。大城はパチンコ店に戻ろう説得したがハッサンは店の中がとてもうるさいからといって断った。

大城は車のドアを開けてハッサンとシンを車に乗せた後に、パチンコ店に戻って行った。ハッサンとシンは大城がスロットマシンに興じている間は車の中でじっとしていた。外国からはるばるやって来たハッサン兄弟を丁重に持てなす気持ちは大城や梅津にはなかった。

七

　大城、梅津を尾行している鈴木と斎藤はナーファ国際空港から出て来た大城、梅津、ハッサン、シンを見た。

「斎藤さん。二人の男はインド人に似ています。」

「そうですね。二人は顔や体躯が似ているから兄弟だと思います。」

「そうですね。私はインド人二人の素性を調べます。斎藤さんは四人を尾行してください。」

「分かりました。」

　斎藤はナーファ国際空港から出た大城の車を尾行し、鈴木はインド人の素性を調べるためにナーファ国際空港に残った。


　斎藤がウラシーシティーのパチンコ店の駐車場に停まってから数分すると鈴木から電話があり、ナーファ国際空港に下りた二人のインド人は兄弟であり名前が兄はハッサンで弟はシンであることを伝えてきた。

「斎藤君は今どこにいますか。」

斎藤は車を駐車しているウラシーシティーのパチンコ店の名前と場所を教えた。

「分かりました。私はタクシーで斎藤君の所に向かいます。」

「待っています。」


　数十分後に鈴木はウラシーシティーのパチンコ店に到着した。鈴木はパチンコ店の入り口近くでタクシーから下りて斎藤に電話した。

「鈴木です。四人の様子はどうですか。」

「斎藤です。大城と梅津はパチンコ店に入っています。ハッサンとシンは車の中に居ます。」

「私はパチンコ店の入り口に居ます。斎藤君の車はどこに駐車していますか。」

鈴木は斎藤と電話で話しながらハッサンやシンに見られないように斎藤の車に近づき背を屈めて車の助手席に乗った。

「インド人がやって来るとは意外でした。」

「そうですね。」

「外国からも仲間を呼んだということは大掛かりな武器窃盗が目的なのでしょうか。」

「多分そうだと思います。そうでなければ、大量の武器弾薬を国外に運び出すつもりだと思います。」

「面識のない四人が『大きな仕事』をやるために謎の人物によって呼ばれたことに疑いの余地はありません。」

「四人を集めた人物はどんな人間なのだろうか。」

「外国人を呼べるということはかなりの大物でしょうね。」

「そうだと思います。その男を見つけて逮捕したいです。」

「同感です。」

と斎藤と鈴木は武器窃盗団の大物を捕らえることができるかもしれないことに緊張が高まっていった。

深夜の十一時頃に大城と梅津はパチンコ店から出て来た。四人は昨夜と同じラーメン屋で食事をしてから大城のアパートに帰った。


大城と梅津の親しみのない態度。大城と梅津のハッサン兄弟に対する無碍な扱いが四人は旧知の間柄ではないことを示していた。無理矢理一緒に寝泊りさせられていることは明らかである。四人を呼び集めた人物がいる。四人をウチナー島に呼んだ人物が彼らのリーダーであろう。なぜ四人をウチナー島に呼んだのか。リーダーの正体は何者なのか、鈴木も斎藤も具体的には何も知らなかった。ハッサン兄弟と梅津、大城の四人が合流してからの行動をつぶさに観察していた鈴木と斎藤は以下のように分析した。


大城と梅津の個人的な関係は希薄である。

インド人のハッサンとシンは大城、梅津とは初対面である。

ハッサンとシンの正体は不明だが知的教養があるとは認められない。恐らく二人は肉体労働かそれに近い仕事をやっている。

四人は大城が集めたのでもなければ梅津が集めたのでもない。

四人を集合させた人物が存在する。

その人物がリーダーに違いないが、リーダーの正体は不明である。

梅津、大城、ハッサン・シン兄弟が合流したということは近日に自衛隊基地かアメリカ軍基地から窃盗した武器の取り引きがあるか、でなければ自衛隊基地かアメリカ軍基地から武器を窃盗する計画がある。

外国からハッサン、シンが合流したということは大規模な武器の取り引きあるいは武器の窃盗が近日中に行われるであろう。


以上が鈴木と斎藤の分析結果であった。気になるのは四人を合流させたリーダーの正体が分からないことと取り引きあるいは窃盗の規模と実行日がまだ予測できないことであった。ウチナー島の自衛隊基地から大量の武器が盗まれたという情報はなかったし、アメリカ軍基地から大量の武器盗難の報告が防衛庁にあったという事実もなかった。そして、自衛隊基地かアメリカ軍基地から大量の武器を窃盗する計画があるという情報も皆無であった。しかし、東京から梅津、台湾からハッサン兄弟がウチナー島にやって来て大城と合流したということは近い内に大きな武器取引きまたは武器窃盗があることを予感させる。四人を徹底して尾行すれば彼らの犯行現場を押さえることができるだろう。鈴木と斎藤の緊張は高まった。

八

大城のアパートを出た梅津、ハッサン、シン、大城の四人は大城の運転する車に乗りアパートの駐車場を出た。

「これからパチンコ店に行くのでしょうか。」

「パチンコ店に行くには時刻が早すぎます。違うと思います。それに四人の表情が普通と違います。」

「そうですね。緊張している表情をしていますね。」

大城達の表情は明らかに緊張していた。これから四人の男達はどこに行きなにをするのだろう。大城達を見張っている鈴木と斎藤も緊張した。

大城達の乗った車は家やアパートが密集している窮屈な狭い道路を通り抜けてフテンマタウンの大通りに出た。大通りを直進するとフテンマ三叉路に出る。フテンマ三叉路は大通りから国道三三〇号線に出る交差点であり、大城達の車はフテンマ三叉路を右に曲がって国道三三〇号線を北に向かった。

「ウラソエシティーのパチンコ店とは逆方向です。」

「そうですね。暴風になったからパチンコ店は閉まっていると思います。暴風になったというのにどこに行くのだろうか。」

国道三三〇号線を北上している大城達の車は坂を下っていった。暫くすると坂は上り坂になった。坂を上りきると再び長い下り坂になった。道路の左側はアメリカ軍基地であるキャンプズケランを囲う金網が続き、右側もアメリカ軍施設のキシャバテラスハイツを囲っている金網が続いた。この通りは道路だけが民間地域で右も左もアメリカ軍基地であるといういびつな国道である。

大城達の車はアメリカ軍基地の金網に挟まれたいびつな国道三三〇号線を走り続けた。キャンプズケランの金網に沿ってゆるやかな坂を下ると、やがて三叉路が見えた。大城の運転する車は三叉路を左折して間道に入った。間道を直進するとウチナー島の西側の幹線道路である国道五八号線に出る。

大城達の車は国道五八号線に出ると右折した。右折して国道五八号線を北に進むと右側にはアメリカ海軍病院のあるキャンプクワエというアメリカ軍の敷地があり、左側の海岸には映画館や観覧車等の娯楽施設が集合しているウチナー島の新しい繁華街になっているミハマタウンがある。大城達の車はミハマタウンを過ぎ、なおも北の方に向かった。

「大城達の車はどこに向かっているのだろうか。」

「これから先はカリナーシティー、ユンタンヴィレッジ、ウンナヴィレッジです。もう少し進むと国体道路入り口がありますが、国体道路はコザシティーに通じている道路です。コザシティーに行くのなら国道三三〇号線を直進した方が近いですから国体道路に入ることはないとおもいます。」

「そうですか。暴風雨はますます激しくなりました。運転は注意してください。」

「はい。」

激しい雨がフロントガラスを襲い視界を悪くした。ワイパーを最速にしても次々と襲い掛かる大粒の雨がフロントガラスを覆い視界は悪かった。

キャンプクワエの敷地はコザシティーに通じている国体道路入り口まで続いていた。国体道路入り口を過ぎるとアジア最大のアメリカ空軍基地であるカリーナエアーベースである。大城達の車は国体道路入り口を過ぎ、カリーナエアーベースの金網沿いを走り続けた。

大城達の車はカリーナエアーベースのゲートを通り過ぎ、カリーナエアーベース専用のゴルフ場、スナビヴィレッジ、アメリカ空軍貯油基地を通り過ぎてカリナーシティーのミジガマに入った。カリーナエアーベースの広大な滑走路が金網の向こう側に広がっている。カリーナエアーベースの滑走路は全長四キロメートルもあり、ジェット戦闘機だけではなくB—52などの重爆撃機も難なく離着陸できる。

大城達の車はカリナーシティーのミジガマに入ると国道五八号線沿いにあるコンビニエンスの駐車場に入った。

「コンビニの駐車場に入りました。私たちも駐車場に入りますか。」

と斎藤が言った。

「いや、それはまずいです。コンビニの駐車場は小さいです。駐車場に入ったら尾行していることが知られてしまう恐れがあります。しかし、国道に停まるのもまずいですね。」

「コンビニエンスを過ぎたらドライブインがあります。ドライブインの駐車場に入りましょう。」

斎藤はコンビエンスを通り過ぎて、ドライブインの駐車場に入った。大城達四人はコンビニエンスでおにぎりや弁当、ハンバーグにソフトドリンクなどを買い込んで車に戻った。大城の運転する車はコンビニの駐車場を出て再び五八号線を走った。

大城達を尾行している斎藤と鈴木は次第に緊張が高まってきた。フテンマのアパートから出た大城の運転する車はフテンマ三叉路からキャンプズケラン沿いを通り、国道五八号線に出てミハマヴィレッジ、ハマカーヴィレッジ、スナビヴィレッジそしてカリナーシティーへと走り続けた。朝食はコンビニエンスで買い、車を走らせながら食べている。大城達の車の走り方は大城のアパートを出てから迷わずにある目的地へ向かって走っている様子を窺わせた。

大城、梅津、ハッサン、シンはこれから仕事をやろうとしている。鈴木はそう確信した。

「斎藤君、どう思いますか。私は彼らがこれから仕事をするのではないかと思いますが。」

「そうですね。アパートを出た時から四人には緊迫感が漂っていたし、普通ではないですね。しかし、今日はこれから暴風雨が激しくなります。今日のような天候では仕事はできないと思います。私は仕事をやる可能性よりも彼らのリーダーに会う可能性が高いと思っています。大城と梅津が合流したのは一昨日、ハッサン、シンが合流したのは昨日ですからね。仕事をするには準備期間が不足していると思います。多分、彼らはリーダーに会って仕事の打ち合わせをするのではないですか。私はそのように推理しています。」

斎藤の説明の方が理に適ってはいるが、鈴木の直感は斎藤の意見と違っていた。アパートから出てきた時の四人の顔つきは戦場に赴くのに似た緊張感が漂っていた。リーダーに会い、リーダーから計画を聞くという緊張感とはなんとなく違うように鈴木には思われた。しかし、彼らが仕事をするという根拠は鈴木の直感であり、はっきりした根拠に基づくものではないから強く主張することはできなかった。

「斎藤君の言う通りかもしれません。とにかく、四人のこれからの動きは要注意です。我々の意見を青木隊長に報告したいと思いますが、斎藤君はどう思いますか。」

「私も同意見です。もし、彼らがリーダーに会うとしたら、リーダーを尾行する必要があります。車一台で大城達とリーダーの車の二台を尾行することはできません。できたら応援を頼んだ方がいいと思います。」

「そうですね。」

助手席に座っている鈴木は携帯電話で彼らの隊長である青木に連絡をした。

武器盗難調査班の隊長は青木である。青木は斎藤と天童の調査情況の報告を聞くために一週間前からウチナー島に滞在していて、梅津、大城、ハッサン兄弟の四人が合流したことを報告すると青木は非常に関心を持った。青木は大城達を徹底して尾行しろと鈴木と斎藤に厳命した。

「青木隊長ですか。鈴木です。斎藤と私は大城、斎藤、ハッサン、シンの四人が乗っている車を尾行してカリナーシティーの国道五八号線を走行中であります。四人の行動には只ならぬ気配を感じます。私と斎藤隊員の共通の判断と致しまして、これから彼等は仕事をやるかそうでなければ彼らのリーダーと会うのではないかと思われます。は、いえ、まだ確信があるわけではありません。四人の緊張した顔つきが気になりますし四人の乗る車もなにやら目的地にひたすらに向かっているような走りをしています。私達の誤判断かも知れませんが、気になりまして青木隊長に連絡したわけであります。はい、分かりました。よろしくお願いします。」

携帯電話を切った鈴木はほっとした顔をした。

「青木隊長と天童が応援に来てくれるそうだ。」

「そうですか。それはよかったです。今日こそは梅津と大城の尻尾を掴んでやりましょう。」

「そうですね。」

九

大城達の乗る車はカリナーロータリーに入ると国道五八号線を右折して県道二四号線に入った。国道五八号線をそのまま北進すればヨミタンヴィレッジに入り、オンナブィレッジそしてナゴシティーへと続く。右折して県道二四号線に入り東の方に進路を取ると、再び広大なカリーナエアーベース沿いを走ることになる。カリナーロータリーからコザシティーまでは五キロ以上もあり、カリナーロータリーからコザシティーの間はカリーナエアーベースを囲っている金網が延々と続いている。

「あれ、右折しました。北進は止めました。」

「どこに向かっているのだろう。」

「そのまま進めばカリーナエアーベース沿いを走ってチバナ十字路に出ます。チバナ十字路は国道三二九号線にありますが。チバナ十字路に行くのならフテンマから国道三三〇号線を真っ直ぐ進んでコザ十字路で左折して国道三二九号線を通った方が早いです。国道五八号線に出てカリナーロータリーを右折してチバナ十字路に行くのは遠回りになります。」

「そうですか。すると大城達はチバナ十字路には行かないということなのですか。」

「そのように考えるのが普通だとおもいます。しかし。この道路は一本道です。チバナ十字路つまり国道三二九号線に出る道路なのです。大城達はどこに行くのだろう。変ですね。」

斎藤は大城達がカリナーロータリーを右折して県道二四号線に入ったことに戸惑った。

「鈴木君。大城達が方向転換したことを青木隊長に連絡したほうがいいと思います。」

「そうですね。」

鈴木は急いで青木に電話をした。

「隊長ですか、鈴木です。」

「おう、鈴木君。大城達の動きはどうなっているのか。」

「はい。大城達はカリナーロータリーを右折してチバナ十字路方向に向かいました。」

「右折したのか。」

「はい。右折してチバナ十字路方向に向かいました。」

「そうか、わかった。私たちもチバナ十字路に向かうことにする。鈴木君。梅津、大城にハッサン・シンの四人が合流したということは彼らが確実に大きな仕事をやるということだ。梅津は関東をテリトリーにしている人間で大城はウチナー島をテリトリーにしている人間だ。二人とも弾薬・火器類の密売はしているが二人には直接的なつながりはない。二人を支配している人間が梅津をウチナー島に呼んだのは確実だ。その人物は外国からハッサンとシンも呼んでいる。大きい仕事をやる目的があるから梅津やハッサン達が大城とウチナー島で合流したのだ。暴風雨であっても油断はしないことだ。気をつけて尾行してくれ。君が話した通り、これからの四人の行動は要注意だ。絶対に四人を見失いなわないでくれ。当然のことだが尾行していることを彼らに気づかれることは絶対にあってはならない。尾行は細心にやってくれ。私と天童も応援に向かっている。鈴木君、絶対に武器を窃盗されてはならない。絶対に大城達の尻尾を掴むのだ。」

「はい、承知しました。」

鈴木は電話を切ると、

「大城達を絶対に見失うなと青木隊長に言われました。」

と斎藤に言った。斎藤は黙って頷いた。二人は前方を走っている大城達の車を凝視した。

二年前、コザシティーの自衛隊員が住んでいる借家で大爆発があった。爆発で借家人の自衛隊員が即死した。警察が調べてみると爆発で即死した自衛隊員の借家には拳銃や自動小銃だけでなく、手榴弾や対戦車用のバズーカ砲まで発見された。警察が武器の入手経路を調査していくとそれらの武器は自衛隊基地やアメリカ軍基地から盗み出された盗品であるということが判明した。現役の自衛隊員でありながら大量の盗品武器を所持していたのだ。そして、他の住民を巻き込んでしまうような大爆発を起こしてしまった。防衛庁は大量の武器が盗まれていた事実が判明したこの大爆発事件にショックを受けた。それ以来自衛隊からの武器盗難に防衛庁は神経過敏になっていた。上からの自衛隊の武器盗難を徹底して無くすようにという厳しい通達に青木隊長はじめ武器盗難特別捜索班のメンバーは武器窃盗犯を捕まえるのに必死になっていた。

十

大城達四人の乗った車はカリナーシティーのヤラを過ぎセンガンダも素通りした。センガンダはカリナーシティーの東端にあり、コンビニエンス、ガソリンスタンドと続き、カリーナエアーベースを見学する観光客相手のお土産店を過ぎると家並みは途絶える。県道二四号線の右側はカリーナエアーベースの金網が延々と続き、左側は濃い緑が絨毯のように広がっている森林地帯であった。濃い緑に覆われている森林地帯はカリーナ弾薬庫と呼ばれ、車窓からは見えないが、広大な森林地帯には弾薬倉庫が数多く点在している。カリーナ弾薬庫はアメリカ軍のあらゆる種類の銃や爆弾やミサイルが格納されているアジアで最大の弾薬の宝庫である。

大城の運転する車はカリーナエアーベースとカリーナ弾薬庫に挟まれた県道七十四号線を東進し続けた。暫くすると前方に十字路が見えた。カリーナエアーベース第三ゲート前の十字路である。大城の車はカリーナエアーベース第三ゲートの十字路に近づくとスピードを落として十字路をゆっくりと左折した。

「大城達の車が左折して間道に入りました。」

ハンドルを握っている斎藤が言った。

「左折したらどこに向かうのですか。」

「そのまま間道を進めば三二九号線に出ます。しかし、間道には左折する道路が数ヶ所あります。それらの道路がどこに行くかは私は知りません。」

「大城達の車を見失ったら大変です。急いで十字路を左折しなければ見失うかも知れません。」

「そうですね。」

大城達の車の二百メートル後方で車のハンドルを握っていた斎藤は左折した大城達の車を見失わないようにとスピードを上げた。

大城達の車を追って十字路にやって来て、左折指示のランプを点滅しながらスピードを落とした時、鈴木は大城達の車が十字路を左折していないことに気づいた。

「あれ、大城達の車が駐車場にあるぞ。」

「え。」

斎藤は鈴木の声に驚いた。そして、

「しまった。」

と叫んだ。

十字路を左折したと思っていた大城達の車は十字路を左折してはいなかった。カリーナエアーベース第三ゲートに面している十字路の左側には道路に沿って十台ほどの車が駐車できる小さな駐車場があり、大城達の車は十字路を左折したのではなくて十字路手前で左折して小さな駐車場に入ったのだ。駐車場には五台の車が駐車していて、駐車場の入り口に近い所に駐車していた大城の車を鈴木は見た。

大城達が十字路を左折したと思ったのは斎藤と鈴木の錯覚であった。その駐車場はアメリカ軍関連の事務所が使用していたが駐車場には囲いがなく管理者も居ないので誰でも自由に駐車することができた。駐車場は車道からは見通しが悪く、第三ゲートの十字路近くまで来た時に始めて左側にある駐車場の存在に気づくほどだ。


斎藤の運転する車は左折のランプを点滅させながら十字路の白線近くまで来ていた。信号は青であった。信号が青であるのに停車をすれば大城達に怪しまれてしまう。斎藤は停車することもバックすることも許されなかった。

「あそこに駐車場があるのは知りませんでした。信号は青です。停車はできません。もう左折するしかありません。」

斎藤はハンドルを左に回転させて間道に入った。

なぜ、尾行している大城達の車が十字路手前の駐車場に入ったのだろうか。鈴木は大城達に尾行を感づかれてしまったのかと心配になった。

「なぜ、あの駐車場に入ったのだろうか。もしかして私たちの尾行に気づいたのだろうか。」

と鈴木は言った。

「そうですね。私達が尾行しているのに気づいて、尾行されているかどうかを確める目的で十字路の駐車場に車を駐車させたかもしれません。」

と言いながら斎藤は十字路を左折するとスピードを上げて駐車場の横を通り過ぎ、駐車場の車が見えなくなった場所でスピードを落とした。斎藤はバックミラーを見ながら、

「もし、大城達が私達の車を怪しんでいたら、私達の車を追ってくるかも知れません。」

と言った。雨水がフロントガラスを流れていてバックミラーでは後続の車を見ることはできなかった。

「鈴木君。大城達が追って来ているか見てくれませんか。」

「わかりました。」

鈴木は後部座席に移ってフロントガラス越しに後続車があるかないかを見た。後続車は見えなかった。

「私たちを追ってくる様子はありますか。」

「走って来る車は一台もありません。」

「そうですか。」

斎藤は車を停車した。

「まだ、後続の車はありませんか。」

鈴木は注意深く後ろを見た。車の姿は見えなかった。

「ありません。大城達は私達を追ってきてはいないようです。」

「そうですか。もしかすると、私達の尾行から逃れようとカリナーシティー方向に逃げたかも知れません。」

「そうですね。」

「私は大城達の車がまだ駐車場にあるかどうかを確かめてきます。」

鈴木は車から下りようとした。

「下りるのは待ってください。車をバックさせます。」

斎藤は車をバックさせて、駐車場から百メートルほど離れた場所で止めた。

「それじゃ、駐車場の様子を見てきます。」

と言って鈴木は車を下り、強風雨の中を背を屈めてカリーナエアーベース第三ゲート向かいの駐車場に向かった。

大城達の車はまだ駐車場にあるかどうか斎藤は心配だった。大城達の車が駐車場を出てカリナーシティー方向に引き返していたら尾行は失敗である。ハイスピードで追っても大城達の車を再び見つけ出すのは困難だろう。それに尾行していることに気づかれていたらこの車の車種やプレートナンバーを覚えられているだろうからこの車で尾行することはできない。もしかするとカリナーシティーではなくてチバナ十字路の方に行ったかもしれない。

斎藤は苛々しながら駐車場の様子を調べに行った鈴木が帰って来るのを待った。五分ほど過ぎて鈴木は戻って来た。助手席に座ると、

「大丈夫です。大城達の車はありました。私達の尾行にはまだ気づいていない様子です。」

と鈴木は言った。斎藤は鈴木の報告を聞いてほっとした。

「そうですか。私達の尾行は大城達にまだ気づかれていないですね。安心しました。私達の尾行に気づいて駐車場に入ったのではないとすると大城達四人はあの駐車場に来るのが目的だったということです。一体あの駐車場でなにをするのでしょうか。やっぱり彼らのボスとあの駐車場で会う予定なのですかね。」

「駐車場には五台の車が駐車しています。もしかすると五台の車の中には大城達

のボスの車があるかも知れません。」

と鈴木は言った。

「そうですね。」

暴風雨の最中で駐車場の側を通る車がほとんどないとは言え、道路から丸見えの小さな駐車場で武器の売買をやるとは考えられない。鈴木はアパートから出てきた大城、梅津、ハッサン、シンの緊張した顔つきを見て危険な仕事をやるに違いないと予想していたが、どうやら自分の予想ははずれていたようだ。斎藤が予想した通り、今日は四人を集めたボスに会うのが目的なのかも知れない。鈴木は張り詰めていた気持ちが緩んだ。

「斎藤君の予想が当たったようですね。あの小さな駐車場で武器等の取引きはあり得ません。彼らの今日の目的はボスとの待ち合わせでしょう。」

「そうだと思います。」

「もう少し車を駐車場に近づけましょう。道路沿いは金網だけで身を隠す場所がありませんし、この風雨ですから車の外で見張るのは厳しいです。」

と鈴木は言って、後部座席に移った。

「駐車場がぎりぎり見える所まで誘導しますのでゆっくりバックして下さい。」

「わかった。」

斎藤はゆっくりと車をバックさせた。駐車場から五十メートルほどの場所まで近づいた時に鈴木は車を止めるように斎藤に指示した。

「大城達の車が見えました。」

と鈴木は言った。斎藤と鈴木は駐車場から五十メートルほど離れた場所に車を停めて大城達の車を見張った。

鈴木は青木に連絡した。

「もしもし、青木だ。」

「鈴木であります。大城達の車はカリーナエアーベース第三ゲート向かいの駐車場の中に駐車しました。駐車場には大城達の車を含めて五台の車が駐車しています。私たちは駐車場から五十メートル程離れた場所に居ります。」

「四人の乗った車の様子はどうだ。」

「はい。大城達に気づかれないように大城達の車がぎりぎり見える場所に駐車していますので車内の様子を見ることはできません。大城達の車は現在も駐車したままです。移動する気配は今のところはありません。」

「そうか。その場所で見張りを続けてくれ。その駐車場に新たに入って来る車もチェックするように。カリーナエアーベース第三ゲートにもう直ぐ私たちも到着する。到着したら連絡する。」

「了解しました。」

鈴木は車の中から駐車場を見続けながら電話を切った。

つづく

長編小説

マリーの館

第一回

憂鬱な朝帰り

目がゆっくりと開いた。ここはどこだろう。頭が鉛のよう重い。私はどこに寝ているのだろう。もしかしたら私は私の知らない場所にいるのではないだろうか。もしかすると、横を向いたら、昨夜激しい欲情で体と体を絡み合せた見知らぬ女がすやすやと眠っているのではないだろうか。そんな悪い予感がして、一瞬、不安になる。

しかし、私は横を向かない。隣にそんな女はいない。私の隣に知らない女が寝ているかも知れないと予感したのは、目を開いた時のほんの一瞬の妄想だ。その妄想は瞬時に消える。ここは私の家だ。私の隣に見知らぬ女は居ないし、見知らぬ女との激しい情事もなかった。

頭が鉛のよう重いのは昨夜したたかに飲んだ酒の性だ。前後不覚に陥った私は家に帰った記憶がない。だから、家ではない別の場所の別のベッドの上に寝ているのかも知れないと、目を開いた瞬間不安になったし、見知らぬ女と一夜の恋をやったのかも知れないという妄想を抱いてしまった。

起きた時にいつも見る我が家の寝室の天井を見ながら、隣に見知らぬ女が寝ているかも知れないと妄想したことに苦笑した私だったが、今日は家族で北部の本部町にある美ら海水族館に行くことになっていたことを思い出し、私は愕然とした。

今日は絶対に朝帰りをしてはいけない日であったのに、私は朝帰りをしてしまった。私はとんでもない失態をやってしまった。今は何時だろう。利枝子や娘たちはまだ家にいるだろうか。いや、考えるまでもない。もう、利枝子や娘たちは家にはいないだろう。

利枝子や娘たちはすでに家にはいないと思っていながら、私は耳を澄まして、利枝子や娘たちの声や動く気配を探した。利枝子や娘たちは家に確実にいないと確信しているのに、もしかするといるかも知れないとはかない期待をしている私はさらに耳に神経を集中させて利枝子や娘たちが家にいる証の物音を探す。静かだ。家の中は物音ひとつしない。もっと耳を澄ます。なにも聞こえない。家の中には利枝子と美代とますみの気配はない。

それでも、私はベッドの上で鉛のように重たい頭の神経を集中して家の中の音を探す。しかし、音はしない。人の気配はない。三人は本部町の美ら海水族館に出かけたのだから人の気配があるはずがない。天井を見ながら私はため息をついた。

私は琉球興産という那覇市にある不動産会社に勤めている。不動産関係の仕事は客の接待が重要であり、酒を飲むのも仕事のひとつである。昨夜は金城さんを接待する仕事があった。今日は家族で美ら海水族館に行くことになっていたが、大地主である金城さんの接待はどうしても避けることができない仕事であった。私にとって家族が一番大切であるから、家族で美ら海水族館にいくために絶対に泥酔をしないぞという強い意志で私は金城さんを接待した。しかし、私は私の意思を裏切って泥酔をして朝帰りをしてしまった。家族全員で出かける約束をした日に泥酔して朝帰りしてしまうなんて。自分が情けなくなる。

泥酔しないようにあんなに気をつけていたのに、なぜ私は泥酔してしまったのだろう。酒をコントロールできなくて泥酔してしまった私が信じられない。もしかすると私の深層心理には家族を裏切ろうとする心があるのだろうか。いや、そんなことはありえない。私にとって家族が一番大切であり生き甲斐である。私は家族を愛しているし大事に思っている。私に家族を裏切ろうとする心は百パーセントない。

しかし、泥酔した私は家族を裏切ってしまった。ああ、なんという失態だ。美ら海水族館に行くのを一ヶ月も前から娘たちと約束をしていたのに、私は泥酔して娘たちとの約束を破ってしまった。なんてだらしない父親なのだ。愛する娘たちとの約束を守れなかった私は父親失格だ。私は最低の父親だ。

今日は家族で美ら海水族館に行く予定があったから、できるなら酒を飲みたくなかった。しかし、マンションを建てる土地の地主である金城さんを接待しなければならなかった。不動産屋にとって地主は神様だ。接待で地主を満足させるかさせないかが土地を買えるか買えないかを大きく左右する。金城さんは酒好きで女好きである。そのような金城さんを満足させるためには金城さん好みの女性が居るクラブ美奈に連れて行かなければならなかった。

私はクラブ美奈で酔わないように気をつけながら飲んだ。それなのに私は泥酔してしまった。泥酔さえしなければ家族と一緒に美ら海水族館に行き、楽しい一日を過ごすことができたのに・・・。どうして私は泥酔してはいけない日に泥酔してしまったのだ。私は酔わないように酔わないようにと神経を使っていた。金城さんと談笑し、クラブ美奈のママと談笑し、ケイ、ルミ、ハルたちと談笑をしながらも私は酒を控えめに飲むのを心がけていた。

　私は金城さんの行動や表情を注意深く観察しながら、金城さんを接待した。金城さんが裕次郎の赤いハンカチや渡哲也の口なしの花を歌っていたり、ママが美空ひばりの乱れ髪を歌っていたりしたのをはっきりと覚えているし、私が石原裕次郎の夜霧よ今夜もありがとうを歌っている時は、金城さんはケイとブルースを踊っていた。お気に入りのケイが隣にいる金城さんは上機嫌だった。金城さんが土地を売る約束をしてくれたのもはっきりと覚えている。

　でも、なぜか、金城さんがクラブ美奈を出て行く姿が頭に浮かんでこない。金城さんが帰る時に私はママやケイたちと一緒に店の表に出て、酔っ払っている金城さんをタクシーに乗せて、走り去るタクシーに深々とお辞儀をしたはずだ。しかし、金城さんをタクシーに乗せた記憶がない。記憶がない理由は私が泥酔していたからだろう。あんなに酔わないように気をつけて酒の量を控えていたのに、どうして私は泥酔してしまったのだろう。

　酒の量がある域まで達すると私の自制心がおかしくなるのだろうが。私は若い頃にアルコール依存症になったことがある。現実から逃避して孤独の日々を送っていた私はアルコールの世界に埋没していった。酒を飲み泥酔の世界に入ると、アルコールの世界に幸せや快感があった。あの幸福感や快感が私の体内にまだ存在しているのだろうか。昨夜はアルコール依存症が蘇ってきて私を泥酔の世界に引きずり込んだのだろうか。いや。そんなことはありえない。今の私はアルコール依存症の世界の幸せではなく、日常生活の中で幸せに生きている。利枝子、美代、ますみは私の家族。私の愛。私の宝物だ。私は利枝子、美代、ますみと幸せな家庭を築いていきたいし、築いている。私は接待の仕事以外に酒を飲まないし、飲みたいと思わない。私のアルコール依存症は完治したのだ。私が泥酔し朝帰りするのはアルコール依存症の性ではないはずだ。泥酔したのはきっと気が緩んだせいだ。夜の接待の時はもっと気を引き締めなければいけない。

　車を運転している利枝子が心配になった。私が朝帰りをした性で、利枝子は子供の相手をしながら二時間近くも車の運転をしなければならない。美ら海水族館は北部の本部にある。利枝子は名護まで高速道路をハイスピードで運転しなければならない。利枝子は恐怖に襲われながら運転するだろう。高速道路から出ると名護市に入る。名護市の海岸は埋め立てて新しい道路が増えた。道を間違えると美ら海水族館のある本部ではなくてやんばるの方へ行ってしまう。利枝子は無事に美ら海水族館にたどり着けただろうか、心配だ。行きに二時間帰りに二時間利枝子は四時間以上も車の運転をしなければならない。利枝子が交通事故を起こさないか心配だ。

　美代とますみは好奇心がとても旺盛だ。車の中でおとなしくはしていないだろう。車窓から見える色々な風景について「ママ、あれはなに」と聞くだろう。それに幼稚園のことや友達のことも利枝子に話すに違いない。利枝子は慣れない車の運転をしながら娘たちの話し相手も強いられる。「ママは車を運転しているのだから静かにしなさい」と言っても静かにする娘たちではない。利枝子は大変だろう。私が運転すれば、利江子は美代とますみの質問に答えたり、幼稚園や友達の話を聞いてあげたりするだけでいい。私が泥酔して朝帰りしたために、利枝子は慣れない車の運転をしながら、二人の好奇心旺盛な娘たちの相手もしなければならない。梨枝子が必死になって運転しているのを想像すると私の気持ちは重たくなり、利枝子にすまない気持ちで一杯になる。

　私は利枝子の大変さを考えながらベッドに横たわっていたが、喉の渇きを感じたので、ゆっくりと起き上がり寝室を出た。廊下を歩いていると私が歩いている音だけが私の耳に入ってくる。利枝子と美代とますみの気配が消えた家の中は空虚が漂っている。私は居間の側を通りキッチンに入った。冷蔵庫から麦茶の入ったボトルを取り出してテーブルに置いた。テーブルには弁当が置かれてあり、弁当の側には利枝子の書いたメモが置いてあった。

　美代とますみが何度も起こしましたが、あなたは起きませんでした。お仕事のためだから仕方がありません。

　今日は美ら海水族館に行く約束ですので美代とますみを連れて美ら海水族館に行きます。あなたが行けなくて残念です。美代とますみはパパと行けないのでとてもがっかりしています。

　あなたの弁当は置いて行きます。味噌汁もあります。温めてから食べてください。

利枝子

美代とますみは私の腕や肩を掴んで揺すったりしながら、「パパ、早く起きて。」と私を起こそうとしたのだろう。熟睡していた私には全然記憶がない。何回も激しく揺すれば熟睡していた私でも起きたかも知れない。きっと、利枝子が、「パパはお仕事で疲れているのよ。そのまま寝かしてあげなさい」と言って、美代とますみが私を起こすのを止めたに違いない。

梨枝子のメモは、私が泥酔して朝帰りをしたことを少しも責めていなかった。それどころか、「お仕事のためだから仕方がありません」と私への気遣いの言葉を書き残してあった。メモには利枝子のやさしさを感じる。利枝子の書き置きを見るとよけいに朝帰りしたことを後悔する。利枝子には心からすまないと思う。一ヶ月前に、私が美ら海水族館の前売り券を買った時から、美代とますみは指折り数えて今日の日を待ち続けていた。昨日の朝も私が会社に出かける時に、「今日は早く帰ってきてね」と言い、美代とますみの二人で玄関まで私を見送ってくれた。私の可愛い娘たち。美代とますみ。二人の笑顔が私の喜び。若い頃に孤独だった私にとって一番の楽しみは娘たちと一緒に過ごすことであり、娘たちの成長を見守ることである。それなのに私は泥酔をして朝帰りをやり、美代とますみとの約束を破ってしまった。

文芸サークルの仲間は大学を卒業したが、私は卒業することができなかった。一人残された私は孤独の日々の中でアルコールに溺れアルコール依存症になった。精神病院に入院した頃の私は人間不信に陥っていた。人間の心と心が通い合うということは存在しないのだと思うようになった私は、退院しても人間不信を拭い去ることはできなかった。しかし、利枝子と見合い結婚をして、美代が産まれ、ますみが産まれ、美代とますみは成長の日々の中で私と心を通わす存在になった。美代とますみとの生活に私の人間不信が中和され、孤独が溶けていった。私と心が素直に通じ合う美代とますみ。美代とますみの素直な心に触れると私の心も素直になる。二人が側にいるだけで私は幸せになれる。

私は娘たちと一緒に美ら海水族館に行きたかった。美代やますみと一緒にマンタやじんべえ鮫を見たかった。美ら海水族館でマンタやじんべえ鮫を見た美代とますみは驚き感動し喜んだだろう。娘たちが驚いたり喜んだり感動したりする姿を見るのが私の喜びである。それなのに私は酒を飲みすぎて朝帰りをしてしまい、娘たちと美ら海水族館に行けなかった。よりによって家族で美ら海水族館に行く約束をした日に泥酔するとはだらしがない。私は父親失格の人間だ。

二日酔いの私は胃がむかつき、食事をする気になれなかった。熱いお茶が飲みたくなった。重たい体をゆっくりと動かしながら、やかんに水を入れ、ガスコンロに乗せて火をつけた。ガスの異臭に気分が悪くなった私は椅子に戻り、お湯が沸騰するのを待っていたが、新聞をまだ読んでいないことに気がついたので居間のテーブルの方に行った。テーブルの上には新聞が置かれてあった。私は新聞をゆっくりと読んだ。妻も娘たちもいない家では憂鬱な気分は直らないし食欲も沸いて来ない。やかんが沸騰した音が聞こえたので台所に行き、急須にお茶の葉を入れ、熱湯を注いだ。

誰も居ない土曜日の家の中。誰も居ないほうが気楽でいいという人間もいるだろう。しかし、私は美代とますみが居ない家はむなしい。美代とますみの話し声、笑い声、走る音がないのは家が空洞になったように感じる。昨夜、酒を飲みすぎたのが悔やまれる。

会社が企画したマンション建設の予定地の購入は私に一任された。私は地主の金城さんに夜の接待を申し出たが、金城さんが指定した接待の日が昨日の夜であった。家族で美ら海水族館に行く予定の私は別の日に変更したかったが、大事なお客の指定した日を私は変更することはできなかった。金城さんをクラブ美奈に接待した理由はクラブ美奈にはケイというホステスがいたからだ。三十三歳になるケイは美人系であるがざっくばらんな性格であり、金城さん好みの女性であった。ケイなら金城さんを満足させ、土地購入の話もうまくいくと考えて私は金城さんをクラブ美奈に接待した。

私は家族で美ら海水族館に行くために深夜0時には酒宴を終えて家に帰るつもりでいた。昨夜は酒を控える努力をした。私は酔っ払った振りをして、金城さんを盛んに持ち上げて陽気に騒いだ。午前0時には家に帰ることを何度も自分に言い聞かせ、酒を飲むのを控えて懸命に酔った演技をした。私は泥酔しないように頑張ったのに午前0時には帰宅できなかった。なぜだろう。なぜ泥酔してはいけない夜に私は泥酔してしまったのだろう。なぜ愛する娘たちとの約束を私は破ってしまったのだろう。夜十一時あたりまでの記憶はある。しかし、夜十一時からの記憶がはっきりしない。午前0時の頃の記憶は全然ない。私は十一時十分の時はなにをしていただろう。十一時三十分はなにをしていただろう。記憶が切れ切れだ。午前0時十分前は・・・思い出せない。私は午後十一時から午前0時までの間に泥酔したようだ。それだけは確かだ。なぜ、自分をコントロールできなかったのか。悔やまれる。こんなことでは駄目だ。酒を飲む時は自分を完全にコントロールできるようにならなければ駄目だ。仕事人としても父親としても私は自分をコントロールできるようにならなければならない。

新聞を隅々まで読んだ私は暇になった。テレビを見る気はない。庭で土いじりするのは私の趣味ではない。読書も好きではない。散歩もドライブも好きではない。いわゆる私には趣味がない。妻や娘たちの居ない休日は退屈だ。

「昼の私」と「夜の私」

私はあくびをひとつして、ぼんやりと座っていると、私のスーツの内ポケットの中にある黒いメモ帳のことが頭をよぎった。メモ帳には色々なことが書いてある。仕事のスケジュールのことや、知人と約束したことや、利枝子に買い物を頼まれた時の日用品や食品の品名を記入したものや美代やますみとの約束事など、色々なことが雑然と書いてある。当然のことであるが、私のメモ帳なのだからメモ帳には私だけがメモを書いてあるし他人の書いたメモはない。私はメモ帳に書かれてあるメモはいつどこで書いたかを覚えている。私のメモ帳なのだからそれは当然だ。

しかし、私のメモ帳にはひとつだけ私の知らないメモが書いてある。字はかなり乱れていて私の筆跡ではないのかも知れないと思ったりするが、私の筆跡であることは否定できない。そのメモは私が泥酔し、朝帰りした時だけに書いてある。私は何度もメモを書いた時間や場所や理由を思い出そうとしたが思い出すことはできなかった。

今日もメモ帳にはいつものように例のメモが記されているのだろうか。これまでの経験からするとメモは書かれているだろう。しかし、私には書いた記憶が全然ないから、もしかすると今日は書かれていない可能性もある。私はメモ帳が気になった。私はクローゼットの方に行き、掛けてあるスーツの内ポケットからメモ帳を取り出した。そしてメモ帳をパラパラとめくった。最後のメモが書かれているページを見ると、やはり泥酔した時に書き残したいつものメモが記されていた。

昼の私よ。夜の私だ。私は例の場所に行く。ふふふふ。愛しのマリーの待つところにな。マリーは最高の女だ。私はマリーに会いに行く。これからな。

メモはマリーに会いに行く「夜の私」の挑発的で奢った内容である。メモを読むと私は憂鬱になる。泥酔し、記憶がなくなった時にいつも書いてあるのがマリーという女性に会いに行くというメモであるが、私はマリーという女性を知らない。マリーという女性に会った記憶もない。それなのに泥酔した私はマリーという女性に会いに行くとメモ帳に書いてある。この不可解なメモは私が琉球興産に就職してメモ帳を持つようになってからずっと続いている。

琉球興産に就職した時に、社長は私にメモ帳を持つことを命じた。そして、営業マンとしてのメモの記入のやり方から整理の仕方まで教えくれた。私は社長の教え通りに些細なこともメモをするようになり、営業に役立てていったが、ひとつだけ不思議な現象がメモ帳に起こった。メモ帳を持つようになって一ヶ月後に、私は記憶がないほどに泥酔して朝帰りしたが、その時に、「マリーに会いに行く」というメモがメモ帳に書かれていた。それからは、記憶がないほどに泥酔するたびに私のメモ帳には、「マリーに会いに行く」というメモが書き残されるようになった。メモは「マリーに会いに行く」という単純な文章から、次第にマリーの素晴らしさを讃えるような修飾語が増えていった。独身であった頃の私はメモに書いてあるマリーという女性に興味を持ち、懸命にマリーのことを思い出そうとしたが、マリーを思い出すことはできなかった。

「マリーに会いに行く」というメモは利枝子と結婚してからも書き続けられた。結婚した頃は、「マリーに会いに行く」という単純な文章に戻ったが、次第にマリーの素晴らしさを讃えるような修飾語が増えていった。最近は、「夜の私」「昼の私」という表現をするようになり、「夜の私」は「昼の私」を嘲笑しながらマリーを称える文章を書くようになった。泥酔した時に書いたメモは私が書いたとはどうしても信じることができなかったが、字体はかなり乱れてはいるが私の字であるのは確実であり、私が書いたメモであることを否定することはできなかった。

メモ帳には、「夜の私」は例の場所に行ってマリーという女性に会うと書いてある。しかし、私はマリーに会った記憶は全然ない。メモが本当のことを書いてあるとするなら、そして、泥酔して朝帰りした日に私がマリーという女性に会っていたとするなら、私は十年以上もマリーという女性に会っていたということになる。十年以上も会っているのにマリーという女性の記憶が全然ないというのがありえるだろうか。おかしい。やっぱり、マリーが実在している女性であるというのは嘘くさい。嘘くさいと思う反面、「マリーに会いに行く」というメモが書かれ続けたという事実があり、実在しないマリーに十年以上も「マリーに会いに行く」とメモするのもあり得ないことである。泥酔していたとしても、私が十年以上もの長い間嘘のメモを書き続けるというのは考えられない。やはり、マリーは実在する女性なのだろうか。

メモには愛しのマリーと書いてある。「愛しのマリー」とは一体どういうことなのだろうか。私とマリーが愛し合っているということなのか。しかし、「愛しのマリー」とは書くけれど「マリーと愛し合っている」とメモ帳に書かれたことはない。とすると、「夜の私」が一方的にマリーに恋しているだけなのか、それとも「愛しのマリー」は軽いのりの言葉なのか。分からない。一体マリーという女性は何者なのだ。メモ帳には十年間もマリーという女性のことを書いてあるのに、私はどうしてマリーという女性のことを思い出すことができないのだ。記憶に全然ないのだから私はマリーという女性に会っていると信じることはできない。しかし、メモを読めば私がマリーと会っているのは確実である。メモについて考えれば考えるほど私の頭は混乱し思考迷路に入っていく。憂鬱が深くなっていく。

私には愛する妻と愛する二人の娘がいる。もし、マリーという女性が実在するならば、私はマリーに会ってはいけない。私の幸せは妻と二人の娘との生活にある。マリーがどんなに美女であっても、女性として魅力的であっても、私には必要のない女性であるし、愛する家族のためにも私はマリーに会ってはいけない。マリーに会ってはいけない私であるが、泥酔した私は私の意志が働かなくなりマリーと会うことを禁じることができない。しかし、泥酔した私は本当にマリーという女性にあっているのだろうか。泥酔した時の記憶がない私にはこの謎のメモを解き明かすことはできそうにもない。これからも泥酔した私はマリーに会いに行くというメモをメモ帳に書き続けるのだろうか。そう思うと憂鬱になる。私はため息をつき、暗い気持ちになりながらメモ帳をスーツの内ポケットに戻した。その時、電話のベルが鳴った。私はけたたましい電話のベルに驚き、吊るしてあるスーツをハンガーから落としそうになったが、私の気持ちはパーッと明るくなった。きっと利枝子からの電話だ。私は急いで居間に行き受話器を取った。

「もしもし、あなた。私よ。美ら海水族館の『黒潮の海』を見てきたところよ。ジンベーザメやマンタを見て、美代とますみは大興奮しているわ」

利枝子の声を聞いて私はほっとした。

「今日は本当に済まない」

「え」

「朝帰りしてしまって」

「お仕事だから仕方がないわ」

「運転は大変だっただろう。私が運転する予定だったのに、きつい思いをさせてごめん」

「本心からごめんしてよ。慣れない運転で大変だったのだから」

「本当にごめん」

利枝子はくくっと笑った。

「美代に代わるわね」

美代の興奮している声が聞こえた。

「パパー。聞こえるー。とっても大きいマンタがねえ。泳いでいた。とっても大きいジンベーザメも泳いでいた。すごかったよ」

「楽しいか」

「うん。とても楽しいよ。パパも来ればよかったのに」

三人はこれからイルカショーを見に行くという。ますみも電話に出て、マンタやジンベーザメに感動した話をした。そして、「次はパパも一緒に来ようね」と言った。ますみから利枝子に電話が代わった。

「もう少し、見学してから帰ります」

「ママ、早く早く」と急かしている美代とますみの声が聞こえた。

「帰りの車の運転は気をつけて」

「分かりました」

利枝子は電話を切った。

私は美代とますみの元気のいい声を聞いて重たい気分が軽くなった。「マリーに会いに行く」という気が滅入る奇妙なメモについて考えることから開放された。気分が軽くなると急に腹が減った。私は味噌汁を温めてから遅い朝食を取った。

利枝子と娘たちが家に帰って来るのは四時間後くらいだろうか。私と一緒に美ら海水族館に行っていたなら、家に帰る途中で眺めのいいホテルかファミリーレストランで食事をしたはずだが、私が一緒ではないから、利枝子はファミリーレストランに寄らないで家に直行するだろう。それから利枝子は夕食をつくることになる。それでは利枝子が大変だ。運転する私の代わりに難儀をしている利枝子に夕食を作らすわけにはいかない。私は夕食を準備することにした。利枝子に感謝を込めて、利枝子の好きなにぎり寿司を夕食にすることにしよう。遅い朝食が終わり、お茶を飲んでから私は握り寿司を買いに出かけた。

月曜日に、私は、利江子に見られてはならない「マリーに会いに行く」と書いてあるメモ帳のページを開き、必要なメモを隣のページに書き写してからページを引きちぎった。そして、いつものように会社のシュレッターに入れて断裁した。「マリーに会いに行く」という単純なメモが書かれている時はメモを気にすることはなかったが、マリーを称える修飾語が増えたときに、私は利江子にメモを読まれるのを恐れ、会社のシュレッターで処分するようになった。

二ヵ月後に私は朝帰りをしてしまった。なぜ、今日は朝帰りをしてしまったのか。その理由は分からないし、午前0時あたりからの記憶が私には全然なかった。なぜ、記憶が完全になくなったか不思議である。

今日は家族で沖縄県主催の産業祭りに行く約束だったが私は行くことができなかった。憂鬱な私はぼんやりと新聞を読んだ。新聞を読んでいると利枝子から電話があった。私は朝寝坊したことを詫びた。そして、朝寝坊をした罪滅ぼしに、私の小遣いで中華料理を食べに行こうと言った。「パパが中華料理を食べに連れて行くって」と利枝子が美代とますみに言ったので、二人は喜んだ。産業祭りからすぐに帰るからと言って利枝子は電話を切った。

昨夜は土地の売買契約を終えた具志堅さんを松山のクラブに招待した。具志堅さんは那覇市の郊外に広大な土地を持っている人で、マンションやテナントビルを所有している資産家だ。具志堅さんが所有している土地はまだまだある。私の会社はもっと具志堅さんの土地を利用する予定だ。だから具志堅さんの接待は会社の大切な営業活動である。具志堅さんは五十七歳の小太りの中年男で、二人の愛人を自分の所有するマンションに住まわしている。私が具志堅さん好みの女性のいるクラブによく連れて行くので、私は具志堅さんに気に入られている。具志堅さんは頭が悪いし品も悪い。しかし、親から継いだ莫大な財産があるから、贅沢な生活ができる。具志堅さんが苦労しなくても、私たちのような不動産専門の会社はマンションやテナントビルなどを建てて具志堅さんが儲けるアイデアを提供して具志堅さんの収入を増やす。具志堅さんは寝ていてもお金が入ってくるのだ。具志堅さんが小太りの醜い中年男でも、具志堅さんは大金持ちだから、まるで美男子のように多くの女性が寄って来る。クラブではどのハンサムな男性よりも多くのホステスが具志堅さんの所に寄ってくる。

昨夜は松山のクラブを出て具志堅さんをタクシーに乗せたことはうっすらと覚えている。具志堅さんの乗ったタクシーがクラブの前から遠ざかり、通りを左折して見えなくなるまで私はタクシーに向かって数回お辞儀をしたような記憶がある。それから、私はどうしたのだろうか。具志堅さんを見送った後にクラブには戻らなかったことは確かだ。ママやホステスたちが「ありがとうございました。また来てください」などと私に言い、お辞儀をして私を見送っている姿をおぼろげながら覚えている。しかし、具志堅さんを見送った後の私の行動の記憶がすーっと消えている。具志堅さんの乗ったタクシーが見えなくなった瞬間に接待の仕事から解放された私はほっとしたのだろう。それから酔いが一気に回って泥酔状態になったに違いない。クラブから出るときに倒れそうになってホステスに寄りかかったくらいに私はかなり酔っていた。具志堅さんを接待する仕事から解放された途端に緊張していた神経のタガが緩んだことは確かだ。それからの私は家に帰る積もりで歩いたと思う。歩き始めた時からの行動が私の記憶にはない。私はいつの間にか家のベッドの上に寝ていた。

今日もメモ帳にはいつものように例のメモが書かれているのだろうか。多分、メモは書かれているだろう。もしかすると今日は書かれていない可能性もあるが、可能性は低い。私はクローゼットの方に行き、掛けてあるスーツの内ポケットからメモ帳を取り出した。そしてメモ帳をパラパラとめくった。メモが書かれている最後のページを見ると、やはり例のメモが書かれていた。

さあ、マリーに会いに行くぞ。おお、マリー。惚れている。惚れている。おまえに惚れている。私はおまえを愛している。ああ、酔っ払うということはなんて自由ですがすがしいのだ。

昼の私は全然マリーのことを知らない。愚かだなあ昼の私は。哀れだなあ昼の私は。しかし、臆病な昼の私はマリーを知らない方がいいかも知れない。さあ、私は行くぞ。愛するマリーに会いに。

メモを読んだ私はため息をついた。

「ああ、酔っ払うということはなんて自由ですがすがしいのだ」という文章は、若い頃の詩人気取りの私を連想させる。酒を美化し、酔うことが自由な世界に入れるのだと倒錯していたのが私の愚かな青春時代だった。学生の頃、詩人になることにあこがれた私は酒を飲んで倒錯した自由と快楽に溺れ、詩作の日々の中でアルコール依存症になった。しかし、母親によって精神病院に入院させられた私は半年間の治療でアルコール依存症は完全に治った。退院をした後の私は詩人気取りの私と決別し、詩を書かなくなったし酒も仕事以外は飲まなくなった。今の私には、「酔っ払うということはなんて自由ですがすがしいのだ」と酒を美化する気持ちはない。酒は仕事上必要だから飲むだけであり、仕事以外に酒を飲むことはない。精神病院に入院する前の私と精神病院を退院した後の私は別人であるといっても過言ではない。私はアルコール依存症であった入院前の私に完全に決別したのだ。

　本当にメモは私が書いたのだろうか。私はどうしても信じることができない。泥酔していたとしてもこんなに自由で開放的な文章を私が書くはずがない。酔っている状態を自由だと美化するのは倒錯の世界であり、それは間違いだと私は認識している。酔いに任せて言葉が軽くなり、あたかも自由に跳ねているように見えるのはまやかしの自由でしかない。そんな自由というのは仕事をしないで無責任に生きている人間の堕落した自由なのだ。

　マリーという女性への赤面するほど露骨な愛の表現は節操のない堕落した人間の表現だ。私はこんな堕落した精神は持っていない。こんな文章は親のすねをかじっている二十歳そこそこの青年が酔いに任せて書いた文章である。三十代半ばを過ぎた妻子ある人間の書くような文章ではない。私は辛いことや嫌なことがあっても妻と娘たちとの幸せのために頑張っている。妻と娘の幸せのために生きるのが私の幸せであり私の人生である。そんな私が酔いに任せた自由奔放な文章を書くはずがない。どうして泥酔した私はメモ帳に書かれているような自由奔放な文章を書くことができるのだろうか。不思議だ。私にはどうしても信じられない。メモ帳のメモは私の心を重たくする。泥酔した私には悪魔が憑依するのだろうか。いや、私に悪魔は憑依しない。私には守るべき家族がある。

　「夜の私」は「昼の私」つまり私に対して愚かと言い、臆病であると書いてあった。臆病な「昼の私」はマリーを知らない方がいいと書いてあった。「夜の私」に言われなくても私はマリーという女性を知りたいとは思わない。マリーという女性がどんなに美しくてもどんなに魅力的な女性であっても私はマリーに会いたいとは思わない。私にとって妻と二人の娘に勝る価値はこの世に存在しない。私にとって家族が一番大事なのだからマリーという女性には会うべきではないし会いたいとも思わない。メモ帳のメモはでたらめであり、マリーという女性はこの世に存在しているというのは虚言であってほしい。泥酔した時に私のメモ帳に意味不明の文章を書く「夜の私」も存在してほしくない。それが私の正直な気持ちである。私は妻と二人の娘との生活に満足している。幸せを感じている。

　マリーという女性は本当に実在しているのだろうか。もしかすると泥酔した私が幻想を見ているのかもしれない。そうでなければ泥酔した私が「昼の私」をからかうために創作しているかもしれない。マリーという女性が実在し「夜の私」が接しているのなら私は断片的に記憶しているはずである。しかし、私はマリーという女性のことは全然記憶に残っていない。全然記憶していないのだからマリーという女性は実在していないという結論に達するのだが、マリーのことをメモ帳に生々しく書いてあるのだからやはりマリーという女性は実在しているかも知れないという不安がもたげてきて、思考が振り出しに戻ってしまう。

　前の朝帰りから一ヶ月足らずで朝帰りをしてしまった。一ヶ月で二度も朝帰りするなんて結婚してから始めてのことである。考えられないことだ。私はおかしくなったのだろうか。泥酔してはいけないというプレッシャーが逆作用してしまって朝帰りが増えたのだろうか。

　私は朝帰りをしてはいけない。朝帰りが多くなると利枝子は私が浮気をしているのではないかと疑うようになるだろう。夫婦の不和は家庭崩壊の始まりだ。この幸せな家庭を私は崩壊させたくない。私は絶対に朝帰りをしてはいけないのだ。それなのに朝帰りをしてしまう。こんなことではいけない。

　私と利枝子が結婚してから七年が経過した。七年目の浮気というジンクスがあるが、そのジンクスの性で私の心に浮気への欲望が湧いてきたのだろうか。それが原因となって一ヶ月に二回も朝帰りをしたのだろうか。いや、そんなことはない。美代とますみの成長に私は日々新鮮な喜びを感じている。娘たちと遊び、娘たちと話していると人間の心と心がスムーズに通い会う喜びを感じる。人間と人間の心が通い合う喜びを私は二人の娘たちを育てながら体験している。美代やますみと話している時は私の心はとても開放された気持ちになる。孤独であった若い頃の私には想像できなかったことだ。私には七年目の浮気というジンクスはない。ないと思う。あってほしくないと思う。それなのに朝帰りをしてしまった。どうしてだ。どうして朝帰りをしてしまったのだ。私の深層心理には私の知らない別人の私が存在するのだろうか。不安だ。

「夜の私」が書いたメモを読む気にはなれないので、土・日曜日はメモ帳をスーツの内ポケットに入れたままだった。しかし、月曜日には仕事の予定を立てるためにメモ帳を開かなくてはならない。私は憂鬱な気持ちでメモ帳を開いた。

これからマリーに会いに行く。マリーマリー。マリーに会ってから今日まで十五年と三ヶ月と三日になる。一九八九年の五月二十一日がマリーと初めて会った日だ。マリーは魔女だ。マリーは天使だ。マリー以上に魅力的な女はこの世にはいない。待っていろマリー。愛するマリー。

メモを読んだ私の心は重くなった。憂鬱になり私はため息をついた。妻と娘がいる人間が書く文章ではない。マリーという女性の存在に半信半疑であった私を嘲笑するかのようにメモにはマリーと最初に会った日付を記してあった。「夜の私」はマリーが実在する女性であることを誇示している。マリーは実在しているのだろうか。私は一九八九年の五月二十一日にマリーという女性に出会ったのだろうか。十五年前といえば私が二十三歳の時だ。私は二十三歳の時にマリーに出会ったというのか。

二十三歳の頃の私は首里の崎山町にあった古くて小さな貸家で孤独を生きていた。あの頃の私は日々酒を飲み、分けの分からない詩を書くのに自己陶酔していた。詩人気取りの私は酔いつぶれて那覇の街を歩き回った。牧志、桜坂、前島、神里原、波の上・・・・・。私は那覇の街を歩き回り到る所で酒を飲んだ。

大学で文芸サークルに入っていた私は文芸サークル仲間と酒を飲みながら芸術を語り合い、詩作に熱中するようになっていった。下手な詩しか書けないのに、私は自分が詩の真髄を感じることができる優れた詩人であると過信していた。いっぱしの詩人を気取った私は大学の教授や講義を馬鹿にするようになり、次第に大学に行かなくなった。

詩人かぶれになった私とは違い、冷静で要領のいい文芸サークルの仲間は、私のように酒と芸術の世界に埋没していかないで、しっかりと大学の講義を受けて着実に卒業に向かって単位を取っていた。そして、文芸サークルの仲間は卒業すると教員や公務員などになって私の回りから去っていった。彼らが卒業すると文芸サークルは消滅し、年に一回発行していた同人誌も発行できなくなった。私は芸術をなおざりにして社会に迎合していった彼らを、芸術を愚弄した人間だと嘲笑した。しかし、彼らを嘲笑すればするほど私一人だけが取り残されたという孤独をひしひしと感じ、私はいわれのない敗北感に襲われた。彼らが居なくなった大学は空虚だけが残り、大学の門をくぐるのが虚しく感じられ、私は大学を中退した。そして、首里の小さな貸家で酒に溺れて暮らすようになった。苦い、忘れてしまいたい私の青春時代の体験である。

メモ帳に、私は一九八九年にマリーに出会ったと書いてあった。孤独で酒の日々を過ごしていた頃に私はマリーという女性に出会い、マリーに恋をして、マリーに何度も会いに行っていたというのか。しかし、私にはマリーという女性と出会った記憶はない。その頃の私は一日中酒を飲むアルコール依存症になっていた。そのせいでマリーと会った記憶が失われたのだろうか。

メモにはマリーを「魔女」だと書き、「天使」だと書き、「マリー以上に魅力的な女はこの世にいない。」と書いてあった。赤面するような文章である。十五年前の詩人気取りの私ならこのような文章を平気で書いていた。しかし、私はアルコール依存症を治療するために精神病院に半年間入院し、退院した後はアルコールを絶ち、アルコール依存症は完治した。今の私が「魔女」だとか、「天使」だとか、「マリー以上に魅力的な女はこの世にいない」と書くのはあり得ないことだ。

私には詩の才能がなかった。アルコール依存症を完治した今の私ならはっきりと言える。酒の日々の私は単なるアルコール中毒者であり、うぬぼれ屋でしかなかったのだ。あの頃の私は愚かなアルコール依存症の日々を生きているだけだった。私は十五年前の愚かな私と絶縁してまともな人間になった。私は結婚をして今は二人の娘たちと幸せな家庭を築いている。そんな私にはメモのようなそ臭い文章は書けない。書けるはずがない。

メモにはマリーに恋焦がれている「夜の私」の心情が露骨に書かれている。こんなに恋焦がれているのにどうして私の記憶に残っていないのだろうか。マリーの記憶が全然ないというのは不思議である。十五年以上もマリーに会いながら記憶にないというのはあり得ない話である。泥酔した私は十五年前の精神状態にタイムスリップするのだろうか。そして、十五年前に出会い恋焦がれたマリーという女性に会いに行くのだろうか。それともマリーとの出会いを泥酔した私は空想するのだろうか。そもそもマリーという女は実在する女なのか、それとも実在しない女なのか。

思い出した。一九八九年にマリーに出会ったというのはおかしい。一九八九年に私は嶺井幸恵と同棲していた。仕事もしない私が家賃や電気料などを払うことができたのは同棲していた嶺井幸恵が家賃や生活費を払っていたからだ。私は一九八八年に嶺井幸恵に出会い、恋をし、そして同棲をした。一九八九年の五月二十一日といえば私が嶺井幸恵と同棲をしていた頃である。この記憶は間違いない。嶺井幸恵と同棲をしていた私がマリーという女性に恋するとは考えられない。それに嶺井幸恵のことは記憶があるのにマリーのことは記憶にないというのは矛盾している。やはりマリーは実在する女性ではないだろう。

それとも嶺井幸恵がマリーなのだろうか。嶺井幸恵はおとなしい普通の女性だったが、酔っ払うと陽気で勝気な性格に豹変した。嶺井幸恵が酔ったときを私はマリーと呼称したのだろうか。しかし、嶺井幸恵をマリーと呼んだ記憶はない。マリーは嶺井幸恵なのだろうか。それとも架空の女性なのだろうか。それとも実在している女性なのだろうか。

酒と美と自由にこだわり、同棲している嶺井幸恵と結婚する気がない私は酒を飲み続けた。酒を止めない私に嶺井幸恵は失望し、私の元から去っていった。私は去っていった嶺井幸恵を恨み、ますます孤独になり酒を飲む日々が続いた。

嶺井幸恵が去ってから数ヶ月後に突然両親が私の前に現れ、生活不能者の私を実家に連れ戻した。そして、アルコール依存症になっている私を治療のために精神病院に入院させた。詩を書いてあった大学ノートは全て母親が焼却した。だから、私の詩は一遍も残っていない。

嶺井幸恵との出会いと別離は、甘くそして苦く、そして切ない私の青春時代のエピソードである。

文芸サークルの仲間がよく飲みに行くスナックがあったが、文芸サークルの仲間は卒業してスナックに行かなくなったので私は一人でそのスナックに通っていた。嶺井幸恵は専門学校の学生であったが、そのスナックでアルバイトをしていた。

あの頃の私はエドガー・アラン・ポーの詩に熱中していた。日本の有名な推理小説家の江戸川乱歩のペンネームはエドガー・アラン・ポーからきていることで知られているように、エドガー・アラン・ポーは「モルグ街の殺人」「アッシャー家の崩壊「黒猫」など、幻想怪奇小説、冒険小説、推理探偵小説の原点である小説を書いた人物として有名である。

しかし、彼は「大鴉」や「アナベル・リー」などの素晴らしい詩も書いていた。私は文芸サークルの仲間からポーが詩人であることを教えられた。ポーの詩を読んだ私は「アナベル・リー」という詩に非常に感銘を受けた。「アナベル・リー」が幼くしてエドガー・アラン・ポーと結婚したヴァージニアがモデルであることを知った私は、エドガー・アラン・ポーの人生、エドガー・アラン・ポーとヴァージニアの愛に興味を持った。

「アナベル・リー」のモデルであり、エドガー・アラン・ポーの妻であったヴァージニアはエドガー・アラン・ポーの従妹だった。二人が出会ったのはヴァージニアが六歳、エドガー・アラン・ポーが二十歳の時だった。そして、ヴァージニアが十三歳、エドガー・アラン・ポーが二十七歳の時に二人は結婚した。二人の愛は普通の男と女の愛ではなく、兄と妹の愛、ヴァージニア母子の困窮を助けたいエドガー・アラン・ポーの善意などが混ざった不思議で、深い愛に結ばれていた。エドガー・アラン・ポーは生涯ヴァージニアを愛し続けたが、ヴァージニアは二十四歳の時に病死した。愛する妻、ヴァージニアが亡くなってから二年半の後に、エドガー・アラン・ポーはヴァージニアと最初に出会ったボルティモアで死んだ。ポーが死んでから二日後に「アナベル・リー」の詩は発表されたという。ヴァージニアは死ぬ前に、エドガー・アラン・ポーに、

「私が死んだらあなたを守る天使になってあげる。もしあなたが何か悪いことをしそうになったら、両手で頭を抱えてね。私が守ってあげるから」

と言ったという。

悲惨とも言える貧しさの中で死んでいった最愛の妻ヴァージニアへのエドガー・アラン・ポーの深くて純粋な愛が込められた詩「アナベル・リー」に私はますます夢中になり、訳詩では満足しないで、自分なりのオリジナルな詩に書き直したりした。そして、その詩を嶺井幸恵に見せた。

エドガー・アラン・ポーとアナベル・リー＝ヴァージニアは天使さえうらやむような純粋な恋をやったのだと、私は嶺井幸恵に夢中になって話した。嶺井幸恵は私の話を聞いてくれた。文芸サークルの仲間が居なくなったので私の話をまともに聞いてくれる人間は嶺井幸恵だけだった。私の話を真面目に聞いてくれる嶺井幸恵に私は恋をし、嶺井幸恵は私の恋の告白を受け入れてくれた。そして、私たちは首里の崎山町に小さな家を借りて同棲をした。

しかし、嶺井幸恵との同棲は長くは続かなかった。エドガー・アラン・ポーのように極貧と酒の日々が素晴らしい作品を生み出すと信じていた私は酒に溺れ、私のアルコール依存症はひどくなっていった。私は生活不能者になり、私との生活に耐えられなくなった嶺井幸恵は私から去って行った。

もしかすると、昔別れた嶺井幸恵がマリーという源氏名を使って、那覇市のどこかのスナックで働いていて、泥酔した私は彼女と再会したのだろうか。いや、嶺井幸恵と出会っているなら私の記憶に残るはずだ。嶺井幸恵とマリーが同一人物とするのは強引なこじつけになる。多分、嶺井幸恵とマリーは別人だろう。でも、私の頭脳はひとつであるのに、どうして嶺井幸恵の記憶ははっきりとありながら同じ時期に出会ったというマリーの記憶はないのだろう。私の脳はひとつであり、記憶する場所もひとつであるはずだ。嶺井幸恵の記憶があるのならマリーの記憶もあるはずだ。しかし、私にはマリーの記憶はない。奇妙なことだ。

泥酔した「夜の私」は一九八九年にマリーと出会ったことを記憶しているのに素面の「昼の私」である私には記憶がないのは理解できない。泥酔した「夜の私」はマリーと最初に出会った五月二十一日という月日さえ記憶していた。どうして泥酔した「夜の私」がマリーに出会った日をはっきりと覚えていてしらふの「昼の私」である私は覚えていないのだ。変だ。私の記憶する場所は脳の中に二箇所あるのだろうか。いや、そんなことはありえない。

私にはアルコール依存症の後遺症があり、泥酔した時には、十五年前に私が泥酔していた時の記憶が蘇るのだろうか。マリーが実在し、一九八九年の五月二十一日にマリーと初めて会ったのが事実であるならそれ以外には考えられない。それ以外に考えられないが、泥酔した時にだけ素面の「昼の私」である私が記憶していない記憶が鮮やかに蘇るというのは信じられない。十五年前の泥酔状態の時に体験したことが現在の私が泥酔した時に蘇ることがあり得るのだろうか。私にはわからない。

出会った日から「十五年と三ヶ月と三日になる」と正確に言える「夜の私」は頭脳明晰で記憶がしっかりしている人間であり、泥酔した人間とは思えない。泥酔しているのに頭脳明晰な「夜の私」はこれからもマリーのことを書いていくのだろうか。メモの内容がもっとひどくなり、泥酔して朝帰りする間隔が短くなっていけば、利枝子が私の行動を疑い、メモ帳のメモを読み、私が浮気をしていると思い込み、最悪の場合は家庭崩壊するかもしれない。

家庭崩壊は絶対に防がなければならない。家庭崩壊を防ぐには私が泥酔しないことであり、泥酔をしない最良の方法は断酒をすることだ。しかし、不動産の仕事をしている私にとって断酒をすることは不可能だ。断酒をするために琉球興産を辞めて他の会社に移る方法はあるけれども、現在の私の年収は一千万円近くあり、もし、琉球興産を辞めて他の会社に移るなら私の年収は半減する可能性がある。他の会社に移る勇気が私にはない。琉球興産の営業社員である私は断酒をするわけにはいかないので、酒を飲む時には泥酔しないように気をつけるしかない。私は愛する妻や娘たちと無事平穏な生活を過ごすために、酒を飲まない努力をしなければならない。

朝帰りがあってから一ヶ月間は泥酔しなかった。しかし、気が緩んだつもりはなかったのに、二ヶ月目に入った途端に私は泥酔して朝帰りをしてしまった。あれほど用心していたのにどうして泥酔してしまったのか。私の意思が支配することのできない深層心理には泥酔したい欲望が潜んでいるのだろうか。私は泥酔して朝帰りをしたことを知った瞬間に愕然とした。

メモを読む気にならない私はメモ帳を見ないで休日を過ごし、月曜日の朝に、営業に出かける前にメモ帳を開いた。

昼の私よ。みかけの虚ろな愛の生活を送っている男よ。ドロドロの恋を知らない哀れな男よ。お前の人生はつまらない。

家族の生活を支えるためにあくせくと働いている昼の私よ。愚かなる昼の私よ。お前は虚ろな人生を送っている哀れな男だ。昼の私よ。お前は不自由であるのに不自由とは思っていない。なんて不幸な男なのだ。

私はこれから自由になる。夜の自由だ。私は妻もいない子供もいないひとりの自由な人間になる。好きな女に好きだと言いに行く。マリーに好きだと言いに行く。昼の私にはできないことだ。昼の私よ。夜の私が羨ましいだろう。ざまあ見ろだ。

妻子ある人間が別の女と恋をするということはあってはならないことだ。ドロドロの恋なんて堕落した人間がお互いの傷を舐めあったり、傷をいじりあったりしながら奈落の底へ落ちていく恋だ。そんな恋なんか私はやりたくない。私はドロドロの恋を拒否する。「夜の私」は「昼の私」である私をあざ笑っているが、逆に私が「夜の私」をあざ笑いたい。私にはドロドロの恋は必要ないし、妻と二人の娘との生活の幸せが第一である。私の生活は虚ろではない。実のある愛の生活を送っている。家族の幸せのために働くのは当然である。私は不幸ではない。その逆だ。私は幸せだ。このメモは悪意に満ちたメモだ。私はメモに腹が立ってきた。なにが自由だ。無責任な自由は自由ではない。わがままで身勝手であるだけだ。妻子のいる私がマリーという女性に愛を告白するということは浮気をするということである。そんな自分勝手なことが許されるはずがない。私は浮気をする気はない。今の家庭生活に満足している。美代とますみが成長していくのを見るのが楽しみであるし、美代やますみと一緒に過ごすことに幸せを実感している。マリーという女性に愛を告白することは家族を裏切ることであり、そんな身勝手な行為は私にはできない。マリーがどんなに素晴らしい女性であっても、妻や子供を捨てるほどの価値があるとは私には思えない。

「昼の私」にはマリーに愛を告白することはできないだろうと「夜の私」は書いてある。そうだ。メモに書いてある通りだ。私にはマリーに愛を告白することはできない。妻や二人の娘を裏切ることは私にはできない。妻子を捨ててまで自由になりたいとは思わない。本当の自由はそんなものではない。そんな自由は自分勝手で無責任な自由である。「夜の私」は「昼の私」にはできないことであると書いてあるが、できないというよりやらないといった方が正確な表現だ。私は「夜の私」が羨ましいとは思わない。愛する妻と愛する娘たちのために働くことはすばらしいことだ。私は虚ろな人生を送ってはいない。若い頃の芸術かぶれしていた頃の人生の方が虚ろな人生だった。利枝子という女性と出会うことによって私の人生は虚ろな人生から実のある人生に変わった。二人の娘が生まれて私は充実した人生を送るようになった。「夜の私」よ。お前の酔った自由の方が虚ろな自由だ。私はメモに憤りを感じながら、メモが書かれているページを引きちぎってシュレッターに入れてから営業に出かけた。

午後一時に目が覚めた。頭ががんがんする。ひどい二日酔いだ。頭の激しい鈍痛は我慢できない。誰かハンマーで私の頭を砕いてくれと叫びたくなる。私はベッドの上で七転八倒していたが、メモ帳のことが頭に浮かんだ。今日のように朝帰りをした時はメモ帳に「夜の私」が書き込みをしている。メモ帳には絶対に利枝子に見せてはいけないメモが書かれているはずだ。最近の私は梨枝子がメモ帳を見るかもしれないという恐怖に襲われるようになった。急いでそのページを隠さなければならない。私は頭の痛みをこらえながらベッドから起き上がりクローゼットの方に行くとスーツの内ポケットを探った。メモ帳を取り出してページを開いた。予想通りに「夜の私」の書き込みがあった。私はそのページを破ってメモ帳をスーツの内ポケットに戻し、紙片をバッグの底に押し込んでベッドに戻った。私が寝ていた間に利枝子はメモ帳を読んだだろうか。気になる。いや利枝子は私に黙って私のメモ帳を読むような女性ではない。利枝子はメモを読んでいないはずだ。読んでいないことを信じる。

私は月曜日の昼休みにバッグから紙片を取り出してメモを見た。

前日はマリーに愛の告白をした。死ぬほどお前に惚れていると告白した。マリーは微笑んでなにも言わなかった。

今日はマリーの返事を聞きに行く。多分マリーは私の告白にオーケーだ。ノーなんてあり得ない。十五年以上もマリーに会いに通ったのだ。私の心をマリーは知っている。マリーは必ず私の愛の告白を受け入れてくれる。

もし、マリーがノーと言っても私は絶望しない。マリーがオーケーするまで告白し続けるだけだ。マリー好きだ。マリー、惚れているよ。

心がわくわくしてきた。もし、マリーが告白を受け入れてくれたら、二度とあの息苦しい家には帰らない。仕事にも行かない。ずっとマリーの側で暮らす。もう少しで昼の私に私は別れを告げるだろう。

「夜の私」はマリーに愛を告白し、もしマリーが私の告白を受け入れたらマリーの側で暮らすとメモしてある。私が家に居るということはマリーという女性が「夜の私」の愛の告白を断ったということになる。「夜の私」はマリーに振られたのだ。私はほっとした。しかし、「夜の私」は「マリーがノーと言っても私は絶望しない。マリーがオーケーするまで告白し続けるだけだ」と書いてある。振られたからこれで終わりというわけにはいかないようだ。次はどうなるのか。分からない。もしかすると何度もマリーに愛を告白しているうちにマリーが「夜の私」の愛を受け入れて、「夜の私」はマリーと暮らすようになるかもしれない。私の肉体はひとつである。「夜の私」がマリーと一緒に暮らすようになると「昼の私」は利枝子、美代、ますみとの生活ができないということになる。そんなことが現実に起こるのだろうか。信じられない。頭が混乱する。心が重たくなる。憂鬱になる。

利枝子はこのメモを読んだだろうか。読んだとは考えられないが、利枝子がメモを読んだ可能性はゼロではない。不安だ。メモ帳にはマリーという女に愛を告白したと書いてあった。そして、「昼の私」に別れを告げると書いてあった。「昼の私」に別れを告げるということは今の家庭生活を捨てるという意味であり、利枝子や二人の娘たちと別れるということである。もし、利枝子が「夜の私」のメモを読んだら私は厳しく責められるだろう。利枝子に責められるのは辛い、それよりも辛いのは利枝子が私と離婚すると決意をすることである。それ以上に辛いことはない。

私はマリーという女性を知らない。会いたいとも思わない。マリーと恋をしたいとは全然思わない。私は利枝子と離婚したくない。もし、利枝子がこのメモを読んだら、利枝子は私にはマリーという恋人が居て、マリーと結婚するために私が妻子を捨てる考えであると信じるに違いない。最近は利枝子がメモを読んだかもしれないという不安が増している。利枝子が、「離婚しましょう」と言うかもしれないという恐怖に陥ることもある。

ああ、朝帰りをしてしまった。いつまでこんなことが続くのだ。私の心を暗くさせる。不動産売買の仕事は夜の接待をしなければならない。不動産関係の仕事を続けている私は酒を飲まなければならない。私は酒が好きではない。酒を止めることはできる。今の会社を辞めれば私は酒を飲まなくてもいい。会社を辞めるかどうかを真剣に考えなければならない時がきたかもしれない。たとえ、給料が半分になっても家庭が崩壊するよりはずっといい。朝帰りをした時にメモ帳に書いてある「夜の私」のメモは家庭崩壊の危機を孕んでいる。このままずるずると朝帰りをしてしまうような仕事を続けていると利枝子が「夜の私」のメモをいつかは読むだろう。すると家庭崩壊の始まりだ。家庭崩壊をしないためには私は今の会社を辞めた方がいい。しかし、私は新しい仕事を見つけることができるだろうか。不安だ。私はどうすればいいのだろうか。

昼の私よ。お前の生活は息苦しい。妻と子供に縛り付けられたお前の生活。不自由で窮屈なお前の生活。お前は真実の愛を知らない。お前は義務と愛を勘違いしているのだ。お前は妻や娘たちを愛してはいない。お前は馴れ合いと義務を愛と錯覚しているのだ。

昼の私よ。息苦しいのが分からないのか。昼の私は神経が麻痺してしまった。感覚が麻痺してしまった。昼の私よ。お前よ。気づくのだ。

ああ、マリー。私はマリーを愛している。自由な心でだ。マリー。今から会いに行く。マリーマリー。

私の幸せな家庭を破壊する目的で書いてあるとしか思われないメモだ。私は怒りが込み上げてきた。利枝子と美代とますみとの生活が私の孤独を救ったのだ。「昼の私」が幸せに過ごしているのは明白であるのに「夜の私」のメモはそれを否定している。愛を知らないのは私ではなく「夜の私」である。このメモはなにも知らない若者のたわ言のようだ。うんざりだ。

私は月曜日に会社でメモをシュレッターに入れて断裁した。

利枝子と私

夕食を終え、九時になったので美代とますみは部屋に戻った。私と利枝子は広間のソファーに座りコーヒーを飲んでいた。

「あなた」　利枝子は私を呼んだ。夕刊を読んでいた私は顔を上げて利枝子を見た。

「お願いがあります」

利枝子は落ち着かない様子だった。

「ああ」　いつもと違う利枝子の様子に私は戸惑いながら新聞をテーブルの上に置いた。私が利枝子の顔を向くと、利枝子は私の視線を避けるように目を伏せた。暫く黙っていた利枝子は意を決したように顔を上げた。

「あなた。あなたのスーツの内ポケットにメモ帳が入っていますよね」

メモ帳のことを利枝子が話したので私はどきっとした。

「あ、ああ。入っているよ」

私はどぎまぎしながら答えた。少し間があって、

「今も入っているの」

私の心臓の動悸が早くなった。

「入っているよ」

私の声は上ずっていた。

「すみませんが」

利枝子は視線を下に向けて、次の言葉を出すか出さないか迷っている様子だったが、視線を私に向けて、

「メモ帳を取ってきてくれませんか」

と言った。私は悪い予感がした。私はメモ帳を利枝子に見せたくなかったから、

「どうしてだ」

と理由を訊いた。理由を言えない利枝子は、

「うん、ちょっとね」

と言って、もじもじした。

「あのメモ帳は会社の仕事関係のメモをしている。お前が見てもしようがないよ」

私はメモ帳を取ってくるのを渋った。

利枝子は小さな声で、「そうですよね」と呟いて黙ったが、

「すみません」

意を決したように顔を上げ、

「メモ帳を取ってきてくれませんか」

と言った。そして、「すみません」と私に謝った。

その時、メモ帳には利枝子に見られてはいけないメモは破って捨ててあるから「夜の私」が書いたメモを読まれる恐れはないのに、気の小さい私は、私が一番恐れていた家庭崩壊が始まる日が来たと予感した。私の頭の中は真っ白になり、呆然と利枝子を見たまま何も言えなかった。利枝子は私の視線を避けて顔を伏せた。そして、「お願いします」と言った。

私は夢遊病者のように立ち上がり、クローゼットのある部屋に行き、スーツの内ポケットからメモ帳を取り出した。メモ帳には「夜の私」が書いたマリーのメモは破って捨ててあるから、マリーのことを利枝子に知られる可能性はない。大丈夫だと自分を納得させようとした私だったが、小心者の私は、マリーのことが利枝子に知られてしまっているという恐怖に襲われ、利枝子が待っている居間に行きたくなかった。しかし、そのまま部屋に居続けることはできないし、魔法でこの家から消えることもできなかった。私はメモ帳を持って、利枝子がマリーのことを知っていないことを祈りながら、利枝子が待っている居間に向かった。

利枝子に見られてまずいメモがあるページは全て破り捨ててある。このメモ帳を見せても、家庭崩壊に繋がるようなことはないはずだと何度も私は自分に言い聞かせた。しかし、利枝子がこのメモ帳を見たいと言ったのには理由があるはずだ。その理由は私が一番恐れている理由以外に考えられない。私は不安になりながらメモ帳を持ち、利枝子の待つ居間に戻った。

背を丸めてじっとしていた利枝子は背後に私が来たことを知ると、背筋を伸ばした。私はソファーに座り、メモ帳をテーブルの上に置いた。

「見てもいいですか」

利枝子の声は震えていた。利枝子は緊張しているようだ。

私は、利枝子に読まれたくないページはメモ帳から破いてあるから、メモ帳を見られても大丈夫である筈だという思いと、利枝子がメモ帳を見せるように要求したのはメモ帳に書いてあったマリーのことを利枝子はすでに知っているからであり、利枝子がメモ帳を見れば利枝子との関係の破滅の始まりになるかも知れないという恐怖が混じり合い、私は返事をすることができなかった。私が黙っているので、利枝子は、

「見てもいいですか」と再び訊いた。

私はゆっくりと頷いた。利枝子の手が目の前のメモ帳に伸びてきた。利枝子がメモ帳を掴み、メモ帳は利枝子の方に移動すると思っていたが、利枝子の手はメモ帳まで伸びてこないでメモ帳は目の前にあるままだった。私は変に思い利枝子を見た。利枝子と目が合った。利枝子は私をじっと見つめていたようだった。私と目があった瞬間に利枝子は目を伏せた。数秒ほど過ぎると利枝子は顔を上げ、メモ帳を取ろうと手を伸ばしたが途中で止まった。利枝子はメモ帳を見ようかどうか迷っているようだった。

「見てもいいですよね」

と、利枝子は私に言っているのか、それとも自分に言い聞かせているのか分からない言葉を発した。私は頷き、メモ帳を利枝子の方に寄せた。利枝子はメモ帳を取り、ゆっくりとメモ帳をめくった。私は体が凍りつくような恐怖を覚えながらめくられているメモ帳を見ていた。利枝子の手は小刻みに震え、ページをめくるのがスムーズではなかった。暫くして。ページめくりは終わった。

「ありません」

利枝子は呟いた。

「このページを破ってあります」

利枝子はページを破ってある箇所を開いていた。そのページは私が破いて会社のシュレッターに入れた。

「あなた。どうしてこのページを破ったのですか」

私の心臓は高鳴り、喉が渇いた。私はどぎまぎして、

「あ、ああ」

と言うのが精一杯だった。利枝子はメモ帳を私の目の前にかざしながら、

「どうして破いたのですか」

利枝子の顔は強張り、私を見る眼光が鋭くなっていた。

「説明してください」

利枝子の声は私の心を突き刺した。私は緊張し縮こまった。

「ど、どうして破いたかと言われても」

うろたえた私はどきまぎするばかりで弁解の言葉が見つからなかった。

「破いたページはどうしたのですか」

利枝子は私がどきまぎしている様子を見て、

「捨てたのですか」

と訊いた。

「捨てた」

うろたえながら私は答えた。

「そう」

利枝子のがっかりした声だった。利枝子の顔を見ることができない私はうつむき、利枝子の次の言葉に戦々恐々としていた。

「どこに捨てたのですか」

利枝子の質問は私が恐れている質問ではなかった。私はほっとしながら、

「会社のシュレッターに捨てた」

と答えた。利枝子はなにかを考えているようで、暫くの間黙っていた。そして、

「本当にシュレッターに捨てたのですか」と利枝子は訊いた。

私は利枝子の質問の意図が分からなくて、一瞬答えるのに途惑ったが、

「本当だ。会社のシュレッターに捨てた」と答えた。

「全部そうしたのですか」

利枝子の質問の意味が分からないので、私は、

「え」

という声を発して、利枝子を見た。利枝子はじっと私を見ていた。私は利枝子を見て驚いた。じっと私を見つめている利枝子の目から涙が溢れ出ていた。利枝子の顔は冷静な表情をしていた。それなのに利枝子の目から涙が溢れ出ていた。なぜ、利枝子は泣いているのか。全然予想していなかった利枝子の涙に私は驚いた。

「全部シュレッターに捨てたのですか」

「え」

私は利枝子の質問の意味がよく分からなかった。しかし、その質問に私の本能は恐怖を覚え、さあーっと血の気が引くのを感じた。利枝子は、

「六枚です」

と言った。私は利枝子の質問の意味を飲み込むことができなかった。答えることができなくて呆然と利枝子を見ている私に、

「メモ帳のページは六枚破っています。六枚のページを全部会社のシュレッターに捨てたのですか」

離婚を予感しながら私の体は硬直していった。利枝子は「夜の私」が書いたメモのことをすでに知っていたのだ。利枝子との結婚生活を非難し、マリーへの熱烈な愛を書いた泥酔した「夜の私」のメモを利枝子は全て読んだかもしれない。激しい衝撃を受けた私は呆然とするだけであった。私が答えないので、

「メモ帳の破った六枚のページは全部会社のシュレッターに捨てたのですか」と利枝子は再び訊いた。私は、

「全部シュレッターに捨てた」

と答えるのが精一杯だった。

「そうですか」

利枝子の声は沈んでいた。

「本当は」

と言った後に利枝子は言葉が詰まった。

利枝子は暫くの間天井を見上げた。大きく肩で深呼吸をして、気持ちを落ち着かせてから私を見た。

「本当は、六枚のページをどこかに大事に隠してあるのではないですか」

利枝子の質問の真意が分からない私は、

「え」

と首をかしげた。

「あなたにはとても大切なメモだから、大事に隠してあるのではないのですか」

私を見つめている利枝子の目から涙が溢れた。利枝子は涙を流しながら無理に微笑んだ。私は微笑みながら涙を流している利枝子にショックを受け、気が動転した。

「か、隠してなんかない。全部会社のシュレッターに捨てた。本当だ。信じてくれ」

私は一気にしゃべった。

「そうですか」利枝子は私から視線を逸らした。

利枝子は私の弁解を信じていない様子である。

「あんなメモは私にとって大切でもなんでもない。だからシュレッターに捨てた。隠してなんかいない。信じてくれ」

利枝子は下を向いて、小さな声で、

「信じたいわ」

と呟いた。

「信じてくれ。全てシュレッターに捨てた。本当だ。嘘じゃない」

私は必死に利枝子に訴えた。利枝子は私を見た。私は利枝子の口から、「信じます」という言葉が出るのを期待したが、利枝子は真剣な顔で、

「マリーという女性は誰なのですか」

と言った。

「え」

利枝子の言葉に、身を乗り出していた私は高圧電流に弾かれたように後ろに退いた。利枝子の口からマリーという女性の名前が出た瞬間、私の頭が真っ白になった。

「マリーという女性は誰なのですか。教えてください」

私は、「マリーという女性を知らない」と言おうとしたが喉が詰まり声が出なかった。私がおろおろして返事をすることができないでいると、

「私たちはあなたを縛っているのですか」

利枝子の目から新たな涙が溢れ出た。

「え」

私の体は硬直した。

「あなたは私たちとの生活が息苦しいのですか」

私は声を発することができなかった。

　破ってシュレッターで処理したメモを利枝子は読んでいた。私は頭が混乱した。混乱した頭の中で、いくつもの「離婚」という恐怖の文字が躍った。私は必死に弁解しようとしたが、私ではない「夜の私」が書いたメモについて適切な弁解の言葉を思いつくのは私には無理だった。

「あなたは私と娘たちを愛していないのですか」

私が答えるのを待たないで利枝子立て続けに質問した。私は首を振り、「そうじゃない。そうじゃない」と言おうとしたが、金縛り状態になっている私は首は動かないし声も出なかった。

「どうなの。答えてください」

「違う、違う」

私は必死に叫んだ。

「なにが違うのですか」

「あのメモは私が書いたのではない」と言おうとしたが、私は出かかった声を呑んだ。メモを書いたのは私ではなく、私とは別人である「夜の私」が書いたのだと弁解しても、そのような非現実的な話を利枝子が信じるはずがない。むしろ、私が問題の本質から逃げようとしていると考え、私をますます疑うだろう。説明不可能なメモをどのように説明すればいいのか見当もつかないで困っていると、利枝子は、

「随分ひどいことが書いてありましたね」と言った。

　その通りだ利枝子。あのメモはひどいことを書いてある。私を侮辱し嘲笑っている。私の幸せをけなしている。メモ帳のメモは私の考えとは逆のことを書いている。絶対に許せないメモだ。私は利枝子と同じ側に立つ人間であり、利枝子と一緒になってあのメモを非難したい人間だ。しかし、あのメモを私が書いたと信じている利枝子は私と対峙して、私が利枝子の側につくことを受け入れることはしないだろう。私の心にないことを書いてあるメモの性で私は利枝子に非難されている。

　利枝子、分かってくれ。あのメモは私が書いたのではない、と利枝子に必死に弁解したいが、利枝子が私の言葉を信じることはないだろう。私は利枝子に話す言葉を見つけることができなかった。話そうとして話しきれない私にしびれを切らした利枝子は、

「答えてください。あなたは私と娘たちを愛していないのですか」

利枝子の切実な声だった。

「愛している」

と私は叫んだ。そして、

「私はお前を美代をますみを愛している」と言った。

　それが私の精一杯の弁解だった。私の声は振るえていた。利枝子は私がもっと話すと思ったのか黙っていたが、私が話さないので、

「だってあなたのメモには、あなたが私と娘たちを愛していないと書いてありました」

と言った。

「あ、あれは」

私でありながら私ではない泥酔した「夜の私」が書いたのであり、私の本心とは反対の言葉だと私は弁解しようとしたが、そんな弁解で利枝子が納得するはずがない。

「あれがどうしたの」

利枝子は私の話を聞きたがっていた。利枝子は私を責めたり非難をしたいのでは

なくメモの真実を知りたいのだ。利枝子の表情はそのように見えた。しかし、利枝子の知りたい真実を私はうまく話すことができなかった。

「あれは泥酔した私が書いたもので深い意味はない。信じてくれ」と、私は言い、

「メモは酔った時に書いたものだ。酔っ払いのたわごとだ。たわごと以外のなにものでもない」

と、メモに深い意味がないことを強調した。

「よっぱらいのたわごとなのですか」

利枝子は確かめるように言った。

「そうだ」

と、私が言うと、「そうなの」と言って、利枝子はがっかりしてため息をついた。利枝子は私が本当のことを話してくれないと思ってため息をついたのだろう。

利枝子は黙った。私になにかを言おうとしたり、下を向いて考えたり、上を向いたり、横を向いたり、首を振ったりしていた利枝子は次第に落ち着きがなくなった。そして、大粒の涙が溢れてきた。私はなぜ利枝子が落ち着かなくなり、大粒の涙を流すのか理解できなくて、呆然と利枝子を見ていた。利枝子は溢れ出る涙を手で拭いた。そして、顔を背けたまま、

「マリーさんは誰なのですか」

と、震える声で言った。利枝子は泣くのを堪えようとしたが堪えることができなかった。鼻水も流れてきた。

利枝子は「すみません」と言って立ち上がり、ガラス戸を開けてベランダに出て行った。干してあるタオルを取ると、タオルで顔を覆いながら立っていた。利枝子の肩が震えていた。

私は始めて、利枝子が私のメモ帳のメモのことで深刻に悩み苦しんでいることに気づいた。利枝子から見れば疑いようもなくあのメモは私が書いたものである。利枝子の存在を否定し、子供の存在も否定しているメモ帳のメモを読んだ利枝子のショックは計り知れないものだったに違いない。タオルで顔を覆って薄暗いベランダに立ち尽くしている利枝子を見ていると胸が締め付けられた。

暫くすると利枝子はベランダから入ってきた。

「ごめんなさい」

と言いながら私にタオルを渡しソファーに座った。緊張したり動揺したりした私の手や額は汗で濡れていた。ソファーに座った利枝子は天井を見上げてから大きく深呼吸をした。そして、無理に微笑みながら、

「マリーさんとは誰なのですか」

と、再びマリーについて質問した。私は返事に困った。マリーという女性を全然知らないという弁解では利枝子は納得しないだろう。しかし、利枝子が誤解しないように説明するのは私には無理である。利枝子に理解してもらうのは困難であるが、私は素直に話すことにした。私が一番恐れているのは利枝子が離婚を決心することだった。ベランダで嗚咽していた利枝子を見た私は、利枝子の私への愛を感じ、利枝子が離婚を望んではいないだろうと推測することができた。そう推測すると私の心が落ち着いてきた。利枝子に素直に話し、マリーについては時間を掛けて利枝子を納得させるしかないと私は考えた。

「利枝子は信じないと思う。でも、本当のことを言う」

と言って、私は一呼吸を置いた。そして、利枝子は信じないだろうと思いながら、とゆっくりと言った。

「私はマリーという女性を知らない」

無理に嘘の弁解をすれば嘘に嘘を重ねていき、話に収拾がつかなくなる恐れがある。そうなると、利枝子との関係はますます悪くなるに違いない。私には嘘を突き通す自信がなかった。だから、正直に話した。

「知らないのですか」

利枝子はけげんな表情をした。

「そうだ。本当に知らない」

「あなたのメモ帳に何度も書いてあった名前です。それでも知らないのですか。」

「知らない。本当だ」

利枝子は暫く考えてから、

「あなたのメモ帳に誰かが書いたということなのですか」と訊いた。

私は返事をするのに困った。しかし、正直に話すしかない。

「いや、そうじゃない。メモ帳のメモの字は乱れているが私の字だ。他人が書いたものではない。しかし、あのメモは私が泥酔した時に書いたものであり、正常な私が書いたものでない。私はあのメモを書いた記憶がない」

私は説得力がないと自分でも思うような弁解をした。

「記憶がないのですか」

「ない」

利枝子は私の弁解を黙って聞いていたが、

「ああ、マリー」

と口に出し、

「私はマリーを愛している。自由な心でだ。マリー。今から会いに行く。マリー
マリー」

感情を殺した淡々とした利枝子の朗読だった。私は利枝子がメモを暗記している
ことに動揺した。

「そ、それは私が書いたのではない。泥酔した私が書いたのだ。私は書いた記憶
がない。本当だ。信じてくれ」

「なにを信じるのですか」

「だ、だから、あのメモは酔っ払いのたわ言なのだ」

私は必死に弁解した。

「たわ言なのですか」と利枝子は言い、

「私はこれから自由になる。夜の自由だ。私は妻もいない子供もいないひとりの
自由な人間になる」と、メモの一部を朗読した。

利枝子はため息をついた。

「私だって自由になりたいわ。でもね」

と言って利枝子は私を見つめた。

「家族を捨ててまで自由になりたいと私は思わない。私は子供を愛しているしあ
なたを大事に思っている。私はあなたと別れることも子供を捨てることもやりた
くないわ。夫や子供を捨てる自由なら私は要らない」

利枝子の言葉は私の胸を鋭く突いた。利枝子の鋭い言葉におろおろしながら、

「私だって利枝子と同じ考えだ。メモ帳のメモは私の本心ではない。本当だ。信
じてくれ」

私の説得に利枝子は反応しなかった。

「私はみかけの虚ろな愛は嫌なの」

メモ帳に「夜の私」が、利枝子と美代とますみとの生活を、「みかけの虚ろな愛
の生活を送っている男よ」と書いてあった。利枝子はそのことを言ったのだ。

「あれは私が書いたのではない」と、私は言ったが、利枝子は私の言葉を無視し
た。

「あなたの本命はマリーさんで、私との生活は仮の住まいであるなら私は嫌です。

私は虚ろな生活はしたくありません」

利枝子は涙を流しながら苦笑した。

「あれは私が書いたのではない」

私は必死になって言った。

「『夜の私』が書いたのですか」

利枝子の声は冷ややかだった。利枝子の口から『夜の私』が出たので、私は混乱
した。

「そ、そうだ。『夜の私』が書いたのだ。私が書いたのではない」

「あなたは『昼の私』なのですか」

「い、いや。違う。私は私だ。」

「『昼の私』ではないのですか」

「私は私だ。私は『昼の私』ではない。『夜の私』が勝手に私を『昼の私』と呼
称しただけだ」

「『夜の私』は誰ですか」

私は答えるのに窮した。しかし、利枝子を愛し、美代を愛し、ますみを愛し、離
婚は絶対にしたくないことを利枝子に伝えたい私は内容が支離滅裂であっても
必死に話した。

「『夜の私』は泥酔した私だ。でも、『夜の私』は私ではない」

「『夜の私』はあなたではないのですか」

「私ではない」

「それでは誰なのですか」

「わからない。でも、私ではない。私ではない誰かだ。『夜の私』も『昼の私』

も私ではない。私は私だ。わかってくれ利枝子」

「『夜の私』は泥酔した時のあなたなのですか。人間は酔った時に本心が表れる
と言われています。『夜の私』があなたの本心なのではないですか」

私が恐れていた言葉だった。

「違う違う。『夜の私』は私ではない。『夜の私』は私の本心ではない。分かって
くれ利枝子」

私の必死な訴えに利枝子は反応しなかった。

「私はあなたの知っている通り一バツです」

利枝子が離婚の経験があることは知っていた。しかし、なぜ、急に利枝子はメモ
帳のメモとは関係のない過去の離婚の話をするのか、必死に弁解しようとしてい
る私は肩透かしを食わされた気持ちになった。

「私の前の夫は・・・」

利枝子は目を伏せた。暫く黙っていたが大きく深呼吸してから顔を上げた。

「私の前の夫は同性愛者でした」

利枝子の夫が同性愛者だったことを聞かされ私は唖然とした。しかし、なぜ、夫が同性愛者であったことを今話すのか。利枝子の真意が見えなかった。

「夫だった人は同じ会社の十歳上の男性でした。仕事は優秀で、とても紳士的な男性でした。一年間交際して私たちは結婚しました」

利枝子は淡々と話した。利枝子は二十一歳の時に結婚して、二人の生活は順調だった。夫のセックスは淡白で回数も少なかったが初婚の利枝子はそれを変に思うことはなかった。夫はやさしかったし、利枝子を家に縛り付けることもなかった。むしろ、女友達と遊んだり旅行したりするのを、「若いうちに遊んだ方がいい」と勧めるほうだった。

　利枝子の夫が同性愛者であることを知ったのは利枝子が二十五歳の時であった。友人の薫と二人で一泊二日の予定でやんばるの奥間ビーチホテルに行ったが、薫が急に激しい腹痛に襲われ名護病院に入院したので、利枝子は予定をキャンセルしてマンションに帰ってきた。帰る途中に事情を話すために夫の携帯電話に電話したが、夫の携帯電話は圏外かスイッチを切っているために繋がらなかった。マンションに電話しても留守番電話になっていた。

　夫は外に出掛けているのだろうと思いながら利枝子は宜野湾市にあるマンションに帰った。マンションの寝室で利枝子が見たのは夫と見知らぬ男が抱き合っている姿だった。

　利枝子の夫は同性愛者であることを隠すために利枝子と結婚していたのだ。

「夫の心は私の方にはありませんでした。それを知った私の心は虚ろな状態になりました。虚ろになった私の心は何年間も埋めることができませんでした。私は男性不信になり、恋愛恐怖症になりました」

利枝子はやさしくてすばらしい女性だ。普通の男なら利枝子と離婚するはずがない。それに利枝子が男性不信でなかったらすでに結婚していただろう。利枝子が三十歳を過ぎるまで独身であったのは結婚した相手が同性愛者だったからだ。

　私と利枝子が見合いをしたのは、私の叔母と利枝子の叔母が親しい関係にあったからだった。利枝子は私との見合いにも結婚にも乗り気ではなかったが叔母が強引に私との結婚を承諾させたそうだ。

「あなたと結婚した時、私は早く子供を産みたかった。そして、子供と一緒に充実した家庭を作りたかった。私は虚ろな家庭生活をするのは絶対に嫌です。仮の家庭の人間にさせられるのは絶対に私は嫌です。私は虚ろな存在になるのは絶対に嫌です。マリーさんがあなたの本命ならあなたはマリーさんの所に行ってください。私は離婚します。私は美代とますみの母親として生きていきます」

毅然とした言葉とはうらはらに利枝子の目から涙が溢れていた。利枝子の話に胸を締めつけられた私もいつの間にか涙を流していた。

「ごめん」私は利枝子に謝った。

「私のメモがお前を苦しませてしまった。メモ帳のメモは私が書いたのではないということをお前が信じることができないのは承知している。しかし、本当にあのメモを書いた記憶はないし、あのメモの内容は私の本心と全然違う。信じてくれといっても信じてくれないのは承知している。しかし、信じてくれというしかない。泥酔して朝帰りした時はメモを書いた記憶もないし、どんな行動をしたかも全然覚えていない。本当だ」

利枝子は落ち着いて私の話を聞いていた。でも、私の話を信じているわけではないだろう。

「実は僕は若い頃にアルコール依存症だった。精神病院に入院しなければならいほど重症だった」

私は自分がアルコール依存症であったことを告白した。利枝子は、

「え」

と、驚きの顔で私を見た。

「私は大学を中退した。それはアルコール依存症になったからだ」

私は学生の頃に芸術家かぶれであったことを話し、詩作にふけりながら毎日酒を飲んでいたためにアルコール依存症になったことを話した。そしてその頃に嶺井幸恵と同棲していたことも話した。

利枝子が隠しておきたい過去を話したので、私も私の恥部であるアルコール依存症について話し、嶺井幸恵と同棲していたことも話した。利枝子は私の告白を聞いているうちに少しずつ緊張が解けてきたようたった。

「泥酔したあなたは詩人であった若い頃の精神に戻るということなのかしら」

と、利枝子はそれもありうるかもという顔をしながら言った。

「メモを書いた記憶が全然ないから私は分からない。しかし、芸術家かぶれしていたのは十五年以上も前のことだ。今の私があの頃の精神に戻るというのは私には考えられない」

「あなたは芸術に未練が残っているのではないのですか」

「いや、それはない。私には才能がなかった。それは歴然としている。だから、

未練は全然ない」

「そうですか」

利枝子は納得できない様子で首をかしげた。

「今の私は詩を書きたいという気持ちは全然ない。詩を読む気もしない。私は元々芸術家向きではなかったと思う。大学と言う特別な場所で、周囲に芸術に熱中している学生たちがいて、彼らに感化されたために、私はその気になったと思う」

「そうなのですか」

利枝子は私の説明に半分納得したようだった。

「マリーさんは嶺井幸恵さんなのかしら。いえ、違うわ。確かマリーさんと会ったのは一九八九年の五月二十一日ですよね。あなたが二十三歳の時よ。その時は嶺井幸恵さんとはすでに同棲していたという計算になるから、嶺井幸恵さんとマリーさんは別人だわ」

利枝子は私がマリーと最初に会った年月日をさりげなく話したが、メモ帳のメモを完全に暗記していなければできないことだ。利枝子がメモを完全に暗記していたということは、利枝子がメモ帳のメモに非常に悩み苦しんでいた証拠である。私は利枝子の苦悩を想像して、利枝子にすまないという気持ちが強くなった。

「マリーさんの記憶は全然ないのですか」

利枝子は私が嘘をついているかいないかを見極めるような表情ではなく、単なる確認をするための言葉の響きだった。

「ない。ほんとうにない」

「そうですか」

利枝子の声はさりげなかった。

「ほんとうにない」

私が繰り返し強調したので利枝子は苦笑した。

　私と利枝子の目が合った。私と利枝子は目を反らすことができないでじっと見詰め合った。

　今までなかった感情が私に湧いてきた。利枝子が今までとは違う女性に見えた。利枝子が仮面を全て脱ぎ捨てた素裸の女に見え、私の欲情が激しく湧いてきた。人間の理性を捨てて獣のようになって利枝子とセックスをやりたくなった。利枝子も私の気持ちと同じになっているのを感じた。利枝子の息が激しくなり、私と向き合っている顔が紅潮していた。「お前とセックスしたい」と私は目で言った。

「私も」と利枝子も目で答えた。利枝子の手を握って私が立ち上がると利枝子も立ち上がり、私と利枝子はすぐに体を合わせた。利枝子を抱きしめキスをした。利枝子も応じた。私の舌と利枝子の舌がもつれ合った。歩きながら私の右手は利枝子の腰に回り、左手は利枝子の胸をまさぐった。利枝子の体は熱くなっていた。利枝子の下腹部をまさぐった。「あー」と利枝子は喘いだ。今までにない、身も心も解放された女の喘ぎだった。利枝子が喘ぎ声を出したので私は我に帰り、寝室に急いだ。

　私と利枝子は初めて心も体も素裸になった気がした。セックスをする時はおとなしく私の要求に応じるだけの利枝子だったが、その夜の利枝子は今まで見せたことのない燃える体で積極的にセックスをした。こんなに利枝子が情熱的な女性だったのかと私は驚き、私もまた燃えに燃えて二人は獣のように激しいセックスをした。私と利枝子が本当に身も心も結ばれた夜であった。

利枝子が私のメモ帳の「夜の私」が書いたメモに気付いたのは一年前だったらしい。泥酔して帰った私のスーツを脱がそうとした時に、私が脱ぐのを嫌がったために、もつれてメモ帳が床に落ち、「夜の私」が書いたメモのページが開いていたという。開いているページには乱れた文字のメモがあり、マリーという女性の名前が目に入ったので気になり、メモを読んだという。メモにはマリーへの愛が露骨に書かれていたので利枝子は大きなショックを受け、それからは私が泥酔して朝帰りした日はメモ帳を読むようになったという。離婚をしたくない利枝子は悩んだが、メモ帳に「夜の私」がマリーへ愛の告白をしたと書いてあるのを見たとき、離婚を覚悟して私と話し合う決心をしたという。

　利枝子は、全裸の前夫と見知らぬ男がベッドの上で抱き合っていたのを見た時、その後のことは利枝子の記憶から消えていた。見知らぬ男がどんな顔だったか、どのようにして服を着て部屋から出て行ったのか憶えていなかった。前夫と話したことも記憶になかった。それからの一ヶ月間は記憶が途切れ途切れだったという。だから、私が泥酔した時にメモを書いたことを記憶していないのはあり得ることであると言った。しかし、同じパターンを繰り返しているのは不思議であるし、マリーという女性が実在するのかそれとも泥酔した私の想像が生んだ女性なのか気になると利枝子は言った。

つづく

2015年12月20日発行
沖縄内なる民主主義 7
定価1620円(消費税込)
編集・発行者 又吉康隆
発行所 ヒジャイ出版
〒904-0314
沖縄県中頭郡読谷村字古堅59-8
電話 〇九八-九五六-一三二〇
印刷所 東京カラー印刷株式会社
ISBN978-4-905100-12-6
C0036

著者 又吉 康隆
1948年4月2日生まれ。読谷村出身、
琉球大学国文学科卒、
職歴 学習塾、ライブハウス、レンタルビデオ、コンビニエンストア。

翁長知事・県議会は撤回せよ謝罪せよ　定価1080円(税込)

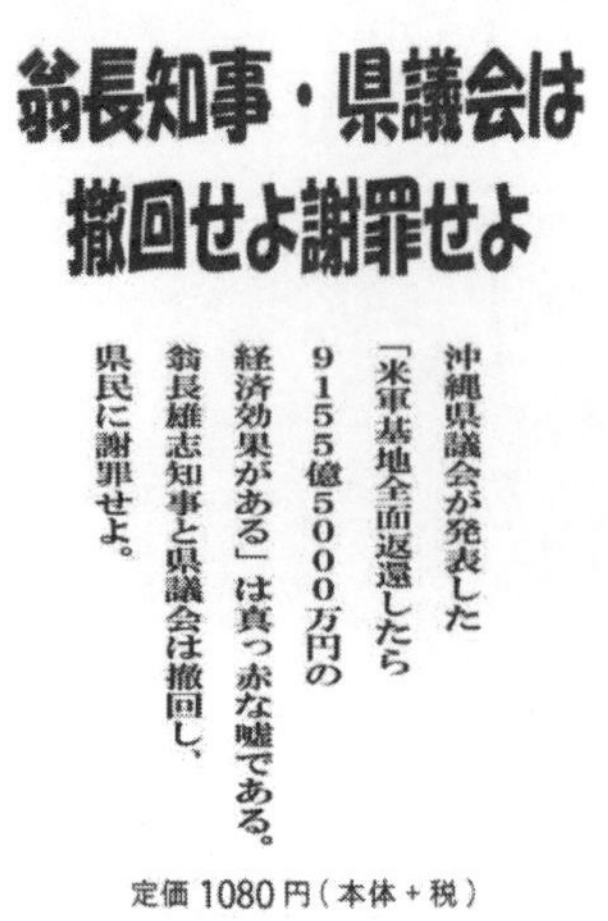

捻じ曲げられた辺野古の真実　定価1652円(税込)

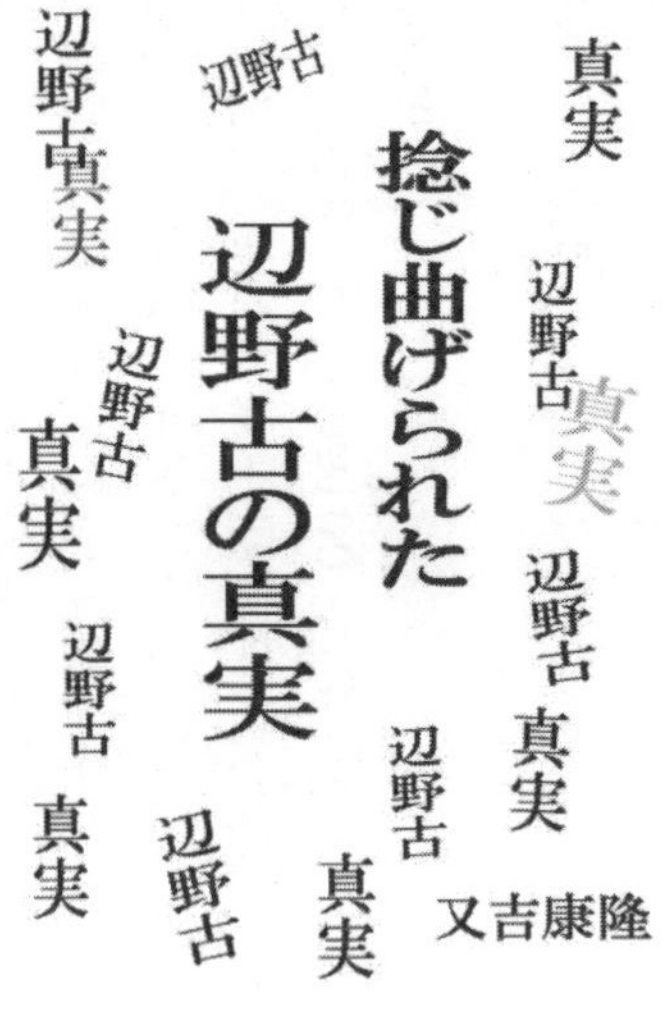

県内取次店　沖縄教販
TEL　098-868-4170

本土取次店
(株)地方小出版流通センターTEL　03-3260-0355
FAX　03-3235-6182

取次店はネット販売をしています。

県内のみ発売

かみつく　A4版　1200円(税抜き)
かみつくII　A5版　1500円(税抜き)
かみつくIII　A5版　1500円(税抜き)
沖縄内なる民主主義4　A4版　600円(税抜き)
沖縄内なる民主主義5　A4版　600円(税抜き)
沖縄内なる民主主義6　A4版　600円(税抜き)